U0935250

珍藏本
纪念版

汉译世界学术名著丛书

财富的分配

〔美〕克拉克 著

陈福生 陈振骅 译

商务印书馆
SINCE 1897 The Commercial Press
2017年·北京

John Bates Clark

THE DISTRIBUTION OF WEALTH

A THEORY OF WAGES, INTEREST AND PROFITS

The Macmillan Co. London, 1938

本书根据伦敦麦克米伦公司 1938 年版译出

汉译世界学术名著丛书
（120年纪念版·珍藏本）
出 版 说 明

2017年2月11日，商务印书馆迎来120岁的生日。120年前，商务印书馆前贤怀揣文化救国的理想，抱持"昌明教育，开启民智"的使命，立足本土，放眼寰宇，以出版为津梁，沟通中西，为中国、为世界提供最富智慧的思想文化成果。无论世事白云苍狗，潮流左右激荡，甚至战火硝烟弥漫，始终践行学术报国之志，无改初心。

逐译世界各国学术名著，即其一端。早在20世纪初年便出版《原富》《天演论》等影响至今的代表性著作，1950年代后更致力于外国哲学和社会科学经典的译介，及至1980年代，辑为"汉译世界学术名著丛书"，汇涓为流，蔚为大观。丛书自1981年开始出版，历时三十余年，迄今已推出七百种，是我国现代出版史上规模最大、最为重要的学术翻译工程。

丛书所选之书，立场观点不囿于一派，学科领域不限于一门，皆为文明开启以来，各时代、各国家、各民族的思想与文化精粹，代表着人类已经到达过的精神境界。丛书系统译介世界学术经典，引领时代思想，为本土原创学术的发展提供丰富的文化滋养，为推动中国现代学术和现代化进程做出了突出的贡献。

为纪念商务印书馆成立120周年，我们整体推出"汉译世界学术名著丛书"120年纪念版的珍藏本，寄望既利于文化积累，又便于研读查考，同时向长期支持丛书出版的译者、编者和读者致以敬意。

两甲子后的今天，商务印书馆又站在了一个新的历史时间节点上。我们不仅要铭记先辈的身影和足迹，更须让我们的步伐充满新的时代精神。这是商务人代代相传的事业，更是与国家和民族的命运始终紧密相连的事业。我们责无旁贷，必须做好我们这代人的传承与创造，让我们的努力和成果不仅凝聚成民族文化的记忆，还能成为后来人可以接续的事业。唯此，才能不负前贤，无愧来者。

商务印书馆编辑部

2017年10月

译 者 序

约翰·贝次·克拉克(John Bates Clark,1847—1938)是欧美政治经济学的重要代表人物之一,他所著的《财富的分配》(1899年)一书是美国经济学的理论基础。

克拉克是美国人,生于罗得岛州普洛佛吞城,1874年在安麦斯特大学毕业后,留学德国的海德尔堡大学和瑞士的苏黎世大学。他和泽丰兹(W. S. Jevons)、孟格(Karl Menger)等人属于广义的奥国学派(即边际效用学派)。同时,他又是美国学派的创始人。

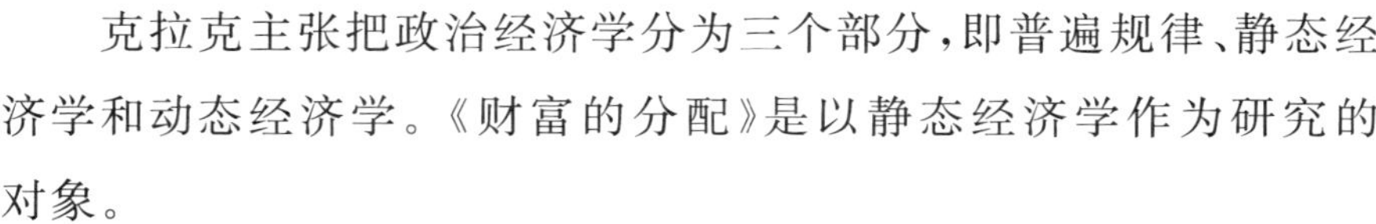

克拉克主张把政治经济学分为三个部分,即普遍规律、静态经济学和动态经济学。《财富的分配》是以静态经济学作为研究的对象。

在本书中,克拉克所提出的主要理论如下:

首先,他提出了动态和静态的学说。他在序言中说:"实际的社会总是动态的社会,而这种社会中和我们关系最大的那个部分尤其是动态的。……在所有的变动中,有一些力量在发生作用,使资本和利息在一个时间有了它所依据的标准。尽管海洋里风浪很大,但在波浪中有个理想的水平面,实际的水平面总是围绕这个理想的水平面而变动着。"所以,要了解现实社会的经济规律,必须首先了解静态的规律。

其次，克拉克还根据“资本生产率”、“生产力递减规律”及“效用递减规律”，提出了关于工资和利息的最后生产力的学说，认为社会的收入受一个自然规律的支配，在这个规律充分发挥作用的情况下，每一个生产因素(资本、劳动、土地)创造多少财富，各社会集团就会得到多少财富。这就是说，工资等于最后单位的劳动(即边际单位的劳动)的产量，而利息等于最后单位的资本(即边际单位的资本)的产量。他认为，劳动只创造产品的一部分，而其它部分是由资本和土地创造的。因此，他得出结论说，工人、资本家和土地所有者每个人都得到了自己所创造的产品，所以任何剥削都不存在。

再次，他提出了关于企业家的利润的理论。他认为，在静态社会中，没有企业家的利润。由于竞争的结果，企业家的利润趋于消灭。只有在动态社会中，企业家才能得到利润，这种利润是技术进步的特殊报酬，而且这种利润也给工人带来好处，因为它可以提高生产，因而工资也可以得到提高。

总之，在他看来，在静态势力对分配起作用的情况下，公正的分配原则能够实现。

很明显，克拉克的理论主要是反对科学社会主义，特别是反对马克思的剩余价值论的。它露骨地为资本主义制度辩护，因而得到垄断资产阶级的赏识，并为美国的许多资产阶级经济学家所推崇和效尤。

目　录

变化，劳动和资本的形式也就随着变化。工资和利息是由这些永久的生产因素的最后生产力所决定的。如果在一定面积的田地上，一单位一单位地逐渐增加地使用劳动，那么最后单位的产品就可以计量出各个单位的实际产品，因为这些单位是可以交换使用的。如果这块田地是隔离起来的，那么最后单位的产品便是各单位的工资所趋向的标准。在经济社会中，各单位的社会劳动的工资倾向于和最后单位的产品相等。

为要说明劳动的最后生产力规律，我们在例子中假定一个劳动队伍是一单位一单位地建立起来的，而资本是保持原有的分量，没有变更。这些劳动单位是复合的，包含着代表各个行业的劳动。只有一个单位的劳动时，资本将具有比较贵重的形式；在增加了第二个单位的劳动以后，资本便具有比较简单的形式。有了第二个单位，总产量便增加了，而这样增加的产量是单独归功于劳动的。如果继续增加劳动单位，一直到整个社会的劳动都得到工作，那么由最后单位所增加的产品便是那个单位的实际产品。既然在经济意义上任何单位都可以说是最后单位，所以劳动的最后单位的产品是任何单位的产品，而且是在竞争的影响下工资所必然趋向的标准。把这个想象的过程颠倒过来，就可以说明利息规律。资本的最后单位所生产的就是任何资本单位所生产的，而且树立了利息的标准。在实际的社会里，有着资本的增长大于劳动的增长的倾向，因此我们可以看到资本具有越来越贵重的形式。资本的收益，和成本比较起来是越来越少的。

一向认为地租是一种特殊形式的收入。但是在讨论工资和利息的规律时，我们必需把土地放在和其他资本货物同等的地位。把级差公式应用在永久资本的收入以及整个社会劳动的收入上，比应用在土地上更加正确。如果在一个与外界隔绝的农场上，我们使工人一个一个地加入工作，那么除了最后一个以外，每个工人都生产出一

用，在一部分消费者看来，是一个边际的效用，这个效用的价值，便是由这部分消费者来决定的。整件商品的价值，是这个商品中经过个别估定的各个效用的价值的总和。

为了说明价值规律的作用，我们假定一件商品只有一个用途。这样，如果一个消费者有了这种商品的第二个单位，那么第二个单位对他就有一个反的效用。这种简单的商品的价格，是由那些不能从这种商品得到更大的满足的消费者来决定的。其他使用这种商品的人，都可以得到消费者的租金。如果这种商品是打捆出售的，那么，其中每一件商品的价格，还是这样决定的。一件商品，通常都有一个以上的用途，这应当看做是各种效用结合在一起。每一个效用，对某些消费者说来，是边际的消费，而它的价值是由这些消费者来估定的。至于整件商品的价值，那是由整个社会来估定的。

生产资料和消费资料一样，也是用分析的方法来估定它的价值的。生产资料最后增加的单位，主要表现在质的改善。在实际生活中，资本一增加，就表现在社会生产设备各部分相应的改善上面。这样，工作配备增加了质的单位，而这种单位的生产力就能决定利息的多少。有了这种最后单位而得不到正常利息的企业家，就在竞争中被淘汰了。这种资本是竞争的对象，尽管企业家所竞争的是那些快要成为资本货物的东西。每一个企业家使这种资本变成为他的企业里所需要的具体形式。企业家得到的增加的资本，一般是具有现有设备上质的改善的形式。这种质的改善就是资本的最后单位。

资本的增长主要是由于资本货物有了新的性能。总资本的一个新单位，是按自然规律分配到各产业中去的，在各个产业里，这样增加的资本，大体上都具有工作配备上有所改善的形式。劳动也是按照同一的方式分配到各个产业中去的，但是，劳动的增长主要是由于

如果消费资料是由一个团体的人借给另一个团体的人，那么一定是由最高级小团体借给低级小团体，而不是由资本家借给劳动者。不规则的生产和消费，使贮存商品成为必要，但是这种影响在这里不需要加以考虑。制成的消费资料生产的速度，对所有收入都有影响，而配合得很好的资本，使低级的小团体的生产者，可以不必等待而得到成品。这些成品实际上是这些生产者所生产的。资本货物似乎要使某些生产者不得不等待他们的报酬，但是资本免除了这种等待。如果没有以前存在的、配合得很好的资本，那么，工作和时间是生产成品的要素，可是，有了这样的资本，各个小团体的辛勤的劳动就可以得到成品作为报酬。

最后生产力的理论，在不完全的形式下，可以导致这样的推断，就是：由于自然规律的作用，劳动受到剥削。要改正这个推断，必须把这个理论补充完整，并且指出前面各个单位的剩余产额是由于什么原因造成的。如果在一个固定数量的资本的条件下，所使用的劳动单位不断增加，那么，前几个单位的劳动中，每一个都必须交出它所使用的资本的一部分。每单位劳动这样所减少的产量，就是由于这些交出的资本所生产的产量。在一定的时候，一切单位劳动的生产力都是相等的，因此，把和最后单位生产量相等的产量作为每个单位报酬，并不存在什么剥削。这样说来，在整个团体系统中，如果劳动和资本分配得十分适当，那么，在可有可无地带上的劳动的产量，便是衡量一切劳动的生产力的正确标准。

按照通俗的用法，“租金”这个名词是指具体工具的收入，而“利息”是指一定数额的“钱”的投资所得到的收入。这个用法，是根据资本和资本货物的区别来使用的，它比那种把“租金”这个名词仅限于使用在土地的收入方面那种科学上的用法，来得正确。从前，土地和资本是根据这个事实来区分的：土地的数量是固定的，而资本却是可

的效用，就是由这种劳动来衡量。一切用同样的劳动代价所生产出的商品的效用，都是相等的。尽管各个不同时间的劳动的绝对反效用有所不同，一切用同样的时间所进行的劳动它们实际的反效用也是相等的。一些人制造商品，因而付出了代价，他们自己不消费这些商品，从而获得了可以抵消上述代价的利益。这些人所得到的利益，是从别的商品得来的。这些人不能使生产商品所付出的代价与消费商品所得到的利益相抵消。但是，整个社会能够做到一点，并且社会可以使用集体的代价，来订定每种商品的价格。每件商品的价值，等于社会为获得这个商品而付出的代价，而这种代价是以社会工作日的最后的时间来衡量的。社会为了获得各种消费资料，在这个最后的时间所付出的代价，就是价值的最后单位。

从一方面说来，价值和利息的静态标准是自然的标准。但是，从广义说来，动态变化也是自然的变化，它搅乱了一切静态的安排。可是，只有先懂得静态的规律，才能了解动态的变化。我们应当首先分别研究各个动态的变化，然后再研究它们的混合的作用。任何时候动态社会都趋向于一定的静态的安排，所以各种和静态标准不同的变动，以及静态标准本身的变动，都是动态的势力起作用的结果。各种动态变动，就它们搅乱静态的安排说来，其影响是互相抵消的。动态变动的速度，是动态的主题，而这些速度与纯利润的收入直接有关。阻力与纯利润也有关系，并且和动态变化的速度也有关系。某些和静态标准始终不相同的现象，是由于不断的动态变化的缘故。正如各个例子中所说明的，就劳动和资本在团体系统内的移动来说，这些变化有的是互相抵消的。静态势力作用的大小，和动态势力活动能力的强弱和种类的多寡成正比例。某些劳动和资本的不断的变动（即资本和劳动由低级小团体到高级小团体的流动，以及在同级的小团体中的移动），是由于一切动态变化停止下来的结果。使一切动态变化停止下来，然后让那些进行最慢的静态调整能够完成它的调整过程，这是一种假设一个静态的社会，来进行研究的方法。

在一般静态的安排中，有的部分会遇到特殊的阻力，但是可以先完成这个静态安排的其他部分，从而使准静态安排能够实现。一种运动，从整个世界说来，是静态安排的一部分，而从世界的某一地区说来，可能是等于动态的势力。例如，生产方法的统一，就整个世界说来，是静态的过程，而在亚洲却是大动态的原因。经济研究的范围，可以限于一地方。可以在世界上划出一个经济中心，这个中心与外界的关系，可以看做是这个中心的动态势力的原因。为着研究方便起见，可以在这个中心设立一个静态的社会。这个社会没有劳动和资本的移入或移出，但是仍然和外界交换物品。在经济理论上，共有三个不同的工资标准，这三个标准实际上永远不能一致。在经济中心里，动态的利益不断增加，而经济理论所要讨论的，首先是在一定区域内静态利益的标准，其次是在这个区域内动态势力所引起的变化的速度以及变化的数量。必须研究最后的标准、接近最后标准的标准，以及两者之间的关系。也必须讨论经济阻力的全部影响。将来工资、利息和利润的变化，要用现在的势力加以说明。这些研究是最困难和最有益的研究。

序

本书的目的在于说明社会收入的分配是受着一个自然规律的支配，而这个规律如果能够顺利地发生作用，那么，每一个生产因素创造多少财富就得到多少财富。尽管工资可以根据人与人之间自由的磋商来调整，但是由自由磋商而产生的工资标准，倾向于和产业中由劳动所生产出来的那一部分产品相等，这是本书的主张。尽管利息也可以根据同样的自由磋商来调整，但利息自然而然地倾向于和由资本所生产出来的那一部分产品相等。在经济组织中，在产生财产所有权的地方（在那里劳动和资本可以得到将为社会承认的归他们所有的收入），社会处理这种收入的方法，总是依照财产权所根据的原则。如果这个方法没有受到阻碍，那么每一个人生产多少就得到多少。

作者在从 1881 年以来陆续刊行的一系列论文和专论中，极力企图把这个理论中有关价值、资本、工资、利息、租金和利润那些部分进行有系统的论述。这些论文登载在《新英格兰人》、《经济季刊》、《耶鲁评论》、《政治科学季刊》、《政治和社会科学协会年鉴》、《政治经济评论》、《政治经济学辞典》以及美国经济协会所刊行的专论和研究论文集中。现在把这些局部论文有系统地组织起来并大大加以补充。

古典经济学者说到价值、工资和利息的标准时,曾经把“自然”这个字眼和价值、工资、利息等连在一起,他们是无意识地把“自然”作为“静态”的同义语来使用。本书要说明的就是这些自然的或静态的标准。本书的目的在于说明在产业社会的形式和产业社会活动的性质停止变化的情况下,商品市场价格、劳动工资和资本利息所依据的标准究竟是什么。本书要想把那些对分配起作用的静态势力完全孤立起来,和动态势力分隔开来。实际的社会总是动态的社会,而这种社会中和我们关系最大的那个部分尤其是动态的。很明显的,到处都有变化和进步,产业社会不断呈现出新的形式并且执行着新的任务。由于这样不断演进的结果,今天的工资、利息标准和十年后的工资、利息标准是不一样的。但是,今天的正常标准是存在的。在所有的变动中,有一些力量在发生作用,使资本和利息在一个时间有了它所依据的标准。尽管海洋里风浪很大,但在波浪中有个理想的水平面,实际的水平面总是围绕这个理想的水平面而变动着。同样地,在变动很大的市场里,存在着静态的标准,实际的价值、工资与利息倾向于和这些标准相同。

如果劳动和资本在数量上固定不变,如果生产方式停滞不进,如果资本的结合中止下来,如果消费者的欲望从不改变,那么工资的标准究竟是什么呢?提出这个问题,当然是假定产业仍然继续进行,而且进步的力量尽管停止发挥作用,财富在完全自由的竞争的影响下,将仍然继续创造出来。在这种情况下所流行的价值和工资、利息标准,是实际市场中任何一个时间的价值、工资和利息所趋向的标准(尽管有了进步力量所产生的各种变动)。这些标准是经济科学所探讨的理论上的“自然”标准。

本书在说明决定这些标准的规律时,所要做的是建设性的工作,而不是争论性的工作。本书在几个地方要提到完全相反的学说,其目的在于对说明问题有所帮助,但本书不拟对那些相反的学说做有系统的批评。要对各家的分配学说做一个恰当的论述,正像专写一本关于争论的书一样,需要有巨大的篇幅。本书很少提到别人的著作,这也许会使读者怀疑本书某一部分可能是采自现成的经济著作而不明白指出,看来本书作者必须声明:本书任何部分没有这样有意识地把别人的话据为己有。就我现在所知道的来说,当我的理论的几个部分用上面所提到一系列的论文初次发表的时候,只有一个要点可以说是采用别人的话。一个很重要的论点看来好像是采自早期经济学家屠宁(von Thünen)的著作,但我当时在发表我的一些论文之前,如果曾经看到他的著作里那一段和我所说的相似的论点,那么,我在我的论文里绝不会不提到这位卓越的经济理论家的先进著述。关于这个缺漏,我现在已经做了补充。在一个很长的注释里,我指出屠宁的工资、利息的最后生产力学说和我的最后生产力学说的相似之点和不同之点。这两个学说在某种程度上可以说是完全一致的,但实际上这两个学说的基本论点绝不相同。

亨利·乔治(Henry George)先生提出他的主张说:工资是由一个人耕种无租土地所得到的产品来决定的。他这个主张使我找到一个方法,可以把劳动的产品从各生产因素协力合作的产品中分解出来,并且分别地识别出来。这种研究的结果,得到了本书所说明的规律。按照这个规律,在完全的自由竞争下,一切工人的工资倾向于和由劳动单独生产出来的产品相等。劳动的"最后单位"

的产品，和各个单独的劳动单位的产品相等。如果正常的趋势完全起作用，那么，不但就各个劳动单位来说，而且就整个劳动队伍来说，产品和工资是相等的。

这个学说和奥国经济学者卡尔·孟格(Karl Menger)与腓德烈·魏沙(Friedrich von Wieser)的学说有相似之处和不同之处。这个学说和其他学说不同的特征是：这个学说确认了永久资本(或一笔不变的生产财富)与个别资本货物(或经过使用就会损坏的生产工具)这两者的区别。这个学说和前财政部部长朋巴卫(von Böhm-Bawerk)新近所发表的很有吸引力的学说的关系，在我的另一本书“动态分配论”出版以后，就可以完全明白了。如果本书范围容纳得下，我很愿意把许多作家对于分配理论所作的特殊贡献一一列举出来，并加以讨论，这些作家如：亚腓特·马歇尔教授(Alfred Marshall)，法兰西斯·倭克尔校长(Francis A. Walker)，亚塔尔·哈德莱校长(Arthur T. Hadley)，佛兰克·陶息格教授(Frank W. Taussig)，威廉·斯马脱教授(William Smart)，约翰·霍布森先生(John A. Hobson)，查理士·麦法冷博士(Charles W. Mac-Farlane)，斯徒亚特·伍德博士(Stuart Wood)和赫尔巴特·汤普生先生(Herbert M. Thompson)。我承三位先生在各方面给我鼓励并提出意见，这种鼓励和意见对我的影响，从我的任何著作里一定是可以看得出来的。这三位先生是：我的已故的老师卡尔·克尼斯先生(Karl Kniss)，曾任海得尔堡大学教授；另外两位是我在早些时间研究经济的同事，哥伦比亚大学法兰克林·吉丁斯教授(Franklin H. Giddings)和宾夕法尼亚大学西门·帕腾教授(Simon N. Patten)。

读者要了解本书的编辑计划，就得注意以下一点：最后生产力这个原则——本书主张这个原则是工资、利息规律的基础——可以用几句话叙述出来，虽然这样，这里所使用的术语却需要非常仔细地加以解释。例如，本书说：利息是由最后单位的社会资本的生产力决定的。可是，这个最后单位究竟是什么，在哪一种意义上，这个最后单位可以说是社会资本的最后单位呢？这个最后单位是不是由各种因素组成的呢？是不是按一种精密的安排分配到社会中各个产业里去的呢？这个最后单位是不是由具体的东西表现出来，并且到处都可以识别出来的呢？最后生产力学说主张，利息的标准是由这个最后增加的生产财富单位来决定的，而这个单位是由一些“永久资本”组成的。但是具体工具并不是永久的，工具是会损坏的，并且需要不断地加以补充，因此必须了解这种会损坏的工具和那一笔永久财富的正确关系。各种产品的市场价格，对这个永久资本在各产业中的分配有所影响，因此必须确定价值规律和分配规律的关系。况且，由最后生产力规律所决定的收入，也会以另一个形式表现出来，使得租金规律可以应用到这种收入方面来。因此，租金的性质以及租金和工资、利息的关系，便需要加以确定，其他许多问题也需要详细的说明。这样，看起来似乎很简单的、用来解释工资和利息的最后生产力规律，才具有明确的意义和真实的性质，否则，这个规律便不能解释实际生活的事实。

把最后生产力规律所用的各个术语一一加以充分的解释，使这种解释能说明实际产业的现象，然后再指出最后生产力规律，这是行得通的。在提出主题（即工资、利息、最后生产力规律）以前，先讨论资本、资本财货、价值、团体关系、租金等的性质，这是行得通的。这样编写的方法，很合乎逻辑，因为各项的解释可以导出一个简短的结论，而这个结论含有最后生产力学说的要点。这样，本书就可以用一个包括一切的结论作为结束。但是把这么多的篇幅拿来做题前的解释和讨论，会大大地引起读者的厌烦，而且解释部分和主题就更不容易联系起来。因此，我宁愿先提出主题，然后再加以解释。这些解释是比较复杂的，除非读者一开始就记住主要的道理（最后生产力规律），否则要把各种解释统一起来，是十分困难的。为了使本书有更明显的逻辑联系，我在目录里为各章的主要概念做一个大纲，但是我不想为各章的全部内容做一个摘要。在这个大纲里，许多段的内容没有提到，不过我希望通过这样的办法，可以把本书的梗概更好地表达出来。

本书的计划是，先提出主题，然后再把它的全部含义逐渐地予以说明，这样，像租金或价值的问题就得分几个地方来讨论。如果我们只讨论地租问题，当然需要连续一贯地来进行讨论，但本书每次提到地租，其目的却在于把说明分配的最后生产力规律（即本书的主题）的含义进一步充实起来，因此我们不好集中在一个地方来讨论地租问题，我们还是按照自然的次序，随着主题的发展，在涉及地租的地方，分别加以讨论。

本书很多地方采用了数学的说明方法，但是这些地方都非常浅显通俗。连数学上流行的符号也没有使用。

在本书付印前最后一段的准备工作中，我得到下列诸先生的帮助，我要在这里向他们致谢。这几位先生是：我的同事塞立格曼教授（E. R. A. Seligman）；斯密士学院穆尔教授（H. L. Moore）；哥伦比亚大学评议会会员约翰孙先生（A. S. Johnson）。我特别感谢哥伦比亚大学政治经济学和社会科学讲师戴先生(A. M. Day),因为他把原稿看过好几遍,并且提出不少对我很有帮助的意见,在校对时,他也给我很大的帮助。

约翰·贝次·克拉克

第一章　由于分配所引起的争论

对于实事求是的人和从事研究工作的人来说，在各个要求获得应得权利的人中间分配财富的问题，是一个极其重要的经济问题。社会收入分为工资、利息和利润是不是有一个自然规律作根据？如果有的话，这个规律究竟是什么？这是需要解决的问题①。

大多数人主要依靠劳动为生。对于这些人说来，一切经济力量发生作用的结果，实际上不外是由工资的形式表现出来。技术已经熟练了，劳动已经经过分工和再分工了，机器也用来工作了；结果呢？工资劳动者所得到的是雇主付给他们的工资。工资的多少，决定他们生活享受的舒适程度，以及他们能够给儿女们以多少教育、健康和幸福的保证。并且，由于世代相承，工资的高低对劳动阶级的福利还具有积累式的影响。一个人所赚的钱，可以看做是凝结为物质形式的潜藏福利。如果工人们现在赚得了充分的钱，能够过着很舒适的生活，那么，他们的后代，就可能达到一个更高的水平。因此，劳动人民经常的生活，其趋势是上升或是下降，是由工资规律的性质决定的。

① 所谓财富，是指那些物质的、可以转让的、数量有限的人生幸福的泉源。参看本书著者所著的《财富的哲学》第一章。

工资通常是由某一个人付给另一个人的。支付的数额要通过双方谈判来调整，表面上好像是决定于议约双方力量的大小和手段的高低，因为生意上这种讨价还价的策略，是一个重要的伎俩，劳资双方都尽力使用它。但是工资本身还有一个市场标准，而这个市场标准主要是受外来的、积极的力量所支配的。所谓"市场上的讨价还价"实际上只能局部地、在一个狭隘的幅度以内，对劳动报酬的标准发生影响。一般说来，工人依靠机智和坚持不挠的精神所能从雇主方面挣来的工资数额，正如我们在以后所要证明的，总不能不受劳动生产能力的限制，而决定劳动生产能力的几种力量，就是决定工资合同中一般条件的力量。总之，在劳动力市场的混乱的斗争中，却有一个深奥而活跃的自然规律在发生作用。

这个自然规律的作用在于把社会总收入分为性质不同的三类，也就是把全年的社会收入分为三大份——工资总额、利息总额和利润总额[①]。这三份的收入分别为劳动的收入，资本的收入，以及雇用劳动和利用资本的人、由于执行某种调和工作而得到的收入。我们把这种纯粹的调和工作，称为企业家的职能，把他们所得到的报酬，称为利润。这种职能本身，既不包含劳动，也不包含拥有资本，它的职能完全在于建立和维持各个生产因素间的有效联系，并使它们发挥作用。

我们已经说过，无论工人用什么手段对雇主讨价还价，他们从雇主方面所能得到的工资，总要受劳动本身所固有的生产能力的

① 把地租看做利息，这只是将传统的地租理论加以扩大，并不是否认它。其理由在后章将有说明。

限制。我们也说过，研究工资规律，就必须对决定生产能力的力量加以探讨。现在我们可以提出这个比较普遍的论点（以后再来证明），那就是：如果自然规律能够充分发挥作用，那么，从事任何生产职能所应当分配到的收入量，都将以它实际所生产的成果来衡量。换句话说，自由竞争倾向于将劳动所生产的部分给予劳动者，将资本所生产的部分给予资本家，而将调和职能所生产的部分给予企业家。

从这个观点来说，对于分配的全面研究，就等于研究个别的生产，这就是分析创造财富的功能，寻找协同生产财富的三个生产因素对于它们共同生产的产品个别所贡献出的份额。每个生产因素在参加生产过程中，都有其独特的贡献，也都有相应的报酬——这就是分配的自然规律。我们必须证明这个论点，它的正确与否关系重大，不是任何简要介绍所能说得清楚的。社会有没有权利维持现状，以及它能不能照样地继续存在，都要看这个论点能否成立。这就使分配问题具有不可估量的重要性。

工人阶级的福利情况，取决于他们收入的多寡。但是他们对其他阶级的态度（以及因此而引起的社会治安问题），要看他们所收入的部分是否等于他们所生产的部分，而不管他们的收入是多还是少。如果他们创造的财富很少，但全部归于他们所有，他们也许就不会想到革命。假使他们觉得他们生产了巨额财富，而所得的仅仅是一部分，那么他们之中的许多人，就一定会变成革命者，全体工人也将都有革命的权利。许多人指摘现在的社会制度，说它“剥削劳动”。他们说，“工人常被夺去他们的劳动成果。这种剥削是通过竞争的自然作用，并在法律的形式下实现的”。如果这种说法被证实，那么，每一个正直的人都应当变成社会主义者，而他对改革产业制度的热情的高低，就可以表现和衡量他的正义感的程度。但是，我们如果要研究上述责难是否正确，就必须进入生产的领域。我们必须把社会产业的产品分解为它的组成部分，从而考察竞争的自然结果是否分给每个生产者以他各自创造出来的财富的数量。

假使产量和分配份额完全相等，我们还需要知道这些个别部分的收入是绝对地增加还是减少。我们也要明确社会进化是不是提高了劳动生产力，因而也提高了它的报酬；或是减低了劳动的生产力，从而也减少了它的报酬。我们还需要知道社会进化在上述生产力和报酬方面，对于资本和企业有好处还是有坏处。随着社会的进化，资本所有者和使用者的境遇是更好还是更差。首先，我们必须决定社会是否给予每人以他所应得的部分，从而测定这个社会是否公正。其次，我们必须再来考察社会分给每人所应得的部分，究竟是增加或是减少，从而测定这社会是否为人类造福。现存社会制度究竟有没有存在的**权利**，要看它是否公正。至于我们**是不是要让**这个制度自由无阻地按照它自己的方向发展下去，完全要看它给人类造福的程度。因此，我们首先需要知道，我们有没有权利容许自然经济力量按照现状起作用；其次还需要知道，从效用的观点来看，容许它们这样起作用是否正确。

全世界的收入，当然是在全世界人口中进行分配。但是，分配论这个科学并不直接决定每人应得多少。个人间的分配，是由另一种分配产生的。只有怎样把全部社会收入分为工资、利息、利润这些性质不同的收入，才是直接的完全的属于经济学的范围。这些收入中的每一种，由于来源不同，在性质上和其他各种都有区别。一种是来自从事劳动，一种是来自供给资本，一种是来自调和资本和劳动这两种因素。同时，每个人的收入往往或多或少地带有混合的性质。工人往往也拥有一点资本，资本家往往也从事一点劳动，企业家则往往既拥有资本又从事一种劳动。一个人的收入究竟有多少是从这个或那个来源得来，这要看各种势力的影响。这个问题范围牵涉很广，不是这本书所能概括加以讨论的。我们无法确实地知道一个资本家通常做多少劳动。我们所要明确的仅仅是什么决定着纯粹工资标准、纯粹利息标准和纯粹利润标准。这些标准决定之后，某一个人的收入就要看他在哪一种劳动上做出多少工作，提供了多少资本，或在调和工作中做哪一种工作并付出多少力量。至于劳动和资本本身所能够生产的以及它的最后的收获量，则是决定于一个普遍的、纯粹的经济规律，而不是他所能操纵的。

那么，我们只要找出决定这三种收入数额的自然力量。尽管我们把研究范围加以这样的限制，如果我们的研究能够成功，那么将人类分为敌对阶级的人与人之间的重大问题，我们就能够加以解决了。这是如何惊人的事迹啊！发现了决定工资标准、利息标准和利润标准的规律之后，我们就可以决定某甲是否有正当理由对某乙不平。是的，我们还没有研究出为什么在甲乙两人中，一个一年只赚五百元，而另一个却赚五万元；但是我们研究出关于这些收入的某方面，从而决定这些收入是否应当分别属于这两个人。上述这两种分配，关系虽然密切，但必须分别清楚。

个人间的分配，决定某人的收入多少。它给某甲一年五百元，某乙一年五万元，某丙一年五十万元。至于他们采用什么方法取得收入则不加过问。所谓机能的分配，是决定用某种方式能得到多少的收入。它规定某种劳动一天工资一元五角，而不管是谁从事这种劳动。它决定利息每年五厘，而不管是谁拿这个利息。这两种分配，尽管分界线互有交叉，但是它们的区别是明显的，而且是重要的。从机能分配来看，以某一个人的收入作为被除数，便可以分为工资、利息、利润，因为这个人可能从每一方面都取得一些收入。如果以社会工资总额作为被除数，依照个人间的分配，我们可以将这个总额分为无数人的工资，每人各得一份。

应该注意，抽象的利润对于抽象的工资在道义上并不负什么责任，然而一个赚到利润的企业家，却可能对拿工资的工人负有责任。权利总是对人来说的，只有有意识的人类才有权利可言，正如只有有意识的人类才有义务可言一样。因此，工资由一天一元半减到一元，这个事实，无所谓是非问题。但是如果从一群工人每人的工资中，每天抽出五角加到雇主的收入里，就会在劳资双方引起很严重的公平与否的问题了。问题是：雇主有没有拿走工人所生产的什么东西呢？这个问题在各产业阶级间总是尚未解决的问题。每天都有一定的数目由某一个阶级交给另一个阶级。这个数目是不是由一个可以被人类接受和保持的原则来决定的呢？这个原则是不是对一切人都很公平呢？这个问题是人与人之间的问题，但是明白了纯粹机能分配之后，便可以解决它。

假使每种生产机能所得的报酬，都和它所生产的数量相符合，那么，每个人的收入就等于他所生产的了。假使他是从事劳动，他就得到他在劳动中所生产的产品；假使他也提供资本，他就得到从他的资本所生产的产品；此外，假使他又做过调和劳动和资本的职务，他就得到从这个职务所生产的产品。一个人总不外要利用这些方式来从事生产。如果在每种方式中，他都得到他所生产的部分，那么他就得到他所生产的全部产品了。如果工资、利息、利润本身都是根据一个公正的原则来决定，那么这些协作从事生产的各个阶级，也就没有什么可以互相埋怨的了。假使生产机能的报酬是根据它们所生产的数量来决定，那么从事生产的每个人，就必定会得到他自己所生产的数量。所以，权利这个东西虽然是人与人之间的问题，但是由于分配所牵涉到的权利问题，却可以从机能的研究求得解决。

当然，我们还可能进一步作纯粹伦理上的讨论。我们可以提出这个问题：从最高的理想来看，给予每人以他自己所生产的产品的原则是否公正呢？某些社会主义者早就认为这种原则并不能达到公正的目标。“各尽所能，各取所需”这个常常听到的公式，才是分配上最理想最公平的公式。依照这个规则，我们有时要向某些人提取他们所生产的一部分，分给另外一些需要更大的人。这种办法将侵犯到通常所谓财产权。这个办法到底是否公正的问题，不属于我们研究的范围，因为它是一个纯粹伦理上的问题。我们所要研究的，是经济上的实际问题。依照自然的分配，人们所得的是否与他们所生产的一致呢？我们所得到的、法律所赋予我们权利来保有的，是否由于创造权而归于我们自己呢？我们实际的财产是否一开始就根据生产得来的呢？

当一个工人带了他的工资离开工厂时，法律承认他所带走的工资是属于他的。但是在他离厂以前，他已经是当天的劳动所生

产出的一部分财富的真正所有者。按照某种他所不懂的、但决定着他应得多少工资的经济规律，究竟是否使这份工资符合于当天他所生产的那部分财富数量，或是强迫他将实际生产的数量留下了一些呢？强迫人们把根据创造权属于他们自己的东西留下给雇主的生活制度，就等于是制度化的掠夺——一种合法的对财产权所根据的原则的侵犯。

这是我们需要解决的问题。这是一个纯粹的实际问题。在财产占有开始的时候，即工厂对创造价值的人付给工资的时候，如果“每人所生产的归他自己所有”——这一个财产分配所必需根据的原则实际上发生作用，那么我们实事求是的人，还应当将现有工业制度按照原有的形式加以改进，使它尽善尽美，使这个原则更少发生例外。至于与制度本身无关的掠夺，我们当然可以用其他办法来处理。但是，显然的，如果我们要将财产确立在生产者对于他所生产的财富的要求上，那么这个社会，一般地说，就必须在产生所有权的时候，就来保证这个权利，也就是说，在付给劳动者工资的时候，就来保证这个权利。如果不这样做，在社会组织的基础中，将会埋伏一个爆炸性的因素，迟早要将社会组织炸毁。国家如果不维持财产权，就没有存在的理由。所以，如果一个国家强迫工人将根据创造权原属于他自己的财富留给工厂主，那么这个国家一定要在严重的关头归于失败。现代国家对它的主义是否忠实，只要研究分配问题便可以解决。如果实际工资等于劳动的全部产物，利息等于资本的产物，利润等于调和工作的产物，那么财产就在它的产生的时候得到保障了。

第二章　分配在经济学各个传统的分部中的地位

我们已经着手解决一个关系到分配理论是否正确的问题，即研究把社会收入分为工资、利息和利润，在原则上是否正确的问题。我们知道，要了解这些收入是否属于应得性质的收入，必须进入生产领域中去。究竟这些收入是不是由获得这些收入的各个生产因素所创造出来的呢？如果是，那么，整个分配科学就不过是一个研究特殊生产过程的科学。总之，对财富创造过程和财富分配过程这两者间的关系，必须进行深入的研究。

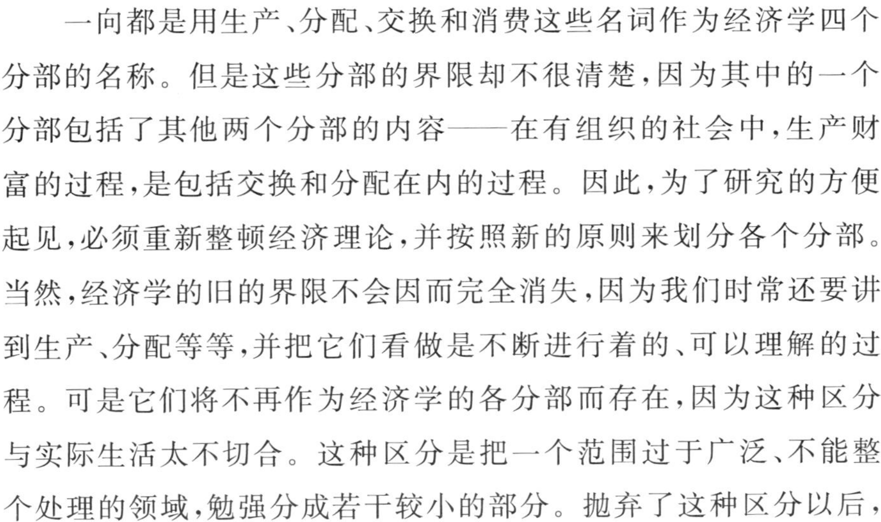

一向都是用生产、分配、交换和消费这些名词作为经济学四个分部的名称。但是这些分部的界限却不很清楚，因为其中的一个分部包括了其他两个分部的内容——在有组织的社会中，生产财富的过程，是包括交换和分配在内的过程。因此，为了研究的方便起见，必须重新整顿经济理论，并按照新的原则来划分各个分部。当然，经济学的旧的界限不会因而完全消失，因为我们时常还要讲到生产、分配等等，并把它们看做是不断进行着的、可以理解的过程。可是它们将不再作为经济学的各分部而存在，因为这种区分与实际生活太不切合。这种区分是把一个范围过于广泛、不能整个处理的领域，勉强分成若干较小的部分。抛弃了这种区分以后，经济领域的面目焕然一新,而且这种新面目是真的面目、自然的面目。这个新的经济领域也有它自己的区分法。值得注意的是:在发现交换、分配和生产是混不可分的研究工作中,也发现了经济学存在着三个区分得很自然、很明确的分部。事实上,我们是在认识旧的区分法之所以不可以采用的过程中,得到了一个正确的区分法。

生产就是制造商品。除原始社会以外,生产都是经过分工来完成的。现代的生产者都是专业者,他们售出一种物品或一种物品的一部分,并以所获得的售价来购买所需要的物品。只有整个社会才是全能的商品生产者。这就是说,现在社会的生产,是通过交换的方法来完成的。商品的辗转易手,使社会能够生产出各种商品,而"分工"和"交换"这两个名词,只不过是用不同的说法,来表明和孤独的生产方法不相同的、有组织的创造财富的过程而已。如果一件物品在制成和使用以前,都没有离开过一个人的手,那么,在这种情况下,生产还没有社会化①。整个社会是唯一的财富生产者。交换是生产社会化的要素,它是整个生产过程中一个突出的部分。

不论社会是怎样有组织的,在生产活动上,人和自然之间的关系,却是始终不变的。土地仍然提供着原料,而人仍然对这些原料加以改造。就这一点来说,现代工厂制造钢的工具,和史前人类制造石斧,在根本上没有什么不同。社会化生产方法的新特点,就在

① 从经济学的观点说来,一件商品在零售商尚未找到顾客、并使这件商品满足顾客的需要以前,还不能算是已经制成了。因此,制成品的售出,是社会生产的最后一个步骤。

于人与人的关系上。互相依赖代替了各自为政，一个大组织代替了许多互不联系的生产者。这种变化就是分工和交换的结果。

既然是由整个社会来从事生产，那就需要决定产品的价值。如果我们提供出自己的产品，那就必须有某种东西来决定我们应当得到多少报酬。市场上所定的各种交换比率，放在经济学的交换论中讨论，这不是没有道理的，但是交换比率是不是放在交换论中来讨论最恰当呢？

还有一种分配，不是决定工资标准和利息标准，而是决定整个行业（包括这个行业的工人、资本家、企业家在内）和其他行业对比，应该获得多少收入。一种行业是否应当比其他行业更繁荣，也是由这种分配决定的。这种分配属于总的分配的中间阶段，它是由物价决定的。例如，当麦价较高时，农业的收入就比其他行业好，反之，当麦价较低时，农业的收入就不如其他行业。假如我们注意到一种商品的“市场价格”，即一定数量的商品的现有价格，那么，这个价格便支配着我们所谓“团体收入”。例如，钢的售价很高，那么就有大项的收入流入生产钢的团体。这项收入当然要在这个团体中进行分配，但是我们暂且不谈其中分给工人的是多少，分给资本家雇主的是多少，这是由团体中最后的分配所决定的。团体分配是社会收入的初步分配，它以整个产业部门为对象。社会收入初步分配的条件是由物价决定的。农民希望麦价高涨，矿工希望矿物价格提高，等等。所以，物价决定着各个团体的收入。

全社会的巨大收入——等候进行分配的收入——实际上是由各种有用的具体的商品组成的。这些商品大部分都是消费品，并作为零售店的存货，待价而沽。这些种类繁杂的消费品，按某种办法分成若干份，每一个人，不论他是工人还是资本家，都获得其中的一部分。当商品制成并陈列在市场待售以后，要决定分配的条件，就无从着手、无法解决了。如果商品在可以出售以前，还没有决定每个工人、每个资本家可以分得多少，那就不得不按照某种武断的办法，由国家官吏来进行分配。但是，实际上，分配的条件是当商品还在制造的过程中，就已经决定了，商品一面制造，一面就被分配了。

生产这些供给大家使用的商品，是一个巨大的综合的生产活动，它是按照有系统的方法进行的。一个生产团体制造甲商品，另一个生产团体制造乙商品，等等。甲商品出售以后，所得的货款，就在制造这个商品的团体中进行分配。乙商品出售以后，所得的货款，也同样在参加生产这个商品的人之间进行分配。由此可见，各个生产团体的收入完全是由成品的价格决定的。这些生产团体，也是按照同样的有系统的方法分成小团体。例如，一件衣服的制成，需要农民、羊毛商、制造者、染工、毛织品商和裁缝一齐参加。这些人按类组成小团体，每个小团体都从它所属的大团体的收入中，分到一部分。至于分得多少，那是由价格决定的。如果羊毛售价高，那么农民就好过。如果羊毛和毛织品的价格距离很大，那么制造者就兴旺。小团体和大团体收入的多寡，都要由市场价格来决定。

但是，这些调整价格的活动，没有一个直接决定着工资和利息。决定工资和利息的是分配的最后的、最重要的部分，这种分配是在小团体内部进行的，它是一定要进行的第三次也就是最后一次的分配。分给农民、制造者等那些部分的收入，必须再进行一次分配，因为每一个工人、每一个资本家都要分到一份收入。但是，这最后一次的分配，不像前几次分配那样仅仅由出卖成品来处理，这里还牵涉到更精密更繁难的分配。现在我们首先要弄清：对商品进行分配的有系统的方法；这种分配方法随着各个生产阶段而出现的情况；以及决定交换价值对分配所起的作用。分配是分三个不同的阶段进行的。社会收入要经过一次分配，一次再分配，和一次最后的分配。第一次分配决定各个产业团体的收入，第二次分配决定各个小团体的收入，最后的分配是对产业系统内无数个小团体中的工资和利息进行调配。各个大团体和小团体所分到的份额，完全由物价来决定。因此决定了市场价格，调整**团体**分配的条件也就解决了。

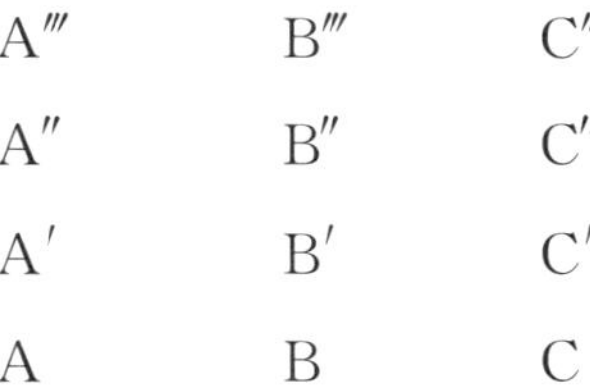

假定用 A‴代表一种制成品，例如面包。用 A 代表原料，在这里就是田里的小麦；A′代表运到面粉厂去的、已经脱壳的小麦；A″代表已经磨好的面粉；而 A‴就是烘好了的面包。同样，B，B′等等代表处于不同生产阶段的另一种物品——例如呢衣服，而 C 的一列又代表另一种物品。A 列构成某个大团体的产品，而这个团体的收入，就决定于 A‴的价格。按照同样的道理，B‴和 C‴的价格，决定制造它们的团体的总收入。A″与 A‴价格的差异，决定把 A″制成 A‴的小团体的收入，以上述例子来说，这个差异就是面包业的收入。同样，A′与 A″价格的差异，决定面粉业的收入，依此类推。这样说来，整个系统中每个小团体的收入，都是直接由物价决定的。

可是，探讨市场价格的原理，就会把我们引导到所谓“自然”价格或“正常”价格的问题上去。自然价格或正常价格是以货币来表示的，市场价格归根到底是以它为依据的。这些正常价格又是分配的另一种现象，因为在团体分配范围内，有一种起作用的力量，它建立了市场价格所趋向的正常标准。我们已经知道，市场价格决定各个团体的收入，从而对前几个阶段的分配起支配作用。现在，我们要知道，有一个更强大的力量——一个也对分配起作用的力量——支配着正常价格。市场价格是团体分配的前提，而正常价格是某种分配现象的后果。自然价格或正常价格的调整，是分配过程的一个部分。事实上那些使价格趋于“自然”的活动，就是各方面的人为获得他们自己的自然收入部分而做的努力。

如果劳动和资本在一个产业中所生产、所获得的，跟它们在其他产业中所生产、所获得的一样，那么，价格就达到了自然的水平。正常价格意味着工资均等和利息均等。如果小麦、羊毛、钢铁、木材等等的价格是这样的：一个工人或资本家离开任何一个行业，而去从事另一个行业，结果都不能获得更大的生产力，那么，这些商品的价格，就可以说是正常了。

自然价格的一般定义是：与生产成本一致的价格就是自然价格。经济学家往往在想象中把自己置身于生意人的地位，往往把生产一件物品时所付出的钱当做成本，把卖出这个物品所获得的钱当做收入。按照这个观念，竞争的趋势必然使物价降到和成本相等。但是，这是对正常价格规律的片面的狭隘的观念，这个观念是以从事生产财富的社会活动中个别部分的人的观点来说明这个规律的。另一方面,全面的观点则是以从整个社会出发的研究工作者的观点来说明这个规律。不错,每件物品的正常价格就是成本。但是其所以这样,并不是在一个产业内部决定的,也就是说,不是生产这个物品的团体内部的任何因素所能决定的。以棉布为例,使棉布价格趋于正常的力量,是在整个生产系统各处起作用的力量。事实上,使任何价格趋于正常的力量是一个巨大的社会倾向。正常价格规律的传统说法并没有错误,但是很容易引起误会,因为它是不充分的、不全面的。它是从企业家的观点来说明问题,而不是从社会的观点来说明问题。

我们将来详细研究这个问题时,就会明白各种物品都按照成本出售的情况——成本包括利息和管理人员的工资,这些都是成本的要素——就是各个产业团体的总收入在比例上是均等的情况,也就是一切团体中每个单位的资本和每个单位的劳动所生产的收入都相等的情况。因此,成本价格就是导致均等收入的价格。

检查价格并决定价格是否正常的,是相对收入,而不是任何一个团体的收入。例如,目前的麦价是这样的:它可以使种麦的每个单位资本的收入超过某些其他行业的收入,麦价是在自然标准以上。即使本团体的工资和利息很高,以致企业家除成本以外,毫无所得,麦价还是在自然标准以上。如果由于这个原因,劳动和资本不断地从其他产业吸引到种麦方面来,结果一定会使麦业现在所享受的额外收入降至于零。那时候,如果没有别的因素来搅乱团体系统内劳动和资本的收益能力的均衡,价格就将成为正常。其所以说正常,是因为那时的价格将给予各个不同产业团体均等的收入。所谓正常,实际上就是指团体分配符合于自然的状态。每个单位劳动的产量到处一样,每个单位资本的产量也到处一样,这就是创造自然的物价的条件。这个条件也附带地创造了上面所说过的成本价格。

所以,当促使人们从一个团体向另一个团体转移的原因不存在的时候,即当团体分配是自然的时候,价格就是自然的了。要达到这种状态,劳动和资本就必须这样地分配于各个产业,以至于一种物品不会生产过多,而另一种物品也不会生产过少。总之,社会必须这样运用它的生产力,使得各种物品的生产量都恰如其分。每种物品的生产量首先必须正常,然后价格才能正常。使生产达到这个自然状态的力量,就是那使工人和资本家为了要抓住获得特殊利益的机会而向产品价格较高的团体转移的力量。很明显的,这是团体分配的一种作用。所以,由于分配产生了一种力量,它引起一种社会生产状态,在这种状态下,交换价值是正常的。那么,交换价值究竟应当放在传统经济学的四大分部中的哪一个分部来研究呢?交换价值本身直接与交换有关,决定交换价值的直接原因是生产状态,而支配交换价值的根本原因是分配的作用。

显然,市场价格问题,是应当放在分配论中研究的。从表面上看,似乎市场价格支配着不同团体或不同行业之间的分配。但是这些价格不是经久不变的,它是围绕着某些比较持久的标准而上下波动。团体分配的趋于正常,就是说使各产业的工资和利息不相上下,这就会促使价格趋于正常标准。

那么,留在交换论中讨论的究竟还有什么呢?只有商品的辗转易手的过程而已。这种过程的结果,把人们分成不同的团体,而每一个团体在生产过程中都有它的作用。交换决定产业社会的组织形式。在商店里出卖的每件成品的后面，有一系列专业生产者，这些生产者中的每一个人都依次对那个成品做一些加工。不错，社会的生产组织是复杂的，但是它的组织形成的原则却很简单。这些原则是属于交换论范围的问题，而交换论就是关于产业社会的组织的理论。在研究社会所由以组成的团体制度时，我们就可以明白这句话的全部意义。现在先要记住这一点：交换将产业分了又分，把产业分成大团体和小团体，其中每一个团体的作用都是由自然规律决定的。

很明显的，所有这些生产因素的安排——把一些劳动和资本放在这里，而把另一些劳动和资本放在那里——就是社会生产的现象，也就是社会生产组织的一部分。它是对生产力量的部署，把生产力量安排在能发挥最大作用的地方。事实上，除消费以外，一切经济活动都属于生产的范围，交换只是团体生产的显著特点而已。我们在交换论中将叙述产业的团体制度。我们已经了解在分配方面起作用的一种力量，决定着各个团体规模的大小和产量的多寡。这种力量按照我们已经知道的方法，防止一种物品生产过多、另一种物品生产过少。这也是无所不包的社会生产过程的一部分。

属于生产范围以内的，还有一种更重要的分配。这种分配和价值有关系，这是各个产业之间的分配。研究这种分配就产生了价值理论。高昂的麦价使产麦成为能够得到许多利益的事业，使共同生产麦的工人、资本家和企业家得到巨额的收入。这个巨额收入中，多少归于工人呢？多少归于资本家呢？多少归于企业家呢？我们知道，这些问题牵涉到另一种分配。在每个产业中，都要有这种最后的分配。每个小团体的总收入决定以后，这项收入还得在小团体内部进行分配，而这次分配便是社会收入的最后一次分配。

有一个生产规律，支配着在小团体内进行的最后分配，即把每个小团体的总收入分为工资、利息和利润的分配。如果自然规律正常起作用的话，劳动者所获得的份额将接近于他们独自生产的那个部分，资本也是如此。帮助农民种麦的佣工，当然也可以获得所收割的小麦中单独归功于他的劳动的那一部分。这种说法需要证明，以后将得到证明，但目前先要这样说，并且把它作为留待研究、证实的论点。现在很明显的是：如果这个论点能够成立，那么，分配和交换的全部问题，都应当纳入有组织的财富生产过程里。将复杂的社会产品加以分析，找到其各个部分的生产者，这样，分配问题就可以迎刃而解了。所以，分配是一个分析的研究，它一步步地追溯综合生产活动，这种综合生产活动是把许多不同的东西集合起来，而创造出大量有用的商品的社会收入。它首先找出在生产的总数中，每个大团体所生产的部分，其次找出每个小团体所贡献的部分，最后找出小团体的生产量中劳动和资本各自贡献的部分。

因此，我们可以把一切有组织的或社会化的经济过程，全部归纳到广泛的生产科学领域中去。这样一来，传统的经济学理论把它们分为不同分部的过程，实际上是无法区分的了。例如，有一个工人在鞋店里做工，每天工资二元。现在我们来研究他的工资数目问题。他是属于小团体的一员，所以我们首先要说明社会怎样形成大团体和小团体这种有组织的形式，这些团体互相交换彼此所生产的产品。当我们说明为了有组织地进行生产而对各个团体加以安排时，我们便是按“交换”这个名词的精确的和狭义的意思来讨论交换理论。所以我们讨论交换理论时，便进入了生产的领域。上述工人的收入是他所属的小团体的收入的一部分，而小团体收入的多寡，是决定于团体分配规律，即市场价值规律。但是，市场价值是看各种物品的相对产量而定的，也就是看各个团体的相对产量而定的。这样，当我们追溯上述鞋匠获得工资的那个小团体的收入的根源时，我们还是没有离开一般的生产科学的领域。当我们找出影响小团体收入的因素以后，我们还必须研究为什么鞋匠的工资是每天二元。这就引导我们更进一步地去研究特殊的生产。首先，我们要研究鞋匠的收入是否和他独自生产的数量相等。其次，要研究是什么因素决定鞋匠的生产能力。这是对分配的最后阶段的研究，同时也还是对生产的研究。这样，为了研究鞋匠的工资为什么是每天二元，我们对经济学的四大传统分部，除了消费分部以外，都进行了一些研究。可是，我们自始至终仍然没有越出社会生产的范围。

只有消费过程是由个人进行的过程。我们合力生产食物，但是我们每个人自己来吃。社会生产我们的衣服，建造我们的房屋，但是我们得到衣服以后，自己穿，并不需要别人的帮助，住房子也是这样。不过，社会能够影响我们的性格，改变和增强我们的欲望。由于喜欢和别人交往，我们在消费过程中，甚至可以采用集体的方式和别人共同使用某些物品。例如，我们喜欢聚餐，我们一起听音乐、听报告，由于别人的参加而增添乐趣。但是消费方面的合作，绝不能与生产方面的合作相提并论。消费时没有严格的团体制度，没有劳动和资本那样的因素的合作。物品所吸引的是个人的感觉，所以，消费是社会经济中属于个人的部分。

如果我们从人与人的关系来考虑，我们就会发现消费和生产的地位是不一致的。一个是集体的活动，非有组织不可。一个是个人的活动，每人各自使用复杂的生产体系为他生产出来的物品。严格说来，一个是社会经济的一部分，另一个却不是社会经济的一部分。

如果我们从人与自然的关系来考虑，我们就会发现生产和消费是完全一致的——一个正好是另一个的反面。一个是人影响自然，另一个是自然影响人。耕种土地一直到生产出粮食，这是人影响自然而获得财富；但粮食又补足人在劳动中所消耗掉的细胞和能量，因而影响着人。人创造财富，财富养活人，这构成了全部的经济活动。在这个活动的前半段，人类采取积极的进攻的态度，而在后半段，人类采取消极的顺受的态度。在最简单的生活中，除了这两个过程以外，没有别的。一个原始的人单独居住，自猎自食，自己制造衣服穿，自己造房子住。总之，他影响自然，同时也受自然的影响，这便是他的全部经济生活。任何交换、分配都与他无关。如果我们把经济社会当做一个整体来看，那么它的情况实在也不过如此。它生产食物、衣服、房屋以及一切增进生活舒适和快乐的物品，然后消耗这些物品。它是用有组织的方法生产这些物品，而用无组织的方法使用这些物品。随着这些物品的生产，产生了贸易和分摊的过程，这就是所谓交换和分配。但是，生产和消费仍然是整个经济的全部内容，没有任何财富现象可以越出生产和

消费的范围。

这些都是研究分配问题时必需承认的事实。我们要彻底研究分配问题，绝不能越出社会生产的领域，并且不能不把交换问题包括在我们的比较狭窄的研究范围以内。价值向来是交换论中所讨论的主要问题，但是价值理论和团体分配理论实际上是一个东西。

第三章　分配在经济学自然分部中的地位

现在我们可以看到，有一种区分经济学领域的方法，它可以使我们在研究分配问题时，不会忽略分配和生产、交换的关系。在社会经济方面，有三个不同的势力共同起作用。如果我们把这些势力分别加以研究，便可以把经济学分为三个部分，这三个部分是根据自然的界限来划分的。人类通过生产来改造物质，物质通过消费来影响人类。这种生产和消费的过程，不要求改造自然并接受自然的影响的人们有什么组织。一个索居独处的人，或是一群为了安全和交往方便而聚居在一起的人，不需要任何交换物品的制度，便能够实现这些过程。只要每个人自己消费自己所生产的物品，就可以算是一种完整的经济生活了。

这种生活的特征就在于它建立了个人与自然的直接关系。每个人都为自己的利益而去改造物质环境的一部分，并从这被改造的自然环境得到它所能提供的直接利益。在这种情况下，人与自然的关系，没有任何掩饰。每个人很显著地依靠自然，同时也很显著地不依靠别人——这就是每个人的经济生活的规则。每个生产者从自然所提供的物质条件创造自己的收入，因此，分配问题和这个过程不发生关系。

但是在这种人人都和自然发生直接关系的生活方式里，一切比较基本的经济规律都有发挥作用的余地。例如，有一个猎户住在原始森林里，以兽肉为食物、兽皮为衣服和住所。他创造了某些财富。他所制造出来的东西，具备了现代城市商店中一切商品的基本特性。他也使用资本，他所拥有的财富包括固定资本和流动资本两种。他的消费也有自己的规律，主要是要求消费品的多样性。如果他所创造的财富对他自己有很大好处，那么他必须防止过分满足某些欲望，而使别的欲望得不到满足。这就是说，某一种东西不应当制造过多、使用过多，而另一种东西也不应当制造过少、使用过少。

可见，有一系列经济规律是不依靠经济组织而起作用的。这些规律是基本的经济规律，应当注意，这些规律是普遍的经济规律。不论是在最进步的社会经济条件下，或是在最原始的社会经济条件下，这些规律都同样起作用。无论在什么地方，财富都具有同样的特性。财富的生产和消费总是受同样的一般条件所支配。因此，经济学的第一个自然的分部，应当介绍财富的普遍规律，应当讨论比较一般的生产规律和所有的消费规律。

还有另一系列的现象，是由人与人之间的关系而发生的另一种力量所引起的。不论在哪里，只要人们开始互相交换物品，这种力量就立刻发生作用，因而把社会组成为不同的团体和不同的产业。如果某些人专门制造食物，某些人专门建筑房屋，并且互相交换彼此的产品，于是，一些不是阐明人与自然间的直接关系的一般经济规律所能解析的问题便产生了。交换引起决定价值的问题，而价值则决定团体分配的条件，这是我们已经知道的。

当各个团体或各个产业出现了由雇主付给工人工资、付给资本家利息的现象时，社会的组织就又前进了一步。从广义来说，分配就是因为各种生产财富的力量有了这样的组织才产生的。经济学中讨论分配问题的部分，首先要讨论由于交换而引起的团体分配问题，其次要讨论小团体内的最后的分配，即决定工资、利息和利润的问题。如果把分配的含义扩大，把说明团体制度和团体间的产品交换的问题也包括在分配的范围之内，那么，分配论便包含了经济学中所有的社会规律。这个理论首先说明产业的团体制度，说明团体间互相交易的条件以及每个团体的收入所根据的条件。然后，进一步说明一个团体所得到的收入如何处理。一部分归工人，一部分归资本家，如果还有剩余，便归企业家所有。总之，在整个社会作为生产者的情况下，所产生的各种特殊的社会关系，都可以在分配这个标题下进行讨论。但是，如果使用“分配”这个名称是意味着既不讨论生产问题又不讨论交换问题，那么就不能把分配作为经济学一个分部的名称。完整的分配过程是包括交换过程在内的，而分配本身却属于生产的范围。因此，把经济学的第二个自然的分部称为分配论是不很恰当的，因为这样在一般人的心目中，分配这个概念就和生产、交换有很大的区别了。把第二个分部说成是讨论经济学的社会规律的部分，来和讨论一般规律的部分区别开来，这是最恰当的。我们已经知道人与自然间所发生的经济作用和反作用的后果，我们还必须进一步了解人与人之间的关系所产生的后果。

生产可能毫不改变它的活动性质，始终按照一种有组织的方法进行着。人可以始终生产同样的物品，而且始终采用同样的方法生产这些物品。他们所使用的工具和材料可以始终不变。不管结果好坏,他们可以始终不增减产业所生产的财富的数量。这样,社会的生产可以说是处于静止的状态。在这种社会产业静止不动的状态下,仍然存在着分配以及和分配有关的种种问题。各个团体仍然互相交换产品。每个团体的集体收入仍然由它的产品的价值来决定。农产品的价格仍然决定农民的收入,矿物的价格仍然决定矿工的收入。大团体的总收入仍然在它所属的各个小团体中进行分配,然后再进一步分为工资、利息和利润。

所谓"自然的"价值标准以及"自然的"或正常的工资、利息和利润,实际上就是静态的价值标准、静态的工资、利息和利润。这些自然的价值、工资、利息和利润是等于在社会有着完整的组织,而又不受社会进步所扰乱的情况下,所可能有的价值、工资、利息和利润。如果我们对古典经济学家所说的自然价值加以彻底的研究,那么它所牵涉的范围就大大地超过他们所理解的范围。

如果社会是静止不动的,任凭产业完全自由,任凭劳动和资本不停地流动(正如李嘉图的著作中所设想的理想社会那样,劳动和资本毫无拘束地从一个行业转到另一个行业),一个自然价值的制度就出现了。这种自然价值,就是城市商店里的价格永远围绕着它升降的价值。此外,自然工资和自然利息的制度也出现了。这些自然工资和自然利息是工厂、农场、矿山等产业部门的工资和利息永远围绕着它升降的标准。自然、正常、静态等名词,在这里是同义语。经济学中介绍自然价值、工资和利息的部分,应当有意识地采取静态的社会经济理论的形式。这种理论在讨论分配时,把分配看做是在没有大变动(如生产方式的改变等)的情况下进行的，这些大变动就是在古典经济学中占重要地位的、使市场价格永远脱离自然标准的大变动。

但是，静态的社会只是一种假想。实际的社会都是不断变动的，我们所要研究的社会，尤其变动得厉害。在研究中，设想有一个静态的社会，这可以说是大胆的假设。在实际社会中，不断的变化每时每刻把劳动和资本从一个行业推到另一个行业。在每个产业中，生产方法和产品的种类和数量经常都在变化。然而，这些情形并不能使静态理论失去作用，因为静态的规律还是真实的规律。在社会形式和活动方式永远没有变化的社会里起作用的力量，也在不断变化的实际社会里起作用。我们经常可以看到这些力量和其他力量共同起作用，但是我们应当想象这些力量是单独作用着。我们把这些力量和其他力量分开来单独研究，以便了解在动态社会里的一部分情况。为了要这样做，我们必须设想有一个静态社会，这是大胆的而又是必要的运用孤立的方法进行研究。

然而，静态的、假想的社会和动态的、实际的社会的不同，只是在于静态社会并不存在。在静态社会起作用的各种力量，不仅也在动态社会中起作用，而且是动态社会中最强大的力量。它们虽然没有使各种价值正好和自然标准相等，但是它们使各种价值围绕着自然标准而上下波动。并且使实际工资、实际利息经常比较接近于自然标准。

我们现在已经对经济学的两个自然的分部的界限作了说明。第一分部所讨论的是一般现象，第二分部所讨论的是静态社会的现象。我们首先研究那些不论在有组织的社会和没有组织的社会都起作用的经济规律。其次研究那些依靠社会组织而不依靠社会进步的力量。最后，我们需要研究社会进步的力量。除了在静态社会起作用的力量以外，还必须研究那些只有在动态社会才能起作用的力量。这就是动态社会经济学。它可以使我们理论上的社会符合于实际社会的情况。它提出了那些为静态理论公开地有意地撇开的问题——就是改变生产方式和影响社会结构本身的各种变化，研究这些问题就是经济学第三个自然分部的内容。

人类的欲望不断变化，所生产的财富的种类也要随着改变。新的机器的生产方法不断地采用。机器代替了手工，效率高的机器又排挤了效率低的机器。新的动力和新的原料也不断地运用于生产。人口增加着、移动着，在人口移动时，把他们所增加的财富带走了一部分。大的企业越来越大，吞并了小的企业。地球上挤满了人，充满着财富。可是，在这些变动中，没有一个力量能阻止静态势力的作用，就是把这些变动合起来，也不能阻止静态势力的作用。自然价值的规律和自然工资、利息和利润的规律仍然丝毫不能违背。有一系列动态势力与静态势力共同起作用，实际的价值、工资等等就是这两种势力作用的结果。我们的理论在进入研究动态现象后，才算是完整的，这样，我们就可以用这个理论来全面地解析实际社会。如果动态社会的理论是全面的、有确实根据的，那么，这个理论上的社会就会和实际社会完全一致。在动态社会中存在着扰乱和阻碍的因素，也就是做生意的人认为可以用以证明理论上的结论不能成立的因素。但是我们如果对这个社会进行彻底的研究，它就会提出以前所没有研究的问题，即研究关于经济的扰乱和阻碍的问题。

就方法来说，动态经济学理论和李嘉图学派的理论一样，必须

采取演绎的方法。这个理论必须以静态经济学的结论为基础。我们知道，这些结论完全是假设的，而动态理论的主要特点却是现实的。动态理论正好包括了演绎的经济理论为了充分解析实际社会所需要的各种因素。

无论在什么地方，凡是盛行着竞争的市场，总是由静态势力来决定价格围绕着它而升降的标准，同时，总是由动态势力来决定价格实际的升降。实际的价格有时是高于标准，有时是低于标准，正像一个悬摆，有时是在假想的垂直线的这一边，有时是在那一边。悬摆在静态势力影响下所处的位置和这个垂直线是一样的。悬摆的左右摇摆，是由于动态势力的作用。如果我们了解静态势力的性质，以及悬摆在静态势力单独起作用时所处的位置，那么悬摆摆动的距离就可以测得出来。只有用同样的研究方法，才能说明价格围绕着自然标准而上下波动的现象。也只有这样，才能说明实际工资、实际利息以及实际工资、实际利息围绕着自然工资、自然利息的标准而上下波动的现象。静态势力决定标准，动态势力引起变动。

但是，这还不是动态势力的最大的作用。在我们说明实际价值、工资和利息与自然标准的距离的问题时，我们还是没有学到动态势力最主要的部分。我们将可以看到，动态势力为静态势力创造了新的活动条件。在新的条件下，自然价值等等都和旧的条件下不相同。例如，在手织的时代，棉布的价格完全是自然的价格，而在机织的时代，棉布的价格就远不是自然的价格了。由于瓦特、哈格里甫、阿克莱和克伦普吞等的发明，棉布的正常价格降低了很多。在这些人发明未成功以前，棉布价格是在某一个自然标准的上下波动，而在发明成功以后，又在另一个自然标准的上下波动。同样，由于广泛的动态势力起作用的结果，工资的正常水平日益上升，利息的正常水平日益下降。在任何时候，总有一个由静态势力决定的价值、工资和利息的标准，这时，围绕着这些标准的实际价值等等的升跌，是由动态势力决定的。过些时候，这些标准本身也改变了，这便是动态势力所造成的最重要的结果。不错，动态经济学包括经济的扰乱和变动的理论，但是其中最重要的是社会进步的理论。如果动态经济势力继续向前发展，到了公元 2000 年时，世界的正常财富一定会比现在多得多，工资的水平也一定比现在高得多。

现在，摆在我们面前的是经济学三个自然的分部的界限。第一分部包括财富的一般现象。凡有关取得和使用财富的过程，不管在什么社会条件下发生的，都属于这个分部的研究范围。第二分部包括静态的社会经济，它说明如果社会是有组织的，如果社会的组织形式和活动方式毫无变化，财富将会有什么变动。第三分部包括动态的社会经济，它说明由于社会的组织形式和活动方式不断变化，社会财富和社会福利发生什么变化。

上述三个分部和传统的四个分部的关系是这样的：第一分部是讨论一般的经济现象，其中包括通常应当放在绪论里面的基本概念和论据。不过这个部分还可以讨论一切有关消费的问题，因为消费是个人的活动，其基本规律在任何社会条件下都相同。第二分部讨论通常放在交换论中讨论的价值问题，以及通常放在分配论中讨论的自然的或静态的工资和利息问题。第三分部讨论生产的动态，其中包括价值的变动和所有的分配的动态问题。人类欲望的变化形成消费的动态，所以这些变化的影响也属于这个分部研究的范围。这里所提出的三个分部，虽然是互相依赖、彼此相连的，但是却区分得很清楚。第二分部把第一分部所讨论的事实和原则作为一部分材料，而第三分部一开始就把第二分部所叙述和所假设的问题作为前提。传统的四个分部中，有三个分部混淆在一起，无法区分。传统的四个分部中，没有一个和我们所谓自然的三个分部中任何一个分部完全相同[①]。

显然，动态经济学所提供的新的研究领域，是非常丰富的领域。如果社会经济进步理论的各个必须解决的问题也在这里详细讨论，那就更显示出这个领域的丰富。这些问题包括了人们从经济变化而得到利益的各种可能性。这些问题主要是新的问题，因为到现在为止，研究经济的方法还没有把这些问题孤立起来、突出地提出这些问题，并提供解决这些问题的资料。主张用陈旧的、混

① 如果采用“静态分配”这个名词，并使它的含义包括很广，那就可能使它的范围和我们所提出的三个分部中的第二分部相一致。但是这样就会使分配这个名词的含义过于广泛，甚至把生产社会分为团体的问题也包括在内了。

把一个范围用两条交叉线分开，结果就成了四个区域（而不是三个区域）。无论讨论经济生活的哪一方面，我们都需要先研究图中的第一区，就是原始的静态经济，然后研究图中的第二区，就是原始的动态经济。如果接着我们就进入社会领域，我们立刻就到第四区，就是动态的社会经济，而跳过静态的社会经济区域，虽然这个区域在区分上是不可少的。由于我们的目的在于了解动态的社会经济的规律，所以我们只要研究第一、第三、第四这三个区域就行了。

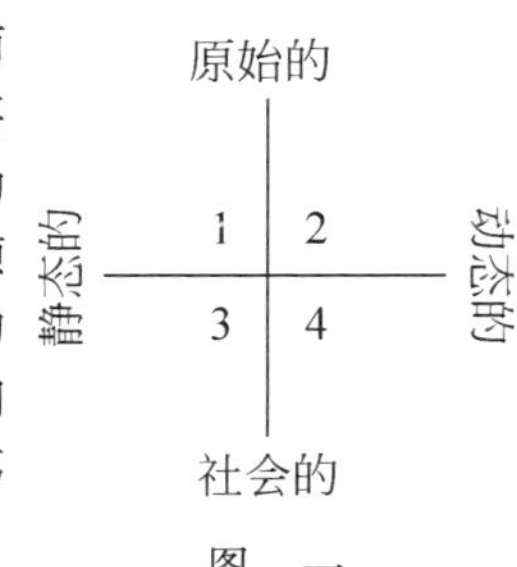

图 一

淆不清的方法把经济学分为生产、分配、交换和消费四个分部的经济理论，固然没有撇开社会进步的问题，但是这种理论实际上没有办法解决社会进步所提出的各种问题。因为要了解动态的规律，一般非先了解静态的规律不可。正如力学一样，要懂得动的力，就必须先懂得静的力。

第四章　分配所根据的一般经济规律

本书先要叙述静态的分配规律——这是属于我们认为应当划归经济科学三个自然分部中第二分部范围内的问题。本书要提出一个纯粹的理论，就是所谓自然工资和自然利息的理论。本书不做统计的研究，不详细讨论那些为实行交换而进行的实际的调整工作，也不论述货币、银行、赋税，以及那种改变分配条件的政治行动。

分配的规律，就它们的广义来说（并且把交换规律也包括在内），它们在性质上显然是社会经济规律，因为它们说明社会中各个生产团体是怎样组成的，和各个生产团体中的劳动者、资本家和雇主阶级是怎样形成的。它们也说明那些生产团体和阶级是怎样互相交易。静态规律提供了某些自然标准，各个经济团体的收入以及团体内劳动者和资本家的收入，大体上是按照这些标准来决定的。而动态规律却说明：第一，实际收入与上述自然标准的差异；第二，由于时代向前推进，自然标准本身也起了缓慢的、不断的变化。

今天的自然工资和一年后的自然工资是不相同的。如果社会正常地向前发展，将来的工资标准一定会不断地提高。在社会发展过程中，工资的实际标准，总是随着不断上升的理论标准而上升，但在上升中，它却不免落在理论标准的后面。工资标准上升的速度，以及决定实际工资和工资标准之间差异程度的力量——这些就是动态的分配论所要讨论的典型的问题。就本书来说，讨论上述任何一个问题，就是进入了纯粹的经济学第三个自然分部的领域。静态的分配论和动态的分配论构成了全部经济学中第二分部和第三分部的大部分（虽然不能说是全部）。但是，在一般经济学领域中，动态社会经济这一部分，是没有人研究过的。如果我们现在的计划能够实现，我们打算在写完本书以后，在适当的时候，再写一部专门讨论动态规律的书。在本书里，我们要叙述工资、利息、利润的“自然”标准，更确切些说，就是静态标准。至于动态的变化，本书只是最简单地、一般地加以说明，其目的要使大家明白：在一个现实的、动态的社会中，各种活动都受着静态规律的支配。在实际社会中，尽管有许多剧烈的变动，尽管存在着阻碍纯粹规律起作用的阻力，可是，社会的工资实际上总是在那些静态标准的上下波动着。工资离开了静态标准，两者之间发生差异，但是这差异本身，也不是没有规律的。我们特别需要知道：原始社会的规律，使人和自然有了面对面的直接关系，并且使人要倚靠他自己的力量，让自然为他生产出东西。这个原始的规律，大体上也是最复杂的经济制度的规律。

我们假定大家都已经懂得经济学的一般原理，那么我们可以把经济学第一分部完全撇开不谈，而从第二分部说起。一般初级的经济学著作，虽然它们的目的是有意识地说明有组织的社会经济，但是对那些实际上是应用于各种经济生活的原则，却说得很突出。这些经济学著作，从来没有采用我们在这里所提出的经济学的分部法，没有把经济科学中那些普遍的真理，特别列出一个部分，加以叙述，以便说明这些普遍的真理跟那些依附社会组织的事实和规律是有区别的。但是上述经济学著作,却论到了普遍的真理,这就使我们在讨论社会经济规律以前,不必把许多比较普通的规律进行叙述。我们已经知道什么叫做财富,财富有几种,生产财富的因素是哪些。我们头脑中,已经有了劳动和资本的定义,以及固定资本和流动资本的区别。我们熟悉了所谓报酬递减定律,按照这个定律,在一定面积的耕地上,劳动和资本使用得越多,耕田所带给劳动和资本的报酬却越不相称。我们也知道了消费的基本规律。总而言之,我们掌握了许多一般的真理,这些一般的真理,虽然没有和那些社会经济的原理区别开来,但是由于有了这种知识,在研究社会问题以前,可以不必先来一个长篇的绪论[①]。

但是,一般书本对于某些普通的经济问题,并没有这样的论述以便为研究分配问题提供必要的基础。在这种情况下,我们只得做若干简短的叙述。如果需要提出绪论部分的话,这些叙述当然可以算是一部经济通论的绪论部分。此外,对于某些争论的问题,我们必须采取明确的立场,并说明采取这种立场的原因。

著者在早些时候,正好曾经写了另一本书,在那本书里,叙述了财富的某些普遍规律,那样的叙述和本书所要阐明的理论相符合,可以算是本书的绪论[②]。不过,在那本书里,那些规律的叙述,并不够完备,而且当时写那本书时并不准备把它作为这本书一个适

① 读者可以参看英国人如穆勒(J. S. Mill),亨利·福塞特(Henry Fawcett),薛知微(Sidgwick)和马歇尔(Marshall)等人的著作,美国人如倭克尔(F. A. Walker),哈德莱(Hadley)和其他人的著作,以及其他国家权威作家的著作。他们对于那些可以普遍适用的经济学原理有了很好的叙述,但他们没把这些原理和那些只适用于社会经济的原理在形式上区别开来。

② 参阅《财富的哲学》。

当的引论。因此我们现在特别需要把一般的经济学和社会的经济学划一个鲜明的界限。这样说来，一般经济学的范围，究竟有多大呢？

我们已经说过，经济学的一般规律，是从人与自然的关系产生的，而包括在分配论范围内的社会规律，却是从人与人之间的关系产生的。这种概括的说法，使我们知道怎样来确定经济学绪论部分的范围。我们也说过，基本的消费规律以及那些在没有交换条件下发生作用的生产规律，都是经济学绪论部分所应当讨论的问题。我们特别需要知道的是：第一分部中有多少内容是第二分部所必须运用的。叙述一般的经济规律，究竟对价值论、工资论和利息论提供了哪些前提？

讲到这里，我们想起在以前的分析中曾经说过：决定了价值，调整团体分配的条件也就解决了，而决定工资和利息，就等于在各小团体内将各项收入进行最后的分配。因此价值、工资和利息[①]是我们所提出的科学分部中第二分部所应当讨论的专题，因为它们在本质上都是社会现象。相反，在第一分部中，凡是由交换所产生的问题，也就是社会的组织和有关组织社会的任何问题，都不应当包括在内。在这种限制下，一般的经济理论，对价值、工资和利息的研究能提供什么材料呢？我们以后就可以知道。

假设我们摒弃掉现代社会所有的产业组织，取消交换，那么所谓文明将要大部消灭，每个人就得面对面地和自然接触，并且必须倚靠自己的努力和自然的恩赐来维持生活。他应当去制造自己所需要的东西，使用这些东西。他必须从最粗的原料做起，一直做到

① 这里没有提起利润，理由不久就要说明。参看第69页，第76页及以下。

成品。在这种情况下，一个人所能享用的东西是有限的。这些东西一定是粗陋的，制造的方法也一定是笨拙的。按照某种标准来判断，在没有交换条件下生活着的人，其文化程度要比蜜蜂、蚂蚁、海狸和其他动物还低，因为这些动物的生产是有组织的。但他还是过着一种经济生活。他有财富，而财富中有一部分是资本。他的生产和消费也受到一定的规律的支配。

既然生产者对自然进行工作，其目的不外是使自然对生产者本身能有一些好处，因此一个人的经济生活，归根到底是一种以自然物质为手段，来间接地为自己服务的过程。这种“手段”便是财富。在任何经济制度下，人类总是以物质做媒介来为自己服务的。在原始制度下，人是服务者，同时又是被服务者，而在社会制度下，人们是彼此互相服务着。但是在这两种制度下，人都是使用财富做媒介。一个孤独的人给自己制造出来的物品，就是他的财富所具有的具体形式，而这些物品所具有的区别于其他物品的特性，就是一个商业城市中的财富区别于非财富的那种特性。

在经济发展的每一个阶段中，财富都是由有用的、具体的物品组成的，但是这些物品的效用，是我们所谓特殊的效用。每一种商品都有它的重要性。这些物品，不比空气或海水，随你拿走一立方米，不会有什么妨害。如果一种物品是这样的：增加一部分就使某一个人觉得更加富有，减去一部分却使他感到拮据，那么这种物品便是财富。凡是外表上是具体的、可以成为一个人专有的物品，因而对他是有用的物品，这就是经济商品。它们是商品，或是财富的具体形式。生番的独木舟和舟中所载的鱼，完全是属于这一类的物品，航行在大西洋的轮船和它所载各种各样的商品，也是属于这一类的物品。

如果一件物品对一个人有用，那么它往往对别人也有用。因此，在本质上说，它是可以和别的物品相交换的。事实上，如果社会经济已经形成，这件物品就会和别的物品交换。这件物品具有一种特性，它使没有获得这件物品的人，愿意付出一定的代价来获得它。这一个人，在考虑要出多少——比方说，要出多少劳动或劳动的成果——来获得那个物品才合算的时候，就应用了读者所熟悉"最后效用"的原则。按照通常的定义，"最后效用"这个术语的意思是：一系列同类物品中的最后一个所具有的有用的程度。例如，把甲商品拿一件给某一个人，一件一件加上去，一直到他持有十件为止。虽然那一系列物品中的每一件对他都有一些效用，但是物品数量增加，它的效用就逐渐减少，到了第十件，效用便是最少。那个人在添进甲商品时，对这件商品所肯付出的代价，一定不会大于从他看来第十件或最后一件的这种商品所能给他的效用，如果效用抵不过代价，他就不愿添进那件物品。我们已经知道，任何一单位的商品，对于它的所有者有一定的效用，才能算是财富。我们刚才所举的规律，把商品的最后一个单位看做是最无关重要的单位。这是一般的经济规律之一。

现代经济学说把最后效用规律作为价值论的基础，但是最后效用规律这个概念，是否完全，是否正确，却大大值得研究。我们以后可以看到，要使这个规律能和事实相符，我们还要做一个重大的修正。目前我们姑且把这个规律看做一种假设，暂时先拿来应用。如果一个人实际上使用了很多件相同的消费品，而这些物品的特殊效用随着他持有越多而越发减少，那么他对这些物品中任何一件所肯付出的代价，一定要看最后一件的特殊效用而定。这些大家所熟悉的现代价值论的前提，如果和生活中的事实相符，那么这个理论便可以解释现代市场的价格。这个价值理论是一个最重要的社会现象的真实原理。

一般经济和社会经济的界线在于：一般经济是说明最后效用的原则，而社会经济是说明最后效用的原则在价值论中的应用。我们所想象的原始经济，不能够在市场中测验最后效用，因为原始经济是没有交换的。这样说来，原始经济是不是完全不能测验最后效用呢？有没有必要做这种测验呢？我们不难看到，原始经济能够测验最后效用，而测验的目的，正和有组织的社会一样。最后效用的原则是属于经济学的第一分部，而且是第二分部的一个前提。

消费品的多样化，对人总是有利的。这是一个人性的原则，它产生了一个普遍的消费规律。处在野蛮状态的产业，没有办法把多样化的生产方法推行到很高的程度，因为它不能够生产很多种类的物品。一个人如果要为他自己制造许多不同种类的物品，他就要什么行业都干，而且多半做得很坏，结果，他作为消费者，由于物品种类繁多所得到的好处，抵不过他作为生产者所付出的代价。生番只制造几种东西，这些东西中无论哪一种，如果生产过多，他便感到厌腻。如果他过于长久地制造某一种物品，他便严重地感到那种物品的效用是减低了。假使他有了足够的兽肉，再多对他几乎没有什么用处，那么他便去砍木头做独木舟，或是制造弓箭，或是建筑小屋子。否则，他宁可闲着，因为某一种东西已经过剩，再添上一件，虽然也有效用，但却不值得去制造它了。

最后效用的规律决定上述生产者在什么时候停止制造一种东西，开始制造另一种东西。一个现代的工人，身边有钱，在购买物品时，照理应当参照最后效用的规律来决定要不要购买，因为他已经有了各种物品，他的每一角钱，要花在会给他带来最大好处的物品上面。我们想象上的生番，他没有钱，而有着可供使用的劳动，在使用劳动的时候，他也依据同样的原则决定要不要使用劳动。他对一种物品感到厌腻的时候，就去做另一种物品。虽然市场和物价是现代的现象，在经济学专门研究一般原则的那个分部中，没有它的地位，但是支配着现代市场购买行为的最后效用规律，也支配了孤独的人的生产，而且这是一个一般的经济规律。

如果在交换经济理论（或称交换论）和研究人与自然之间所产生的作用与反作用的原始经济这两者之间画一条线，那么在线的一边，就可以看到市场、价值和类似的现象，而在线的另一边，可以看到支配着价值的消费规律。在现代的生活中这些规律支配着社会对商店所供售各种物品的需求，而在原始的生活中这些规律也支配着，一个人怎样节省生产力，把它用在会给他带来最大好处的方面。最后效用规律，是两种经济制度所共有的。

不但如此，一个孤独的人，已经有了某一种物品，就会把他自己的劳动用来制造另一种最后效用较高的物品。把这种劳动转移的过程描绘出来，便可以说明现代生活中一个很容易被人忽视的特点：价值规律作用的结果，对于整个社会和对于一个孤独的人都是完全一样的。整个社会的生产能力，从一个方向转移到另一个方向，也是依据最后效用规律。市场和价值为这种转移提供了条件。如果把社会看做是一个孤独的人，它的整个的生产能力，首先使用于制造一种物品，等到那种物品已经足够了，它才去制造另一种物品，这样，我们便可以明白这个劳动转移的重要事实。交换经济理论必须告诉我们这种转移是怎样产生的。

如果我们只注意现代国家中个别的人，只看他们是怎样交往，我们便看不到基本的事实。因为只看见一棵棵的树木，便不容易看到森林；要看到社会，比看到森林还要困难，因为社会中存在着一个个的人，以及他们的错综复杂的关系。所以我们必须放开眼界，不应该把自己放在一个人的地位，不应该只从一个人的眼光来看事物。市场上某一种物品供过于求，就意味着社会对这种物品是厌腻了。这个事实是毋庸置疑的。这样，就整个社会来说，这种物品的供应，已经超过实际需要了。到了这个时候，通过物价低落，给社会一个警告，使它把生产力转移去制造另一种物品。这整个过程，和一个孤独的人在感到他对某一种物品已经满足时，所产生的劳动转移的过程完全一样。

因此，如果我们把社会个体化（把整个社会看做一个孤独的人，并且允许那种把一群独立的人当做一个有机体的哲学观点存在），那么，我们就可以看出社会由于受效用递减规律的影响而采取的行动，和一个孤独的人在同样情况下所采取的行动完全一样。在市场上给每一种物品订出价格，这是集体组织为了估量每一种产品对它自己的重要性而进行的工作。按理论来说，非有全社会的力量，不能使任何一种物品的价格发生变化。劳动和资本，从一个产品价格下降的产业，转移到另一个产品价格上升的产业，这也是一种社会的行动。这是社会节省使用生产力，并把生产力转移到最能给它带来好处的地方的一种行动；这种行动的动机虽是为了个体，但结果却是为了集体。每一个人追求着他自己的利益，但由于他活动的结果，可以使社会采取一种行动像一个孤独的人受效用递减规律的影响所采取的行动那样。这个规律本身是一般的规律，应归入经济学第一分部来叙述，而这个规律在社会中怎样发生作用，却是属于第二分部说明的范围。

最深奥的经济问题，是与工资和利息有关的。工资和利息这些收入是由在每一个产业团体中进行的最后分配来决定的。一个雇主出卖他的产品，付还原料的代价，剩下的钱，用来付给工资和利息，这样，最后分配就算完成了。但是在原始的生活中，不能发生这种事情。出卖产品和分配卖价，是在一个进步的或是有社会组织的生活中才有的。在一个人要给自己制造所有物品的地方，那种经济有没有分配的形迹呢？把集体收入分成若干份的分配方法，在原始社会里当然是不存在的，但是支配着社会经济的分配原则，在原始状态下，正像在其他状态下一样，都明显地有它的活动场所。

所以，市场的价值，是一个社会现象，但决定价值的最后效用原则，却是一个可以普遍适用的原则。同样，把一个产业团体的收入区分为工资和利息，这也是一个社会现象，但决定分配的原则，即特殊生产力的原则，在原始社会的生活中，就和在其他社会的生活中一样，起着支配作用。

劳动的特殊生产力，决定工资的高低——这是本书所要证明的论题。如果确定了种麦、制鞋、冶铁、纺纱等等所使用的一个单位的劳动，对于一个产品有多大的贡献，那么，便可以找到一切工资所要依据的标准。同样，资本的特殊生产力，决定利息的高低。

如果确定了每一个产业中，一个单位的资本对于一个产品有多大的作用，那么，便可以找到一切利息的调整所要依据的标准。

这个特殊生产力的原则，在各阶段的经济生活中，都能发生作用。但是，当一个人孤独生活的时候，它以一种形式出现，而当他在商业社会生活的时候，它又以另一种很不相同的形式出现。凡是劳动和资本合作的地方，只要我们目光敏锐，便可以看到一个单位的劳动和资本对一个特定产品所作的贡献。一个生番在制造独木舟时，使用一小时的劳动，创造了一定数量的财富。同样，在其他工作中，他所花费的一个单位的劳动，也创造了一定数量的财富，尽管他所能做工作的种类是有限的。

一个人孤独地生活着，依靠他所有的工具来制造自己所需要的东西，他对一个单位劳动的生产力也应当有一定的概念。他有一小时的时间，可以用来捕鱼，或是用来制造独木舟，有了独木舟，鱼将会捕得更多。一小时的时间，可以用于采摘果实，也可以用于制造铲子，有了铲子耕耘土地，将来就会得到更多的粮食。在选择这两种使用时间和精力的方法时，他也有自己的粗陋的方法来衡量一个单位劳动的生产力和一个单位资本的生产力。独木舟和铲子算是资本，花在制成这些配备上的一小时的时间，就对他的小额资本，增加了一个单位。花在捕鱼或采摘果实上的一小时的时间，便对他一天的劳动增加了一个单位。总的说来，哪一种做法生产得比较多呢？要答复这个问题，我们要运用现代社会分配所根据的规律。但是这个规律本身，是一般的规律。

如果一种消费品一个个单位连续不断地供应，它的效用就会愈来愈减少，同样，生产者的用具或各种形式的资本，如果是由一个人使用，那么数量愈多，生产能力愈降低。最后一个工具对人所能增加的效用，比先前的那些工具来得少。假如一定数量的工人，使用愈来愈多的资本，那么，资本就受到生产力递减规律的支配。这个规律决定应当从制造直接满足需要的物品中，抽出多少劳动来从事增加工具配备的工作。选择要在海滨抛下钓鱼竿去捕鱼，还是要为了制造独木舟去做工，这和选择要爬上树去采摘野果，还是要为了将来从事园艺去制造铲子一样，都有一个原则来决定取舍。这个原则也就是那决定文明社会在怎样情况下，要从制造消费品的工场抽出工人，并把他们安置在制造机器工具的工场的原则。劳动和资本的最后生产力的原则，无论在什么地方，都决定了要积蓄多少资本才是合算[①]。

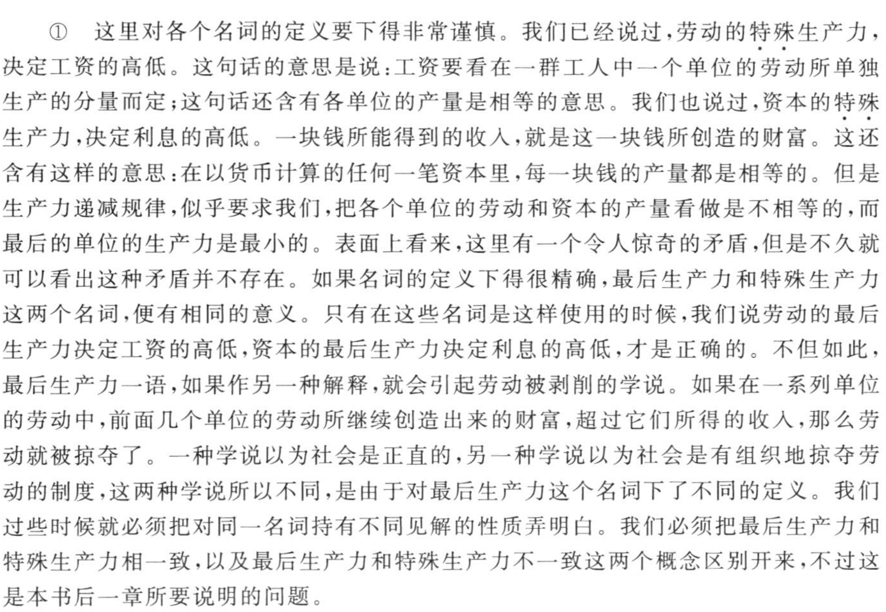

① 这里对各个名词的定义要下得非常谨慎。我们已经说过，劳动的特殊生产力，决定工资的高低。这句话的意思是说：工资要看在一群工人中一个单位的劳动所单独生产的分量而定；这句话还含有各单位的产量是相等的意思。我们也说过，资本的特殊生产力，决定利息的高低。一块钱所能得到的收入，就是这一块钱所创造的财富。这还含有这样的意思：在以货币计算的任何一笔资本里，每一块钱的产量都是相等的。但是生产力递减规律，似乎要求我们，把各个单位的劳动和资本的产量看做是不相等的，而最后的单位的生产力是最小的。表面上看来，这里有一个令人惊奇的矛盾，但是不久就可以看出这种矛盾并不存在。如果名词的定义下得很精确，最后生产力和特殊生产力这两个名词，便有相同的意义。只有在这些名词是这样使用的时候，我们说劳动的最后生产力决定工资的高低，资本的最后生产力决定利息的高低，才是正确的。不但如此，最后生产力一语，如果作另一种解释，就会引起劳动被剥削的学说。如果在一系列单位的劳动中，前面几个单位的劳动所继续创造出来的财富，超过它们所得的收入，那么劳动就被掠夺了。一种学说以为社会是正直的，另一种学说以为社会是有组织地掠夺劳动的制度，这两种学说所以不同，是由于对最后生产力这个名词下了不同的定义。我们过些时候就必须把对同一名词持有不同见解的性质弄明白。我们必须把最后生产力和特殊生产力相一致，以及最后生产力和特殊生产力不一致这两个概念区别开来，不过这是本书后一章所要说明的问题。

我们现在必须注意的是:在固定数量资本的情况下使用劳动,它的生产力是递减的,这是一个普遍的现象。无论是哪一种经济(原始的经济或社会的经济)都出现了这个事实。说明这个一般原则是属于经济学第一分部,把这个原则应用到社会经济中自然工资的理论上,便属于第二分部的范围。在本书里,我们必须说到这种应用。

至于资本,也是这样。经济学第一分部和第二分部的界线在于:第一分部是说明生产力递减规律,而第二分部是说明生产力递减规律的应用。如果对一定数目的工人,一个单位一个单位地、连续不断地供应资本,结果产量的增加就愈来愈小。这是一个一般的规律,它大大影响人们的行为,连原始荒野的人也受到它的影响,它决定要创造多大资本才是合算。在原始状态下,没有什么必须支付的工资和利息,也没有什么必须确定的市场行情,但是最后生产力的原则,却在这个最简单的经济制度里,表现得非常明显。只有当这个规律起了决定文明国家中一个产业要有多少工人、多少资本的作用时,这个规律才产生了对社会的影响。这个一般规律的这种作用,是社会经济理论中一个恰当的论题;在社会经济理论中,它成为分配论的根据。

这样说来,一般的规律和一般规律在社会上的应用,是截然不同的两回事。在一个荒野里,没有什么市场,可是,在那里支配着市场的最后效用规律却发生着作用。在孤独的经济生活里,没有什么必需支付的工资和利息,但是在那里资本和劳动的最后生产力的规律,和在任何地方一样,也发生着作用。这两个规律是从我们所略去的经济学第一分部中提出来的。因为我们是从讨论分配的第二分部开始的。我们认为财富的本质以及人类征服自然的经济过程的特征是众所周知的，不必加以讨论。为目前的应用起见，我们还需要知道三个规律：第一个规律，可以叫做消费品的级差效用规律，这是自然价值的基础；第二个规律是生产工具的级差效用规律，这是自然利息的基础；第三个规律，是劳动的级差效用规律，这是自然工资的基础。这些都是经济科学中的一般规律。

第五章　实际的分配是社会有了组织的结果

交换丰富了原始的经济生活，但是丝毫也没有削弱那些支配原始经济生活的基本规律的作用。人们仍然要征服自然势力，把原料制成物品。财富的创造过程和消费过程的一般规律，在任何经济状态下都是一样的。正因为那些支配原始生活的规律，在文明社会中还继续存在，所以原始的生活才值得研究。在这种简单的经济情况下，那些规律单独发生作用，因此，我们能够对那些规律分别地加以探讨。在经济问题的讨论中，提到鲁滨孙式的生活，并不是因为这种生活非常重要，而是因为支配一个孤独的人的经济生活的那些规律，仍然支配着一个现代国家的经济。

是的，在现代社会中起作用的力量，除了那些旧的力量以外，还有新的力量；我们对这些新的力量进行单独的研究是完全必要的。交换经济(Catallactics)这个名词，从前有人提议把它作为全部经济科学的名称。把经济科学中专门叙述由于交换所引起的现象那一分部，叫做交换经济，是很恰当的。它首先把一切经济状态所共有的事实和原则作为前提，然后对交换经济所特有的事实和原则进行探讨。由于物品交换的结果，个人对自然的倚赖便看不出来了，但是这种倚赖却没有被消灭。从一个工人看来，他的收入似乎是别人付给他的，但是这个收入在本质上仍然是自然对他自己的劳动所给予的报酬，就是说，这个收入实际上是他自己的产品。

研究交换问题，当然首先要注意到引起交换的原因。这种原因就在于分工的利益。这个原则，正是我们以前所说的有关原始生活的那个原则的反面。那个原则指出：如果一个孤独的人，从事许多种的工作，便会导致生产力的损失。无论哪一个人，如果制造很多东西，必定做得很慢很差，而在生产过程中，他所能使用的工具，一定是很笨拙的，数量也是不多的。生产工作多样化，对一个人既然是有损失的，因此，专业化便是有利的。不但如此，专业化程度越高，那个人的工作就越迅速越准确。

从事多种劳动就会带来损失，只做几种劳动，便能得到利益——这个原则，对一切经济状态都适用；但是交换经济所提供的专业化的机会，却不是普遍的情况。由于社会组成了生产团体和小团体，一个人可以只生产一种物品，或是只制造一种物品的一个细微的部分，但是他的许多强烈的欲望，仍然可以得到满足。

例如，有的人自己制造各种东西给自己使用，现在把他们做鞋的工作抽出来，交给某一群人去做，让他们供给整个社会的鞋子。他们参加这个产业的工作，也许不会把全部的时间和精力都花在这个产业上，但是就从事这种生产来说，他们便构成了一个生产团体。同样，把缝制衣服、猎取兽肉、种植五谷等工作抽出来，分别交给一群人去做，那么社会上初步的、最普通的生产组织便形成了。这样，能够生产出来的东西，就增加了好几倍，而每一群人的收入，要由他们的产品的交换价值来决定。商品的市场价格，决定各个生产团体的总收入。人们从报酬较低的生产团体，向报酬较高的生产团体移动，其结果使每一种商品的价格接近于自然的标准，这一点我们上面已经提到，以后还要更详尽地说明。我们已经知道，在正常价格的情况下，各个生产团体的劳动和资本的收入是均等的。无论什么地方，只要价格保持正常，就表明各个生产团体有着妥善的安排，它使一个团体一天劳动的生产和收入，等于另一个团体一天劳动的生产和收入。如果各方面调节得很完善，一个生产团体的收入，折成价值，实际上便是它本身所生产的产品。团体的成员自己所生产的商品，也许一点也没有留起来，但他们却得到他们所生产的若干元(或财富的单位)。这是交换经济理论所要建立的一个论点。

进一步的分工，使几个生产小团体合力制造一种整件的商品，使一些人牧畜、一些人制革、一些人做鞋；同时，也把衣服、食品等等制造工作细分起来。这样，专业化所固有的利益就增加了。现在每一个生产小团体的收入，不是以整件的商品的价值来计算，而是以这个生产小团体对这种商品所增加的特殊效用的价值来计算的。这个效用，虽然本来是可以识别出来的，但是由于它融化在不可分割的整件成品中，便看不见了。按种类来说，这个效用是给予整件商品一种性质；按价值来说，它是整件商品的一小部分。交换经济理论所要建立的一个论点是：这些特殊效用或半成品，都有它们的价格；如果价格是正常的，每一个生产小团体的收入就是他所创造出来的价值。

分工过程进一步完善，每一个生产小团体就有了可以使用的劳动和资本。把皮革制成皮鞋的那个生产小团体，必须拥有配备了机器和开动机器的工人的工厂，并且要有另一个阶级的人对这个工厂提供机器和原料。交换经济理论必须证明：一个提供劳动的阶级和一个提供资本的阶级，两者的收入实际上都是他们各自所生产的东西。假如各个生产小团体的安排是十分正常的，那么组成生产小团体的各个阶级以及整个生产小团体，都会得到他们各自所生产出来的东西。交换经济学必须研究这种社会的结构，必须探索出社会在生产上所作分工、再分工的过程，必须观察使每个生产因素的收入和它实际上所生产的产量趋于一致的规律在社会中怎样发生作用（尽管社会的错综复杂的情况遮掩了这种作用）。这是对集体的生产制度的结构和作用进行广泛的研究。价值、工资和利息，必须加以说明。要研究价值、工资和利息，就要对整个生产过程进行分析。

交换经济学分为两个部分：第一部分包括静态的交换经济；第二部分包括动态的交换经济。社会进步主要是由于社会的关系。经济社会是不断成长的。经济社会越来越大，越来越丰富，它的结构也在变更着。由于时代的推移，经济社会就使用更多、更好的机械进行生产。经济社会的各个成员产生了许多新的欲望，社会利用日益扩展的生产方法来满足这些欲望。社会这个有机体的效率不断地增进，这就促成各个成员生活程度的提高。因为人们对自然的各种力量更加了解，各生产者之间的联系更加密切，所以人们更多地使用才智来从事生产。由于人们所能控制的力量增多，自然所给予人们的东西也就增多，而生产队伍本身的效率也增高了。

有五种变动不断地发生，其中无论哪一种变动都会引起社会机构的反应，因为它改变了交换经济学所要研究的团体制度的安排。这五种变动是：

1. 人口不断地增加。

2. 资本不断地增加。

3. 生产方法不断地改善。

4. 产业的组织形式不断地改变，效率低的工厂等等被淘汰了，而效率高的仍然存在着。

5. 消费者的欲望不断地增长。

这些变动中，无论哪一种变动，都对生产有机体的组织即社会的组织发生作用，因为它改变了各个产业团体相对的大小。

A‴	B‴	C‴
A″	B″	C″
A′	B′	C′
A	B	C

让我们再看看前一章所用过的图表。有一个生产小团体，从土地上把经过加工可以成为 A‴成品的原料挖出来；这种原料具有 A 的形式，他们把它交给另一群工人。这些工人对这些原料进行加工，把它变成 A′。第三群工人对 A′进行加工，使它更接近于成品。A′变成 A″形式以后，便送到最后的一个生产小团体进行最后一次的加工；在这里，它变成了 A‴，而 A‴是一种可供使用的、等待主顾的商品。B 是第二种原料，经过一系列生产小团体的工人的手，变成了不同形式的 B′，B″，B‴；到了最后一种的形式，它也是一种成品。C 是第三种原料，经过了类似的变化，成为 C‴。

假定 A 是美国西部牧场上活的牲畜身上的皮，那么 A′便是放在栈房中准备运到制革厂去的兽皮，A″是已经制好的皮革，A‴是鞋子。假定 B‴是毛织的衣服，那么它是从羊身上的毛，通过类似的变化，才成为这个完整的形态。假定 C‴是面包，那么它是从种小麦经过整个制造过程的各个阶段才制成的。所有从事自 A 到 A‴这一系列生产的人，构成一个生产团体，而那些致力于 A，A′，A″或 A‴生产的人，分别构成小团体。同样地，从事 B‴系列或 C‴系列生产的人构成一个大团体，这个大团体是由几个小团体组成的。

这个例子说明了生产的过程。这个例子是简单化了的，实际上在零售店里等待主顾的商品，不只是三种，而是无数种。不但如此，各种商品，并不是一律经过四个阶段变为成品。商品制成的过程，是多种多样的。某些商品的制造，要经过许多人的手，某些商品只经过几个人的手。此外，某些商品含有很多种原料。这些错综复杂的情形，我们在适当的时候要加以探讨，目前只要注意到上面所说的五种变动对社会结构的影响就够了。这些变动中无论发生哪一个变动，某些生产小团体的人便移到别的团体去。仅就交换商品这个行为来说，不但需要有一个一般的社会组织，而且要有一个变动的、发展的社会组织。这样说来，这五种变动表示了动态经济的特性，它们之中无论哪一种变动发生，不可能不对社会结构产生影响。如果发生这种变动，它的最简单和最明显的结果是：各个生产团体大小的对比，必定会发生变化。所以，社会动态可以说是这样一种的形态：劳动和资本在经济制度中改变它们的位置，使得一些生产小团体扩大，另一些生产小团体缩小。一些劳动和一些资本，实际上可能脱离某些生产小团体，移向别的团体去。一个生产小团体，即使实际上没有失掉它原有的人力和物力，但是由于别的小团体增加了新的劳动和资本，相形之下他们是变小了。

生产团体内这种量的变化，并不是动态社会的本质，还有更重要的变化在进行着。社会是以改变它的结构作为改变它的生产机能的手段，其目的是在于更加经济地生产更多数量和种类的商品。社会在创造能力和使用能力这两方面总是向上发展的。机能的变化，真正是动态的本质。各个生产小团体内所发生的量的变化，最可以用来证明动态势力的存在。如果社会开始生产新品种的商品或生产更多数量的商品，如果社会开始使用新的制造方法等等，这些行动必定会表现在它对产业团体和小团体的体系进行一定程度的重新安排上面。例如，A‴可能容纳更多的人，而B‴却容纳更少的人。所以，动态可以说是由于生产方式发生变化而影响到产业社会的结构发生变化的一种形态。

这样，社会动态，按我们使用这个名词所下的意义来讲，不是只要有活动就算是社会动态；如果那种活动不会改变社会的结构，便不算是社会动态。一切活动实际上都是动态的；产业总是在活动着。形式上静止不动的产业这个说法，显然是自相矛盾的。在每一个农场上，人、工具、土壤的化学元素和太阳的光热都在活动着。在每一个工厂里，机器在做各种复杂的工作，原料变成为各种各样有用的东西。不过，所有这一切，归根到底成为一种基本的动态，那便是生产因素（人、工具和原料）的活动。但是，如果活动形式没有变化，就不会有改变社会结构的更巨大的进步的活动。假如产业系统内团体与团体之间没有发生劳动和资本的移动，我们所说的含有独特的、深刻的意义的动态活动就不会产生。如果长久地使用同样的器具来耕种土地，并得到同样的收获，如果在同一个工厂里，使用同样的机器和原料来工作——简单地说，如果丝毫没有改变创造财富的方式——那么这就是一种社会静态的产业。在这种情况下，生产有机体的结构是没有变动的。

产业的实际活动完全停止的社会，当然是一个死的社会。但是，我们可以设想一种形态，在这种形态下，社会有机体的形状没有变动，而生活却继续着。在产业组织结构看不出有什么变化的社会里，人们可能是工作着、吃着，也可能出生和死亡。他们世代相承地接受父辈的手艺，并把这些手艺传给他们的儿子。工具用坏了，他们就把另一个一模一样的工具来替换它。人口、财富、住宅、生产方式和财富形式都没有变化的社会，虽然还能生存，但是它的有机结构却看不出有什么变化的痕迹。这种社会虽然有生命，但是不能成长，它可以算是我们所说的静态社会。

这种形态是假想的，但是从这里可以看出实际生活的真实情况。是的，像这样静止不动的社会是不会有的，即使是东方世界，也只不过是没有像西方世界那样多的变化而已。进步很慢的国家可以找到，但是完全没有进步的国家是找不到的。最不进步的国家和进步国家接触，就会受到鼓励，也活动起来。整个世界的经济必定日益成为动态的经济。这样说来，我们为什么要知道想象中的静态的规律呢？这是因为在静态社会里发生作用的势力，在动态社会里还继续发生作用。这些势力甚至是在动态社会里起作用的两种势力中比较强的一种势力。我们不久就可以看到这两种势力在一个现代社会里是怎样混在一起，我们也可以看到这两种势力的不同影响，以及分别探讨这两种势力的重要性。研究不现实的静态社会，是一个大胆地但又是不可避免地使用孤立方法的研究工作。无论什么科学，要分析复杂现象，都采用这种方法。因此，我们探讨假想的静态社会的特性，就是研究现代进步社会的实际情况。

我们已经把构成动态的五种变动列举出来。所有这些变动，都在现代社会中进行着。所有这些变动都影响到社会结构的形式。人口增加了，新的劳动者不是平均分配到生产社会的各个大团体和小团体去，某些小团体人数的增加，比别的小团体来得快。资本增加了，资本的分配同样也不是平均的，因为对某些生产小团体来说，从新的生产资金中所分摊到的资金的比例是不相称的。动态经济的理论，必须说明进行这样的分配是根据什么原则。

显然，机械的发明，特别会打乱团体与团体之间的关系。仅就节省劳动来说，产业系统中的一个部分节省了大量劳动，这些劳动自然而然地移到别的部分去。新品种的商品需要新的产业团体来制造，而新的团体是由旧团体中抽出人力和资本来组成的。因此，我们所列举的、使社会处于动态的五种变动中，无论哪一种变动，都从它对社会结构的影响中，说明了它的存在。产业本身只不过是社会用以维持自己的生存的现象，而产业的成长和变动，却是更进一步的现象。把两者区别开来，是很重要的，正像在水力学上把静潭里一滴水的性质，和那一滴水抛入涡轮旋转的水池后所获得新的、不同的性质分别考察一样重要。要成功地处理经济发展中各种复杂的问题，其关键就在于对经济发展中经常发生作用的静态势力进行单独的研究。

第六章　社会进步的影响

文明社会中所发生的变动，影响到整个社会的集体生活，甚至影响到社会各个成员的生活。由于在文明社会中，每个人所受到的社会经济动态的影响不同，因而他们的行为和思想也不一样，结果就使得社会各个成员的情况多少有些差别。

动态变化所引起的个别地方劳动和资本的转移，可以算是社会彻底改变的显著征象，这一点我们不妨记住。我们必须注意：每一种生产工作从一个团体向另一个团体的转移，就是社会为了使自己进入静态规律在那个时候所要求的新形式而进行的活动。无论什么时候，在人口和决定社会形式的其他因素不变的情况下，产业系统中每一个小团体都将拥有一定数目的工人。可是，如果增加了新的工人，就需要进行新的调整；劳动力便开始转移到一定的地点，这些地点就是在人口增加的情况下，单纯静态势力的作用所要将劳动力安置的地点。资本在某种程度上也一定会移动起来。如果动态变化不再发生，社会的劳动和资本，都会找到新的位置，而且保持那些位置。劳动和资本将是这样安置的：每一个单位的劳动所创造的财富，都和其他单位的劳动所创造的相等。

只要有了竞争，各个产业中每个单位劳动的生产力便趋于一致。竞争也使资本趋于平衡。假如竞争顺利地进行着，它便会把

各个单位的劳动和资本自然地分配到各生产团体中去，使各个单位的收益能力趋于一致。

当然，一个熟练工人所创造的财富，总比一个非熟练工人所创造的多。每个人之间的差异，对于决定生产者的社会能力是很重要的。一个优良的工具，也会比一个粗劣的工具生产更多的产品，不过优良的工具所代表的资本单位，要比粗劣的工具所代表的资本单位来得多。我们认为竞争倾向于把各个单位的资本放到收益相同的地方去。这当然就要求较好的工具要得到较大的收入，因为较好的工具的本身便含有较大数量的资本。同样，一个高级工人所有的劳动单位，就多于一个低级工人所有的劳动单位。这里所说的劳动单位究竟是什么，我们要等到相当的时机再来确定；我们暂时可以使用一个大家所熟悉的名词，即非熟练的劳动，把一个没有特殊技巧或才能的人所做的工作，当做我们所说的劳动单位。无论如何，一个优秀的技工，不仅仅等于一个这样的单位，而一个胜任的企业经理，却等于好几个单位。

劳动和资本都有一种倾向：各个生产团体和小团体中劳动和资本的生产力趋于一致；这种趋向是由于竞争所引起的变动而产生的。如果我们设想动态势力只在一个时间内发挥作用，然后便完全停止不动，我们就可以看到社会的一种静态状况被破坏了，过了若干时间，又出现了另一种的静态状况。假如动态势力是间歇地起作用，而且间歇的时间很长，那么社会就将会出现无数次完全的静态状况，而每一次的静态状况都和前一次不同。例如：水在一个平静的水槽里，是处于一种静态，里面的水不会流出，外面的水不会流入。水槽里每一滴水所受到各个方向的压力是均等的，因此不会流动。但是，这一滴水完全是会流动的，只要任何方向增加一些压力，它原来的地位就变更了。有着完全的活动性，而没有活动，这就是静态的征象。没有活动，并不是因为受了阻碍，而是由于每一滴水所受到的各个方向的压力恰好是处于均衡状态。

现在把水门打开，让水冲到水槽里去，均衡状态便打破了，槽里的水全部活动起来；水面激动起来了，而在前些时间全部静止不动的水，现在却产生了许多水流。从前只有静态势力起作用，现在增加了动态势力。尽管如此，静态势力不但没有消灭，而且力量丝毫没有减少，继续发生作用。把水门关闭，停止水的流入，槽里的水虽然在一个时间内还有水浪和水流，但是这些水浪和水流不久就停息了。现在槽里的每一滴水，得到了一种新的静态的安排，每一滴水都处在均等压力在新的情况下所给它安排的位置。如果间歇地把水门一再打开关闭，那么每一次当水流入水槽以后，里面的水便起了变动，随着这个变动，每一滴水的位置就有了新的安排。过了一些时候，静止的时间到来了，每滴水都处在均衡的静态中。

假如我们把每个工人看做社会的一个分子，那么正像压力对一滴水起作用那样，有一种力量对工人发生作用。这种力量便是占有财物的欲望——什么地方可以得到最大的收入，就到什么地方去。如果一个人在生产小团体内所得的收入，和他在另一个地方所得的收入一样，那么，我们可以说，他身上的压力在各个方向都是均等的，而他便保持了原来的位置。如果其他工人也都是这样，社会就处在均衡的静态中。这个时候完全没有劳动从一个团体转移到另一个团体的现象，而这种转移的现象是动态的显著的征象。但是，如果流入了新的人口，正如新的水流入水槽那样，社会分子的位置便要来一个新的安排。一些生产团体就有了比以前更多的工人，而另一些团体的工人却比以前更少。假如人口停止流入，而其他产生不稳定的原因也不存在，那么一种新的静态便形成了。各人所处的位置，虽然多少有了变更，但是各个生产小团体内，某一级工人所得的收入又成为均等了。可是，有一些动态势力对社会的重新安排所起的作用，比仅仅人口流入所起的作用更为显著。例如，机器很快地改变了社会有机体。不过，为了要说明我们这里所说的原则，上面所提到的五种动态变化中任何一个变化便足够了，因为每一个这样的变化，都把产业社会各个成员的位置重新安排过。如果这种变化发生以后，动态势力停止起作用，静态势力便把各个成员安放在自然的位置上，并使他们保持这些位置。

我们现在把上述例证改变一下，假定水是不断流入，那么静态势力和从前一样在起作用，但是不能把每一滴水安放在还没有被搅乱以前所处的自然位置了。如果在一个时间里，外面的水停止流入，那么静态势力就会使槽里的每一滴水时时刻刻地流到当时这一滴水所应当处的自然位置或静态位置。但是这一滴水所占的实际位置，和它的静态位置，每时每刻都有所距离。不但如此，它在一个时间的静态位置，和它在另一个时间的静态位置也不相同。槽里水量增加的结果，使压力对液体起作用的条件也改变了。一滴滴的水，在槽里有一半的水的时候，受压力影响所占的位置，和当槽里充满水的时候所占的位置，绝不相同。

这种情况和社会上所发生的情况恰恰相同。社会上五种巨大的动态势力不断发生作用，而静态势力也有充分的作用；但是由于两种势力共同起作用的结果，所形成的集体制度的形式，和仅仅由静态势力的作用所形成的集体制度的形式，就不相同。无论哪一个时候，假如搅乱的势力完全停止作用，每一个人在集体制度中，将各有一定的位置。在那个时候，他被迫朝着那个位置走去，但是绝不能到达那个地方。整个社会对它的成员所作的安排，只能近似于自然的静态安排，但不能和静态安排完全一致。如果让对每一个人起作用的占有财物的欲望毫无阻碍地起作用，就会使社会变成某种和社会的实际形式不同的形式。这是由于动态势力不断发生作用的缘故。

这些起着全面作用的动态势力，也使在一个时间的社会的静态形式和在另一个时间的社会的静态形式有所不同。社会的实际形式和标准形式有所差异，这是动态势力的一个影响。标准形式本身的时常变化，是动态势力的另一个影响。我们已经知道，一个向前发展的社会，有着逐渐上升的工资标准，实际工资总是倾向于这些标准。一个向前发展的社会，也发展了无数的理想形式，并且努力使社会本身成为这样的形式。社会的形式，只能是接近于这些理想形式的一种，但不能完全达到这种形式。集体制度在一个时间所依据的理想形式，和它在另一个时间所依据的形式是不相同的。在社会的成长过程中，总是随着理想形式的变化而变化，但是无论在什么时候，总赶不上理想形式的变化。

静态理论的任务，只是发现任一时期中的社会自然状态，而动态理论的任务，是确定动态变化的两个影响：（一）社会在任一时间的实际形态，和它在那一个时间的静态不同。（二）社会在一个时间的静态，和它在另一个时间的静态不同。

我们说静态势力在实际的动态社会中占着优势，这并不是过分强调静态势力的作用。例如，一平方公里的洋面，在暴风雨的时候，当然不是处于静止的形态。从船上的人看来，动态势力占着优势；但船能够浮在水面，是受了重量、压力和流动性的影响——重量、压力和流动性是静态势力。在海员看来，这些静态势力所起的作用是比较重要的作用。波浪冲击舷侧，每一个冲击的影响，是由这些静态势力来决定的；这些静态势力也使波浪的汹涌不能超过一定的高度，并把海的一般水面，保持在近似于自然水平的位置。在澎湃得最猛烈的波浪中，存在着一个理想的水面，在某一个时刻，如果重量、压力和流动性能够毫无阻碍地对水起着作用，那么，实际水面就和理想水面相符。实际水面或是在理想水面之上，或是在理想水面之下，但总是接近于理想的水面。同样，在进步的集体制度中，存在着一个社会成员的理想的安排。对个人起作用的竞争势力，要使社会遵循着这个理想的安排。事实上，生产组织本身是模仿这种型式组成的。并且从来和这种型式没有很大的差别。

李嘉图政治经济学派的特点，是对商品的价值、土地的租金和劳动的工资做大胆的推论。这个经济学派肯定地说：各种商品价格所要依据的“自然价值”是存在着的，假如没有“扰乱的势力”，这些自然价值将要成为商品价格的正确依据。各块土地的“自然租金”也是存在着的，如果没有什么阻碍，实际租金便等于自然租金。李嘉图政治经济学派为了要创造古典经济学家所想象的条件，提出了大胆的假设。他们创造了“经济人”并使他大胆而机智地追求他自己的利益。他知道怎样增加他的收入，而不受到任何障碍。他的最显著的特性便是流动性。如果某一方向增加了压力，他就会改变自己在经济系统中的位置。他将毫不犹豫地毫无障碍地抛弃一个职业而去从事另一个职业。在这种情况下，价格、租金、工资和利息就被认为是“自然”的。这些旧派学说认为，当商品价格等于生产成本的时候，便是“自然”的价格，并且认为市场价格围绕着这个标准而变动。

古典政治经济学者，虽在这方面得到很大的成绩，但是他们所给予实事求是的人的，却是一个近于空谈的印象。他们所分析的社会，似乎是从研究室里臆想出来的，而不是一个真实的社会。他们所下的结论，是以那些和现实生活不符合的假定为依据。在这种假定的前提下，他们的结论似乎是合理的，但是实际上这些结论只适用于假想的社会。总之，在许多扰乱势力起作用的情况下，价值、地租等等的理论标准就无法实现了。李嘉图学派无意中得到一个不完全的成就，那就是把静态势力和动态势力分隔开来。他们确实曾经研究了一个静态社会，但他们对静态社会的本质，却不完全了解。在这些早期作家的脑子里，根本没有两种性质不同的势力共同发生作用的观念，因此，他们没有提出一个有系统的计划来分别研究这两种势力。

其实，他们所说的“自然价格”就是静态价格，就是在动态势力完全停止作用时，市场所要依据的价格。如果大胆地把商业社会改变一下，使一部分商业中枢陷于瘫痪状态，使一部分活动完全停下来，这样，就使市场处于所谓“自然的状态”。如果人口和财富停止增加，生产活动的各种变化和生产成果的性质的各种变化也停止下来，而产业却继续活动，竞争却完善地继续进行着，那么这个社会便处于理论的工资标准和实际工资相符合的状态，正常的工资和利息的标准也就实现了。假如李嘉图经济学派意识到他们是试图研究一个静态社会，而且一贯地进行这种研究，那么他们所建立的理论系统，便会更切合实际。如果大胆地把一种实际势力撇开不谈，以便更容易地研究另一种势力，这样，虽然所得到的结论一定是片面的，但是不一定不切合实际。如果这些早期的经济学者在研究静态势力以后，也对动态势力进行单独的研究，使他们的理论系统更加完整，那么他们就会建立一个完整的、合乎现实的理论。可惜，他们始终没想这样做。

商品价格和生产成本相等，对企业家说来，当然没有什么利润可得。一个商人，按照这种价格出卖他的商品，只能得到他所付出的劳动的工资，和所提供的资本的利息，除此之外，并没有得到利润。如果把他自己的劳动和他所使用的资本都包括在成本里面，那么他出卖他的产品，只能收回他所花费在制成这个产品方面的成本。我们可以看到，商品的价格不能获得利润的状态，和生产团体进行静态的调整后所产生的状态，恰恰相同。如果我们对各个生产团体和小团体的劳动和资本进行调整，使产业系统内各部分劳动和资本的收入都是均等的，这就形成了不能获得利润的价格。因此，古典经济学派所说的自然价格，就是静态价格，不过他们没把静态价格这个概念完全地建立起来。不能获得利润的制度，就是使劳动和资本的各个单位的收入成为均等的制度。古典经济学者对工资所进行的研究，即使完全成功，也只是对劳动的报酬提供一个静态的标准。

早期的经济学者，并不想说明正常的利息标准。他们认为利息是根据供求关系来调整的，但没有说出供求关系之所以能够把

资本的收入限定在一定标准的原因。古典经济学者企图求得利息的自然标准，就这一点来说，他们无意中叙述到静态社会中所流行的利息标准，不过他们叙述得不够完全。

古典经济学派的研究，给我们一种不切实际的印象。如果我们按照他们开始研究时所提出的理论计划完成他们的研究，这种不切实际的印象就可以消除。我们必须大胆地、慎重地使用假设，必须使劳动和资本成为绝对流动的东西，必须使竞争能够非常圆满地进行。我们在想象中必须毫不留情地把动态势力全部撇开，这样，就扫除了一切使纯粹经济规律失去效用的障碍，因为只有在动态的情况下，才有这些障碍，而在静态的情况下，却没有这些障碍。如果我们使吸引一个人到一个生产小团体去的力量，和吸引他到另一个小团体去的力量相等，就是说，使他在各团体中所能得到的利益相等，这个人就会留在原有的位置。这样，一个人从一个生产小团体移到另一个小团体去，当然不会遇到什么障碍。正是这种阻碍，使古典经济学者所谓自然规律失去效用。正因为劳动和资本不能任意地从一个团体移到另一个团体去而不受到阻碍和损失，所以实际的价值、工资和利息，和那些在纯粹理论里占显要地位的正常的价值、工资和利息总是不相同的。

生产因素局部的移动，既然是由动态变化引起的，而这种移动既然会产生阻碍，那么在静态情况下，便没有这种扰乱的势力。我们曾经提出，把经济社会变成这样的没有阻碍的形态。我们设想使那些实际上会使经济因素移动、并重新安排它们位置的五个根本的变化完全停止。这样所产生的经济状态，虽然和实际生活不同，但是所不同的仅仅是这种经济生活不像实际生活那样完备而已。在这个理想社会里，不断起作用的势力，正是在实际社会中起作用的势力。在想象的社会里，工作继续进行着，工具也使用着，这些都是实际的情况。虽然工作方法和工具的形式停止变化，但是就经济制度本身来说，还是真实的。在这个社会里，价值、工资和利息的标准，就是实际社会里价值、工资和利息围绕着它而变动的标准。

研究的第二步，就是要使我们所研究的经济，成为完整的和现实的。我们要把缺少的部分补充起来，这样，当我们所研究的经济完整的时候，就能和实际社会的经济相符合。在这个研究的最后部分，我们回头来研究在以前的假设中所撇开不谈的动态势力，要注意这些动态势力所产生的特殊影响。这样，我们就能了解这些动态势力，就能衡量这些动态势力。动态势力的影响，可以成为单独研究的对象。我们可以把集体制度中所发生的变动，以及变动时所遇到的阻碍，作为一门科学来研究。无论在什么时候，我们创造一个理论上的社会，在这个社会中存在着自然价值、工资和利息，那么，在这个社会里，社会的动态经济就不能存在了。可是，社会的动态经济，不应当只看做是扰乱的势力，因为它是经济科学必须估计到的一个要素。我们如果撇开动态经济，而不想恢复它，我们所得的结果便不切合实际，因为这个结果是严重地不完整。如果我们先撇开动态变化，然后又把它恢复过来，我们就建立了一个能充分解释经济生活的科学。

当我们这样合理地进行初步研究时，是把人口和资本当做不增不减的。在我们所采用的假设下，没有什么发明，生产方法也没

有变更。劳动和资本的结合，是近代社会一个显著的特征，而在我们的假设中，这种结合也没有形成。制造出来的商品的种类，总是一样的。由于这一切的缘故，劳动和资本一直不变，而价值、工资和利息，按古典的意义说来，是自然的。但是，另一方面，在我们进行全面研究的社会里，人口和财富是不断增加的，生产方法和组织形式是不断变更的，新产品不断地制造出来；劳动和资本在团体与团体之间不断地流动，这种流动，是上述各种变化的表现。总之，如果假设是完整的，就能把真实的社会摆在我们面前。经济科学，虽然全部是讲理论的，但是由于假设的完整，就能使经济科学本身切合于现实。

动态经济和近代经济史的研究，有显著的关系。经济史的研究，引起人们很大的兴趣，而且研究得很有成效。由于世界的进步，就引起经济史的研究。很明显的，世界的现状和五十年前或五十年后的状况绝不相同。经济史把这些不同的状况记载下来，并加以比较，而动态经济理论便说明这些不同状况的原因。经济史要记载和估量一百年来由于人口迁移和机械发明所得到的利益，而动态经济理论，要寻找获得这些利益的原因，并说明经济演变的原理。这个经济理论越来越完备，因此可以使人们更有把握地推测未来的各种变动。

全部的动态经济学是包括经济史在内的。世界上所发生的变动，将来要从归纳和演绎两方面来研究，而归纳的部分，是由经济史家去研究的。这一部分终究是需要经济学家花费最大科学劳动的部分。因此，人们总是先了解静态经济规律，而不是先了解动态规律。但是无论在什么时候，当动态规律科学地建立起来以后，所要做的工作便是衡量各种对社会起作用的势力的影响。例如，一个机械上的发明，或是移民到一个新的国家，对工资标准的影响究竟有多大？要答复这个问题，比答复"移民和发明会不会自然而然地提高或降低工资"这个问题所必须进行的研究工作困难得多。

我想，在20世纪还没过去以前，人们会了解人口的增加、资本的增大、产业组织的新形式或是新消费品的使用，将产生什么结果；这样的想法是有理由的。动态经济理论答复这个问题时，所必须做的工作，就是要对变化现象的性质进行分析。它要逐一考查改变世界面貌一系列的大变动，要确定每一个变动所产生影响的性质，要分析每一种影响产生的过程。到此为止，研究没有牵涉到量的计算，没有计算每一种的影响究竟有多大。虽然这种研究纯粹是研究变化现象的性质；但是给经济理论家在增进他的科学方面，开辟了令人兴奋的远景。法律能不能保证适者生存呢？产业中所发生的变动，对人类是不是有利呢？如果是有利的，利益的大部分是不是归于工人呢？农民抛弃了他们祖先传下来的镰刀，而使用收割机器，这对工人将产生什么实际效果呢？廉价的动力将来一定大加利用，通过电线送到各个地方去，这会使工人变成怎样呢？自动机器将来愈加进步，只要按着电钮几乎就能不费力气地制造商品，这会产生什么影响呢？世界将会挤满了人口，在人口稠密的情况下，工人要过怎样的生活呢？如果财富的生产超过了稠密的人口的需要，工人的处境将是怎样呢？假如任凭资本家的财富不断扩增，而不加节制，那么现在的劳苦阶级将变成怎样呢？会不会有很多人普遍地获得资本的所有权呢？总而言之，社会进步

的方向是一个最重要的问题；在进步的社会组织里，工人的遭遇，究竟是怎样的？这是极其重要的问题。这一类问题是动态经济所必须解决的问题。

解决了这些问题以后，还必须进行证实和估量的工作。假如生产方法的改良能使工资提高，统计工作一定会证实这个生产方法改良的效果，一定会把得利的程度估量出来。经济学者必须做的最繁重的研究工作，将是使用比较统计的方法，来衡量在实际生活中共同起作用的各种动态变化的各自的影响。因此，我们可以问：在额外工资中有多少可以算是使用发电机的结果呢？按现有的材料，这个问题是无法解答的；而且，这一类问题总是研究不完的，因为这些问题将不断地用新的形式提出来。单是动态经济理论，就把政治经济学的范围扩大了好几倍，就把经济理论提到新的高度。叙述经济变化的纯粹规律，可以说是打开了将来经济科学的大门，这个叙述为研究工作提供了更大的范围。但是将来的最巨大的和最长期性的工作，一定是在于从历史方面和统计方面进行研究。进行这种研究，必须对经济规律有一个全面的知识，以这种知识指导研究。

附注：我们在前一章已经说过，静态状况使企业家得不到纯利，这句话并不否认合法的专利权所带给资本家的利润。只要创立专利权的法律继续生效，这种利润将会继续存在。专利所产生的社会状态，初看来似乎是一种静态，在这种状态下，也会产生上述的情况。专利阻止了生产因素（即劳动和资本）向享有专利权的产业移动；而经济势力如果没受到阻碍，就会使劳动和资本向那种产业移动。可是，这种状态并不是我们所说的真实的静态。我们在上面把一槽的静水来比拟这种真实的静态；槽里的水所以不动，完全是由于势力均衡的缘故。它没有凝结成为固体，只保有一种固定的位置，其原因是每一滴水在各个方向的压力是均等的。有着完全的流动性，而没有流动。同样，如果生产因素（即劳动和资本）显示出有着完全的活动性，而没有活动，那么，各个产业就是处于真实的静态。法律所允许的专利权，在某种程度上会破坏这种活动性，所以应当认为这是一个阻碍因素，如果没有这种阻碍，经济势力将会引起资本和劳动的转移，但是由于这种阻碍因素具有很大的力量，它不但会延缓而且会完全阻止这种转移的产生。

第七章 静态社会的工资是劳动的特有的产品

一件物品的价值，如果是由人们的本能欲望所产生的，那可以认为是“自然的”价值。人类的欲望，除了驱使人们在生意上相互竞争以外，还驱使人们做其他事情，但竞争是使商品价格成为自然价格的活动。这里所说的自然，是按这个名词的一般意义来说的。其实，竞争的活动是一种争着为社会服务的活动。一个做买卖的人，用低于他的竞争者所提出的价格出卖商品，他这样做，实际上就是在能够获得一定报酬的前提下，他给社会带来了比他的竞争者所能带给社会的好处更大。动机当然是为了自己的利益，而且这个动机引起了人们自发地和普遍地为谋得财富而努力。不过，这种努力却产生两个影响：一个影响是它保证了人们都各尽其力地、有效地为社会服务；另一个影响是它使商品的价格受了控制。

自然的价格就是竞争的价格。这种价格只在竞争顺利开展的情况下才能实现，而这种情况根本是不存在的。但是，无论在什么地方，如果价格不是由政府来调整，或不受到专利权的影响，那个地方的价格便近似于自然的价格。假若一种商品由一个公营工厂生产，而卖价由国家独断地决定，或者是因为国家要得到一项收入，或者是因为要达到一个不可告人的目的，那么这种调整价格的方式真正是与自然相反的。假如国家创设专利公司，或是奖励开设私人专利公司，那么这个公司对它的产品所定的价格，也和自然标准有所差异。总之，如果劳动和资本都要向一个产业移动，但又不能绝对自由地移到这个产业来，那么，我们在这个产业里，总可以找到专利的痕迹。生产因素从来不会绝对自由地流动，因此实际价格总是或多或少地和人们的竞争欲望不受阻碍的情况下所维持的价格标准有所差异。

我们已经指出，经济著作里所用“自然”和“正常”这两个名词都是静态的别名。假定所有的动态变化和所有的阻力都被除去，价格便是正常的了。我们可以看出，这和刚才提到的自然价值就是竞争价值的说法，正相符合，因为假如使所有的动态变化以及所有的阻力都停止下来，竞争就可以顺利地开展。在早期经济学者的著作里，价格的标准占了显要的地位，他们在研究中并不是有意识地把社会变为静态，然后才得到这些标准；因为，我们已经说过，这些作家没有想到要区别社会的动态活动和静态活动。他们是从观察实际市场倾向于产生某些价格，而得出他们的自然价格的。他们对这些标准价格曾经下一个定义，说是大约能偿还雇主们生产商品的费用的价格，就是自然价格。古典经济学者对自然价格或静态价格所作的研究，是简单的和初步的研究，他们给我们一个不完全的、但却不是不正确的理论。

成本价格当然是没有利润的价格。这种价格，只够支付制造每一件商品所用劳动的工资，和所用资本的利息，但企业家却不能得到净盈余。动态变化既使商品的价格产生净盈余，因此动态变化暂时使价格成为不自然的价格；这里所讲的不自然的价格，意思是说，它和纯粹的竞争价格或成本价格不同。但是，动态变化本身，按另一种更广泛的意义说来，也是自然的。自然本身不断地打乱自然的价格制度，而竞争要把这个制度恢复过来。现在许多商品不是按着成本出卖，但是各种势力仍然对这些商品起着作用。如果这些势力没受到阻碍，就会使价格达到成本的水平。从理论上来说，每一件物品在这个时刻有一个自然的价格；如果我们能把扰乱和阻碍社会经济的力量除去，实际的价格便能达到这种理想的标准，并停留在这个标准上。我们研究动态经济学时，可以问：在没有非常势力影响的情况下，实际价格和这个理论上的价格可能有多少差异呢？动态经济学必须研究实际价格和标准的差异。从广义来说，有一种的差异算是自然的差异。不过，我们现在只是研究那些计算差异所依据的标准，我们仿照古典经济学者把这些标准叫做自然的标准。自然的、正常的或静态的价格，就是成本价格或没有利润的价格。这些价格是使收入成为均等的价格，因为它们使各个产业中每一个单位的劳动和资本的报酬都是相等的。例如，这些价格使钢铁制造者和货车制造者对某一级的工人都付给相等的工资，使两种雇主对资本所付给的利息率也是一样的。自然价格或成本价格清除了某一个产业团体所享有的特殊利益。

如果劳动和资本是完全流动的，这种自然价格实际上就会流行。如果某个产业里的人，可以任意离开这个产业到另一个产业去，那么后面这个产业所得到的收入的数量，不可能比别的产业更优越。如果我们能除去使钢铁制造者不能变成货车制造者的一切障碍，我们就是消除了一个阶级比其他阶级获得更多报酬的机会。只要我们把经济阻力消灭，静态的价格无论在什么时候都能实现。

如果使动态变化停止下来，而让阻力继续存在，静态价格也是能以别种方式实现的。例如，假定今后生产方法都没有改良，而人口、财富等等都保持原状一直不变，那么，明年价格的标准水平，和现在所流行的标准水平，便不会有什么不同了。现在的实际价格并不是和标准水平相等，但由于竞争的影响，实际价格是有达到标准水平的倾向的。劳动和资本都朝着能得到最大报酬的地方移动，但是这种移动受到了各种阻碍。如果动态变化停止下来，这种阻力便会逐渐地被克服。尽管存在着阻力，劳动和资本的移动还是会发生的。如果把动态变化停止下来，而等待劳动和资本发生转移，这样，就把生产社会逐渐引到单纯静态势力所要求的状态里；这种状态以后将不再有什么变化。社会达到这种状态以后，将永远保有这种状态。每一单位的劳动和资本，将永远留在它原来的位置，价格将永远没有变动。

所以，静态价值的制度或是自然价值的制度(按李嘉图学派的说法)，可以从两方面来设想。如果有了动态变化，而没有阻力，那么物价的标准天天变更，但是每天实际的价格总是跟着标准而变化；接连出现的实际价格，虽然各不相同，但是市场价格总是符合于理论的要求。如果没有动态变化，而阻力继续存在着，那么价格的静态标准或成本标准，就成为不变的标准，不过在开始时和标准价格有所差异的实际价格，要过了若干时间才能和标准价格相符。实际价格和标准价格相符合以后，实际价格便不再变更。

我们最好假设经常阻碍竞争的动态变化和阻力都停止下来。在这个假设下，什么地方收入较大，劳动和资本便向什么地方移动；这种移动立刻就使各项价格和它们现有的静态水准相符。此后，由于改变这个水准的各项变化都不发生，实际价格或正常价格就固定不变。实际价格和在完全自由竞争下的价格没有差异；理想的竞争价格本身没有变化；决定物价的条件也没有变化——这是我们所设想的完全静态。劳动和资本存在着活动性，但没有活动，在这种情况下，我们就可以研究纯粹的和简单的静态价格。

我们也要看看，能不能同样建立一个理论上的自然工资标准。我们来看看雇主和雇工所进行的交涉，从他们的交涉过程中，我们能不能看到类似商品的自然价格标准那样的、使工资围绕着它而变动的标准呢？我们立刻可以看到古典经济学者所区分的商品的市场价格，和工资的市场标准两者之间有相似的地方。我们暂时不管那个工资长期围绕着它而变动的标准，我们只要考察一个短时间内的工资标准是怎样决定的。我们可以看到决定这个工资标准和决定现行的物价有些类似之处，接着，我们也可以看到，在工资和商品价格两方面的市场标准，总是围绕着永久的标准而变动。

我们姑且使用"劳动力市场"这个商业名词。我们姑且记住所谓的供求作用，并且认为供给和需求在某程度上像商品一样对人也定了一个价格。把这些名词应用到劳动力上面，是否正确，是值得研究的，但在我们初步的研究里，使用这些名词不会有得不到正确结果的危险。其实，只有这样，我们才能对一般劳动建立一个正常的工资标准，它和我们早已熟悉的商品价格的正常标准，有某些相似的地方。

亚当·斯密说："劳动的产品构成了劳动的自然报酬或工资。在还没有发生土地私有和资本的累积的原始状态下，劳动的全部产品归劳动者所有，没有地主和雇主来和他瓜分劳动的产品。"接着，他在同一章里说道：近代的工业把这种自然状态改变了，现在工资是从雇主的资本里支付的，而且工资不是由劳动产品本身所构成的。在亚当·斯密看来，有了地主和雇主，才有了这种巨大的变化。

我们的主张是：在近代生活里和在原始生活里，工资和劳动的产品大体上接近于保持一致，而劳动的产品提供了在短时期内工资围绕着它变动的标准。产业的产品不完全归工人所有，这是很明显的。说到劳动和资本的总产品，那么提供土地、工具、房屋、原材料等等的人，都要从这总产品中分到一部分。至于说总产品中可以归功于劳动本身的一部分，那么在竞争顺利开展的情况下，也就是在工资的静态标准能够实现的情况下，工人不但可能而且一定会得到这一整个部分。况且，有了雇主的存在，就使我们更容易看出劳动的产品究竟是什么。有了雇主的行动，就使工人所得的工资，能够接近于劳动的产品。

假如要准确地叙述简单类型的产业的情况，我们不能说“劳动的全部产品归工人所有”，只能说产业的全部产品归于那个既是工人又是资本家的独立的人所有。无论在什么地方，实际的经济不会原始到绝对不使用资本的地步；什么地方有了资本，产业的一部分产品就是由资本所产生的。在“原始状态”下，几乎不可能说一个人的产品有多少仅仅是由劳动得来的。但是，劳动的全部产品，和产业的全部产品这两者的区别是非常重要的，因为有了产业，就有劳动和资本的合作。

假如一个人驾着独木舟，用他自己能够做的、最简单的鱼竿和钓钩来钓鱼，他所钓上来的鱼，便是劳动和资本的产品。他借着工具的帮助，加上自己的努力，才得到鱼。他所钓到的鱼，有多少是由他自己的努力得来的，有多少是由独木舟和钓鱼用具得来的呢？这个问题他永远不能回答。他能不能把钓上来的鱼分做两堆，说："这一堆是完全由我自己的努力得来的，那一堆是由我的钓鱼用具得来的"？每一条鱼都是协作的产品，甚至鱼身上的一翅一鳞都是协作的结果；要把一条鱼分做几部分，并把各部分分别归功于各生产因素，这是无法做到的。一个独立生产者的劳动产品和资本的产品，是混在一起无法分开的。在实际存在的原始经济里，劳动的工资很难同其他收入区别开来，并且很难判明是"劳动的产品"；在这种经济里，劳动的产品本身究竟是什么，那是无法说出来的。

亚当·斯密在他引用的例子中，避免了这种困难，假设在那种状态下，不存在资本，因此任何产品都是由劳动创造出来。他指的是"资本的累积没发生以前"的形态。一个人如果真正在没有资本和没有雇主的状况下工作，那么他的工资便是他所创造出来的产品；他的工资便不是由社会规律决定，而是由自然规律决定的。他的工资可以说是从土里挖出来、从海里钓出来、从森林里追逐出来的。他不必和任何伙伴匀分收入。在产业系统里，有些地方虽然没有完全达到这种形态，但是近似于这种形态。亨利·乔治提出一个有趣的理论，他说人们在这种形态下所得的收入，可以作为一般工资的标准。例如，一个居住在新开垦的土地上的人，耕种一块不必交付地租的土地，他所使用的工具是很简陋的，只是一把锄头或是一把铲子。他也许住在一个草棚里，他的财产只值得几块钱。在这种状态下，这个人的资本还不至于使工资问题变为复杂。为说明方便起见，我们不应当让他有土地所有权。如果他像一个迁居美国的自耕移民那样，田地是属于他的，那么复杂的情况便产生了；在这种情况下，说他的工资是他所得的全部收入，便不恰当了。

乔治先生说得对，只要土地是多到任何人要有土地便能得到土地的地步，一个愿意去工厂工作的人，可以向他的雇主要求足以补偿他由于放弃占用田地而受到损失的工资，而且可以得到这样的工资。当一个广大地区正在进行移民而农业是主要产业的时期，一切工资的标准，无疑就是那些不但耕种无偿的土地、而且享有土地所有权的人的收入。不过这种收入是混合的收入，而不仅仅是劳动的产品。因为一个享有农场住宅的移民，由于有了土地所有权，除了他的劳动所生产的收入以外，还能得到巨大的额外收入。这种情况是暂时的和例外的，因为工厂里工人所得的工资，大体上总是跟那些既得到工资又得到额外收入的人的收入相符。那些由政府给予自耕农地的人所得的报酬，不仅仅是他们从耕种农作物所能得到的利益，而多半是他们每一年从土地本身所能得来的增值。一个按照美国法律占有自耕农地的人，最初收入的大部分是所谓土地的“不劳增值”。他占据田地的时候，也许一亩只值一块钱；在一两年内，他的田地价值增加到一亩五块钱，不久又增加到一亩十块。正因为有这种报酬，那个人才愿意穴居在山腹的下面，暂时穿着破烂的衣服，吃着玉米过活。他的直接的劳动效果，表现在破土犁所翻过来的草根土块，或是横犁所挖成的沟畦，很少表现为衣食。他的工资是很少的，但是和工资混在一起的是更大的收入；这种收入由于人口增加，便出现了，那就是，他在很短时间内可以从土地本身得到一亩十块钱的增值。

值得我们详细说明的是：一个由国家给予土地的人，他双手所创造出来的产品，并不能作为工资的标准。有人说过，美国的工资等于那些自耕移民利用政府所给予的土地而创造出来的财富。这句话从表面看来，并不算不正确，但不能证明工资等于独立劳动的收入。这句话即使是真实的，也只能证明有一个时期工资等于数额巨大的混合收入，而这收入的大部分是从土地得来的。如果一个人要有土地便能得到土地，他就不愿意在一个工厂或一个店铺里工作，除非他在那里的收入相当于一个农民的收入。当任何人都可以得到无偿的好地时，土地附近的各行业的工资标准，可以说是在人们刚刚占有的、正在开垦的荒地上决定的。这种情况使工资不是符合于永久的标准，而是离开永久的标准。移民所得的收入，不只是他所得到的收获。土地的增值成为他直接的收入；土地的增值也成为技工和其他的人直接的收入的一部分，他们愿意在工厂、店铺里工作，因为他们所得的工资，几乎是和移民的收入相等。任何地方都受到土地价值的影响，无论在什么地方，在各行业各职业里，都可以看到土地价值的痕迹。木匠、铁匠、厨子、马夫、店员，甚至医生、律师都感觉到由于在空地上建立了社会，使土地的价值提高，他们的收入便增大了。在一百年时间内，美国的工资，含有这个因素。这个时期的工资，保持着接近于由耕种土地并且取得所有权所能获得的利益，但不接近于耕种无租的土地所能得到的利益。

移民收入的来源中，比较大的来源被除去以后，一个赤手空拳在田间工作的人所得的利益，只限于他从土地得来的收获。假定他只是无租土地的使用者，而不是所有者，那么他只得到工资，而不能得到土地增值。有价值的田地，是不能够在长时间内想要获得便能获得的。美国的肥沃地区，从前被认为是无边无际的，可是现在没有被占有的土地已经很少了。工资规律，如果永久有效，就必须适用于这种情况。

有人也许像乔治那样坚持这个意见，认为劳动所得的收入，接近于在无偿使用的土地上劳动所能生产出来的收入。在产业高度发展的状态下，只有坏到不能获得租金的土地，才可以无偿地使用。所以，持上面见解的人主张：工资的永久标准是劳动从边际的和无租的土地所能得来的收入。不过，这个论点也有一些道理，因为拥有土地和工具这些资本的人，不必跟任何人摊分收入。他所处的地位，和亚当·斯密所说原始工人所处的地位，是相同的。原始工人是在“资本还没累积以前”从事劳动，那时“没有跟他摊分利得的地主或雇主”。那个人的收入，全部归他自己所有，而这种收入，完全是劳动的产品。认为这种收入树立了一切工资标准的理论，有一个很大的好处，那就是它指出了把完全由劳动生产出来的产品，和其他一切产品分别开来的方法，使它成为可以单独衡量的、独立的部分。

我们要来证明完全由劳动生产出来的产品，能够树立工资的标准这个说法。但是要把耕种没有价值土地的人所得的收入，作为各人工资的标准，却有很大的困难。如果提出劳动的一般工资永远是由耕种无租土地所能挣得的收入来决定的理论，那么这个理论的意思一定是说：仅仅占用不能出租的土地的人所得的收入，是工资所依据的标准。按照这个理论，一个在乡下任何厂坊工作的技工，为了要知道他可以向雇主提出多少工资的要求，就必须先注意到占用公地的人，看一看这些住在临时小屋里的人，究竟有多少收入。这个理论，按最合理的解释，可以说等于这样的意思：在一个比利时工厂里工作的工人所得的收入，大约是等于一个有同样工作能力的比利时农民，从开垦海滨沙质荒地所得的收入。也就是说，瑞士制表工人所得的工资，一定是根据个人的不同能力，接近于他们同国的农民从耕种山岩中一块块草地的收入。也就是说：在美国的所有无偿土地都分配完了以后，从大西洋到太平洋两岸之间各工厂、各矿山等等的工资劳动者所得的平均工资，是等于他们中一个典型人物在一块租不出去的贫瘠土地上盖一个小屋，并且得到地主的允许，来耕种这一块土地，而生产出来的产品。这个理论是一个占用公地的人“控制”劳动市场的理论，它把住在临时小屋的人，放在十分重要的地位，使他能够支配各种工人，决定他们工资的数额，因此也就控制他们的生活水平。

这个理论尽管荒谬，但至少是与工资和劳动本身的生产趋于一致的原则相符。如果占用公地的人的资本不够成为生产因素，那么，他的全部收成，可以说完全是由他的劳动得来的。把一个人放在这样的地位，就可以把劳动和资本以及劳动产品和资本产品区分开来。这似乎给我们提供一个进步社会的实例，使我们能够看到了亚当·斯密所说的原始社会里的情况，那就是劳动生产全部归劳动者所有，不和任何人匀分收入。可是，用偶然出现的占用公地的人决定所有工人工资的数额，这显然是说不过去的。

但是，比较合适的是：要找出一个没有地租的地区，从那里寻找一般工资的标准。假若要使占有上述无租地区的人，对一般工资起决定作用，这地区一定要比没有价值的农地，提供更大的劳动的活动范围。这种有经济价值的土地是可以找到的，占用这种土地的人，初来的时候并没有带来任何东西，他们实际上是在没有资本的条件下从事生产的。他们各自的全部产品，就是他们的工资。他们的产品数量是多少，他们的工资便是多少，而其他工人所得的工资，必须和他们的收入相等。

我们姑且不谈自然价值，先谈市场价值，我们就能看到有一个商业原则使任何商品的最后部分或边际部分对全部商品的价值起着重要的作用。例如，所有麦的价值，和边际一斗的麦的价值是相符的。如果有边际的工人，其意义和边际的麦、棉、铁等等相同，这些最后的工人或是边际的工人，同样是占着重要的地位，因为他们的产品提供了各人工资的标准。

我们现在可以采用商业上的概念，把劳动看做是可以在市场里买卖的东西。任何商品最后一次增加的供应量，决定这个商品一般的价格，这是大家所熟悉的商业原则。这个原则的一个通俗说法是：美国麦的价格，是以英国麦的行情为标准，就是说，美国西北部农民全部麦的卖价，一定是等于其中的剩余部分送到利物浦去所得到的卖价[①]。美国麦的价格由利物浦决定的说法，作为商业事实来说，是无可非议的。事实上，大西洋西岸的麦价，和大西洋东岸的麦价相同，不过要减掉运费和经营费用。两岸麦价相同，这是因为欧洲是容纳美国的可以制造面包的全部剩余原料的市

① 这个说法也许是把价值规律的概念弄得支离破碎了，因为美国麦留在国内那一部分的最后效用，直接决定国内的麦价。不过，英国是欧洲市场的代表。这整个市场容纳了足够数量的美国麦，使美国国内消费量显著地减少。因此，留在国内那一部分麦的最后效用，便达到了不论在国内或在欧洲出卖都同样有利的程度。

场。假如把美国出口的麦增加五千万布什尔，欧洲将仍然会收买它，不过价格要低一些；我们从英国的行情就可以看出价格减低的数额。一个小市场对一般价格不能起决定的作用。冰岛或拉布拉多也许会输入美国麦，但是那里的行情在商业上没有重大的意义。这样的地方所能容纳的麦，对美国麦的供应不产生什么影响。如果不幸发生某些事故，美国麦在美洲内用不了的部分，必须运到这样的市场去，那么，在那里美国麦很快就成为无法出脱的、简直没有价值的东西。美国所种植的麦的最后部分的效用，决定全部麦的价格，但是，那最后部分即使完全在国外出卖，也是会广泛地分售到各个地方。拉布拉多也会容纳一小部分，那里的麦价一定和别处的麦价相同；那里的麦价对别的地方的麦价不会产生决定性的影响。

要为剩余的劳动力寻找出路，就需要寻找可以容纳大量劳动力的、有经济价值的地区，但是人们可以自由占用的无租土地，不能为剩余的劳动力提供一个像这样的出路。一般人都能看出：作为剩余的劳动力的出路来说，快要开垦完毕的农地，完全没有容纳大量劳动力的能力，正和上面所举例中的冰岛（而不像利物浦）那样，不能容纳大量的小麦。假定把全部比利时人口都放在沙地上，叫他们去找生活；可能的话，我们可以计算一下，他们在那里所得的收入，到底降到饥饿线以下的什么地方。在比利时沙地的人所得的收入，和在美国不毛之地的人所得的收入，虽然是和一般工资标准相符，他们的收入虽然在某种程度上可以衡量一般的工资标准，但是，这是由于在世界上有一个广大的、并且具有无限伸缩性的剩余劳动力市场，而无租土地一定只得到剩余劳动力一小部分。

劳动力最后增加的部分，是决定工资的部分，正如商品供应的最后部分，是制定价格的部分一样，只不过这一部分是分散到全世界各个产业里去的。这部分的劳动在各个地方所能生产的产品，就是一般工资的标准。

我们不但承认，而且坚决主张：有一个调整工资的边际区域。这个区域对劳动力提供了很大的出路；在这个广大的边际区域里，人们所得的收入，树立工资的标准。这个区域和劳动力的关系，实际上是像欧洲市场和麦的关系一样；这个区域是能够容纳任何可能产生的剩余劳动力的场所，而且工人在这个地方可以得到生活工资。如果我们找到这样的一个市场，我们一定就解决了工资规律的问题。

我们很快就能找到这样一个能够容纳大量劳动力的市场。它虽然不能容纳无限量的劳动力，但它是一个劳动力的重要出路，而且是工资理论必须考虑到的一个因素。实际上去那里工作的都是赤手空拳的人，他们在边际农地以外的地方所生产的东西，完全归他们所有。真正的开发边际——确切些说是使用边际——不完全是农业或多半不是农业的，而是扩展到整个的产业系统。除土地以外，还有可供工人使用而不必缴纳租金的生产工具。工人自己也许不能够借到这些工具，但是企业家为了自己的利益，只要使用这些工具所得的收入足够抵偿工资、管理费用以及其他劳动的费用，他们一定会把这些工具加以利用，并且使工人使用这些工具来工作。在纺棉、炼铁、经营商店、经营客运货运和其他行业里都有这样的边际。

劳动力边际区域的一部分，是由那些可以用来种植农作物的废地提供出来的，不过这一部分几乎只是整个区域的极小部分。像无租土地那样不收租金的工具，提供了劳动力边际区域的较大部分。把全部收租金的工具拿来使用，而不另缴纳租金，便提供了更大部分的劳动力边际区域。例如，在一个近代的可以赚钱的工厂里，有一千个工人，从工人的劳动和机器本身所制造出来的产品里，抽出一部分来支付机器的租金。此外，可能增加二十个工人到这个工厂工作，而且由于他们工作的结果，工厂每一天的产品有显著的增加。这些额外的产品，可能全部作为工资，归这二十个工人所有，而厂主对这些额外产品不提出什么要求。如果是这样，这些边际工人的产品，就完全归他们所有，厂主实际上没有来匀分他们的收入，这正如他们得到地主的允许，去耕种荒地一样，也正如他们得到厂主的允许，去经营一个荒废的工厂一样。

那么，这里所说的二十个工人是劳动力的一个边际部分，这个边际部分，似乎可以对一切劳动力树立工资的市场标准。此外，这个劳动力边际部分的工资，和这一部分的产品，有直接的关系。这个边际劳动力的产品，能不能像商品最后一次增加的数量对商品的价值树立一般的标准那样，树立工资的标准呢？如果能够树立工资标准，工资规律将是这样的：(1)按照商业通例，所有能力相同的人所得的工资，一定是和那些有同样能力的边际工人的收入相等。这个原则决定工资的市场标准。(2)边际工人所得的收入就是他们所生产的产品。这个原则树立了一个工资的自然标准，从而控制了工资，不过这种控制是比较间接的控制。有了这个原则，就接近了我们正在寻找的规律，但还没有达到这个规律。正确地说，真正的规律和上面所说的原则很相似，只是两者之间有一个重要的差别[①]。

① 这一章的内容和下一章的大部内容，早些时间已经发表过，读者可以参阅美国经济协会的专论集刊，里面有一篇论文题目是“科学的工资规律的可能性”。这一篇论文在 1888 年 12 月间召开的经济协会上提出，并在 1889 年 3 月间付印。这篇论文的一个修正，见本书第八章末尾。

本书第九、第十两章的大部分内容，1888 年 5 月间先在以“资本和资本收入”为题的美国经济协会专论刊集上发表过；还有一部分，以“资本的创始”为题目，在 1893 年 11 月间的耶鲁评论杂志上发表过。

第八章　怎样识别劳动的特有产品

我们已经指出，在竞争充分发挥作用并使工资和自然标准相适应的静态状况下，劳动的工资便等于单纯由劳动生产的产品。我们已经找到一个有限的区域，在那里，所生产的东西完全是由劳动创造出来的。但我们还需要寻找一个更大的、更有伸缩性的区域。我们必须寻找一个许多人可以进去工作而实际上不必缴纳租金和利息的经济区域。他们必须能够独立地工作，而且不必缴纳租税，他们必须能够制造一个可以识别出来的产品，这个产品将完全归他们所有。当然，少数的人可以耕种没有什么价值的土地，因此不必担心地主和资本家会向他们提出什么要求。比较多数的人，可以利用那些坏到不能出租的工具；更多的人，可以在备有良好工具的工厂里充当额外的工人，这些工厂，并不因为有了这些边际工人使用工具而增加费用。

一个人不愿意把他勤苦劳动所得的产品分一部分给雇主，我们不能说，因为他不肯这样做，就必需离开雇主。一个人独立地耕种一块荒地，在他附近的土地上，也许有另一个人给地主耕种荒地，以他所栽种的庄稼的售价作为他的工资。他是像占用公地的人那样，不必忧虑地主来逼交地租。一个人尽管是为一个主人做工，但他可以像亚当·斯密所说的“没有跟他匀分收入的地主或主人”。如果他给雇主的价值等于雇主给他的工资，那么他的产品便丝毫没有损失，并作为工资完全归他所有。大部分边际工人所处的地位都是这样的，他们虽然不是孤独地工作，但他们的产品是可以和其他产品区别出来的。

有些工场和熔炉，过于陈旧或是几乎无用，或是位置不好，对场主来说，一点利益都得不到；可是，只要管理的人能得到薪水，普通工人能得到自然的工资，这些工场和熔炉仍旧可以开工。有些机器，对主人来说，是过时的、没有什么用处的，可是这些机器依然开动，而把它们所制造出来的全部产品，给予运转它们的人。有些铁路线和轮船航线所得的收入只够开销费用。有些存货都是零头和陈货，它的卖价只够支付售货员的薪水。无论什么地方都存在着无租工具，种类既多，范围又广。如果这些工具给工人拿来使用，所得到的全部产品，是归工人所有的。如果一般工资标准上升，许多这样的机器必将放弃不用。假如一般工资标准下降，这些机器便要加以利用了。假定由于移民的结果，一个国家解除了人口过剩的压力，但是另一个国家却感到人口过于拥挤，那么，在前一个的国家里，各种无租工具将放弃不用，而在后一个的国家里，原来没有用的工具却要积极地拿来使用。

无租工具，数量实在不少，我们只要看以下的事实便可以明白。每一个由于使用而逐渐损坏的工具、机器、房屋、车辆或其他辅助劳动的物件，在变坏的过程中，一定会达到对所有者不产生什么实利的时期。在企业家看来，只要这样的工具还可以留下来使用，而且还能使他有利可得，他便把它留下来。如果留下来使用，不能生利，还要亏本，他便丢弃不用了。如果旧的工具不能使他有利可得，也不会使他亏本，就是说，使用这些工具所得的全部产品，要用来支付工人的工资，那么，这些工具便到达了它的经济生命上的最后阶段或无租阶段。任何由于使用而逐渐损坏的东西，在被丢弃以前，总有一个用旧了的时期。任何时候这种东西的总数都是很可观的。这种东西是工人可以利用的大量的无租工具。如果人口增加，而其他情况仍旧不变，那么由于人口增加的结果，所有正在变坏的资本货物的使用期间便延长了。要使现有的资本货物能供给更多人使用，就必须稍微延长旧的工具、不牢靠的机器、不适于航海的船等等的使用时间。但是工具到了快要被人丢弃的时期，使用这些工具的工人所生产的产品，就只够充作工资。

凡利用所有最坏的工具进行生产，所得的全部产品便归使用者所有。这种生产量跟一般工资标准相符，它说明了一般的工资标准，而且是决定一般工资标准的一个重要因素。使用这样的工具的人，是一部分最后增加的劳动力，而最后增加的劳动力的市价决定了所有的劳动力的价格。但是这些人并不算是最后增加的全部劳动力，因为在这区域里还有其他边际的人，他们不使用任何一种没有价值的工具。并不是只使用没有价值的土地和工具的人，才能免掉资本家和地主各种的要求。

如果一个失业的人，不得不使用没有价值的土地和工具，那么我们在研究中所要发现的工资规律将和乔治所说的相似。他说：所有工资都是由耕种无租土地所得的产品来决定的。不过我们要对这句话做一个修正，我们要说：任何人所得的工资，一定是等于他们中任何一个人在选用边际土地或没有价值的工具的情况下所能得到的产品。这样一来，对求职的人开门的区域，比单单农业所提供的边际区域大一些;可是这个区域实际上并不算是对求职的人开门的全部区域。至于他们这样寻求职业时可能走到什么地方,和实际上走到什么地方,这必须从实际方面来探讨。

我们再回到农业来。在农业里,有一个密集耕作的边际区域,也有一个粗放的边际区域。每当一个人把耕种地区推广到无租地带而得到工作时,便有许多人从深耕的有租土地得到工作。每当一块荒地拿来使用时,便可能有新的人安插在许多好的土地上工作。其实,好地过于拥挤的现象是先发生的,因为好地耕得越密,耕作的人所得的报酬就越少,这就使那里的一部分劳动力转移到土质较差的土地上来。因此,这些工人是从密集耕作的中心被挤出去的。在好地上再增加劳动的数量便无利可图的地方,可以叫做密集耕作的边际。这一块好地曾经容纳了一批批的劳动力,可是现在再一批的劳动力到这里来,已经不如到别的地方去了。

例如,一个人可以单独耕种一块山地,但他的耕种总不算是理想的。要得到更好的结果,便需要使用铲子帮助铲地,而这个使用铲子的人,可以说是边际的人。又如:一块田地,三个人也许可以播种得了,但他们的播种总是缓慢的,因此,这一块土地上有某些部分的庄稼,不能有充分的成长时间。如果有四个人,就可以播种得快些,就使最后播种的庄稼有充分的成长时间。这里所说的第四个人,便是边际的人,而他在那里所生产出来的额外产品,可能完全作为工资归他所有。又如:一个田地的收割工作,三个人可以完成,不过有了四个人,就能收割得更快,因而可以避免秋雨损害的危险。这里的第四个人,又是一个边际的人,他的全部产品,就是他的工资。有了他,小麦年年可以避免遭受损失,这一部分小麦的价值，便归他所有。也许在收割者的后面，跟着一个捡拾落穗的人，他所得的收入，只等于落穗的价值。这样额外增加的一个人，常常使播种工作或耕种工作更加完备。但是，假如他所生产的比他实际上所能生产的少，并且所得的收入也比实际所能得到的少，他便要跑到土质较差的土地上去了。

假设雇主们之间有着完全自由的竞争，我们才能说那属于农业劳动队伍的集约边际上的人，可以得到他的产品的价值，作为他的工资。当这种人向一个雇主要求工作的时候，事实上就是要求给他为农场主增加收获的机会。在竞争顺利地开展的情况下，如果一个农场主不肯按市价付给这种额外生产的代价，另一个农场主一定会付给的。可是阻力总是一个必须估计到的因素，因为在任何社会里，各项调节总不是完善的。我们在研究中所要确定的问题只是工资趋向的标准，也就是在没有阻力的社会里，工资所要依据的标准。我们的解答是：工资要和完全由边际劳动所生产出来的产品相符。

我们也要确定这样的边际劳动究竟是什么。在农业方面，大部的边际劳动是使用在集约耕种的好地上最后增加的劳动。这种劳动并不需要农场主增加很多资本。农场主不必添购土地，也不必对他占有的土地进行更多的、永久的改良。在很多情况下，他也不需要添置任何工具。尽管这个人是赤手空拳地到这里来，他只要把这个人增加到他的劳动的队伍里去就行了。所有的额外生产，都是由这个人的劳动得来的，而且是由于有了他才得到的。完全自由的竞争，倾向于把额外产品的价值，作为工资归这个人所有。

像这样使用劳动力的地区的集约边际，并不限于农业，在整个产业系统中都可以找到。无论什么地方，雇用人力来使用那些真正有生产能力的生产工具，总有一个限度，超越这个限度，增加工人便不合算。一百个人能驾驶一艘轮船，但是一百〇五个人也许能驾驶得更好些。要是这样，那五个额外增加的人，便是站在轮船的集约利用的边际上。他们事实上没有缴纳船租，因为应缴的轮船租金，在原有一百个船员驾驶的时候，已交给船主了。因此这些最后被雇在船上工作的人，便创造出一个可以识别出来的产品。他们提高了船的运输效率，并且把他们所挣的钱放在主人腰包里，而当他们支取工资的时候，又把放在主人腰包里的钱全部拿去。在工场、矿山、厂坊、锅炉等地方，也常常能够在有限的范围内，对雇工的数目做若干调整，而不影响主人的收入。假如雇用新人，他们的产品完全归他们所有。

但是产业系统中的某些地方，在经济地使用工人的人数上，却没有伸缩的余地。一个机器往往只需要一个人开动，不能再加一个。因此，在一个大产业里，不是每一个据点都可以增减劳动力，而不变更资本货物的设备的性质。可是，在商业方面，待售的商品在劳动力使用的数量上，却有很大的伸缩性。在制造业和运输业里，劳动力也可以常常做若干显著的调整，而不变更和劳动力一起使用的生产资料的数量或性质。

当然，这样的人力变更的幅度一定是比较狭窄的。在产业系统里，有一个地方，在一百个工人中，也许能够增加五个，而不必改变所使用的资本的数量和形式。而在另一个地方，如果资本的数量和形式没有改变，一百人中只能增加或减少一个。假如在社会的各生产团体里，每一百个工人中都能增加或减少一个，而他们所使用的工具、机器、原料等等却不必有什么改变，那么，这个事实就够对工资规律提供一定的理论基础。因此，一百个工人中的任何一个人，可以离开他的雇主，他的离开，对雇主没有损失也没有利益。如果他离开一个雇主后，向另一个雇主要求工作，并且要求把他为雇主所生产的东西作为工资归他所有，如果第二雇主雇用了他，那么对这个雇主也是没有损失和没有利益的。由此可见，在每一个企业家所控制的雇佣区域里，都有一个我们可以叫做可有可无的地带；在这个范围内，人们可以来来往往，而不影响雇主的收入。工人向雇主要求工作，雇主雇用这些新的工人，其动机不一定只限于金钱上的利益。产业系统中一小部分的工人可以自由地从一个生产团体向另一个团体移动。如果竞争充分地发挥作用，这些边际工人，无论跑到什么地方去，他们所得到的工资都恰恰等于他们的产品。但事实上竞争并不是充分地发挥作用，所以，这些人所得的工资，也只是和他们的产品大约相同。

任何一个工人离开他的雇主时，要考查这个人的价值究竟是多少，只要确定一下，由于工人队伍中少了一个人，雇主所遇到的损失究竟是多少。这一个跑掉的工人的身份，是不重要的；重要的是，在工厂的某一部分，原来有八个工人，现在只剩下七个，或是原来有二十个工人，现在只剩下十九个。假定去掉的人是一个普通的、非熟练的工人，那么他可以随意改换职业，不致像一个有专门技能的人那样，从一个产业团体移到另一个团体会使厂主遭到损失和阻碍。说到这里，有两个必须解决的问题，一个问题是：这个人离开以后，雇主的损失究竟是多少？另一个问题是：这个人到第二个雇主那里去工作，第二个雇主因为有了他而获得的利益究竟是多少？

如果雇主所雇用的工人可以互相替换，无论哪一个工人离开工作，对雇主说来，都是一样的。如果离开的人所做的是事业经营上十分需要的工作，雇主只要挑一个正在做最不需要的工作的人来代替他就可以了。这样，一个工人离开以后，所空下来没有人做的工作，往往是边际上的工作。在一个工厂里，工人按照他们工作的重要性，分为几个不同的等级。第一级工人所做的是工厂里必不可少的工作，第二级工人所做的是很重要的工作，但不像第一级工人那么重要，如此类推。最后一级工人所做的工作，是对生产事业贡献最少的工作。假如属于第一级的一个工人离开工作，主人只要从最后一级抽出一个人来代替他就可以了。空下来没有人做的工作，将是最不需要的工作。这些可以互相替换的工人中，任何一个工人对他雇主的实际的重要性，是以做最不需要工作的工人的绝对重要性来衡量的。

不但如此，即使在人们不能完全互相替换的地方，我们也可以看到，当一个执行重要任务的高级工人离职时，也发生类似上面所说的调动。那个高级工人的职务，不是空出来，而是派另一个人去担任。这样，空下来没有人做的工作，跟上面所说的一样，是边际的工作。当然，为得到这种结果而进行的调动会使雇主遭受一种特殊的损失，因为重要的工作没有做得像从前那么好。这种调动所引起的特殊损失，可以用来衡量那个高级工人特有的价值，但是实际上各级的劳动归根到底是按照边际标准来衡量的。至于衡量的整个过程，等我们进一步研究劳动的边际生产力的时候便可以明白。

我们目前必须注意的是:仅就人们可以互相替换的情况来说,他们在所谓实际的生产力方面是完全一样的。实际上,他们中的一个人也许是做必不可少的工作,而另一个也许是做不重要的工作,但是去掉第一个人和去掉第二个人,对企业生产的损失实际上是一样的,因为第二个人一定可以离开他自己的工作,去做第一个人从前所做的、比较重要的工作。一个人的绝对生产力,是从他所做的特定的工作的重要性来衡量。假定他离开他的位置,而他从前所做的工作现在空下来没有人做,企业因而遭受损失,从这个损失可以衡量那个人的绝对生产力。因此我们所说的一个人的实际生产力,可以从他的雇主由于他离职而遭受的损失来衡量,并且以雇主由于他的离开,为了使比较需要的工作照旧进行,而对工人加以重新安排,因而遭受到的损失来衡量。雇主将把乙放在甲的位置,把丙放在乙的位置,如此类推;空下来没有人做的工作,只是最不需要的工作。如果人们都是可以互相替换的,那么任何一个人的实际生产力,便等于最后一个人或边际的人的绝对生产力;边际的人的工作是大大可以省掉的。我们可以看到,所有的工资,自然而然地是由得到工资的人的实际生产力来衡量,而不是由他们的绝对生产力来衡量的。仅就工人能够自由互相调换的情况来说,在一系列工人中,任何一个人所生产的价值,在雇主看来,只不过等于这一系列中最后一个工人所生产的价值。

在一个雇主看来,他能在一定范围内安插几个额外的人来工作,而不会把他们的实际生产量减低到那些已经在边际区域里工人的产量之下,这个范围便是我们所谓可有可无的地带,因为这些

人是否参加工作，对雇主并不起什么作用。雇主如果雇用他们，便要把他们的产品作为工资交给他们，雇主没有得到好处。雇主由于很细小的原因，就可以决定要不要雇用这些工人。无论什么时候，要把工人队伍扩大或缩小，当然就必须克服一些阻力。从一个工人看来，这种情况显然是存在的。例如，我是一个失业的店员，你的店会不会收留我呢？假使我能给你生产的价值，比你要给我的工资多一点，你就会收留我；假使我能生产的价值，比你要给我的工资少，你便不会收留我；假使我对生产所能增加的价值，恰好等于我所要求的工资，你也许会收容我，也许不会收容我。这样说来，我的劳动是在经济上可有可无的范围内，你要不要雇我，要看人情和其他动机来决定的。如果我已经在你那里工作，你会不会把我解雇呢？在我的劳动的果实对你的店铺的其他收入所增加的数量不够抵付我的实际工资以前，你大概不会把我解雇。你如果在生意非常好的时间里雇用了我，那么，你在那个时间内，一定会从我的劳动得到一点利益。由于惰性，你本来有点懒于增加人员，但你那时能得到一点利益，这就把你的惰性克服了。从另一方面来说，由于你录用我作为一个人员，你的惰性便对我有利，因为你既把我留下来使用，一定要等到我会使你遭受很大损失的时候，你才会公开地把我辞退。

我们所要探讨的，当然是劳动工资所要依据的标准，但在一切企图成为全面的经济理论中，惰力和阻力这两个力量都有它们的位置。我们已经强调指出了这一点。不过，在企图建立工资自然标准的那一部分理论中，可以不必衡量阻力的影响。虽然在调整工资中会碰到很大的搅乱势力，可是如果竞争能够使劳动工资永远倾向于由边际劳动产品所决定的工资标准，那么我们目前只要提出这个事实就行了。尽管阻力和扰力（我们在另一个地方将要研究这两个东西）使实际工资标准和理论标准离开很远，但是这个事实还是真实的。

我们现在所得到的结论，可以概述如下：工资倾向于跟边际的劳动的产量相等；因此在可有可无区域内那一部分的劳动，就是边际的劳动。开动无租机器的工人，或是从较好的机器上挣得最后增加的产品的工人，都是属于这个区域范围内的人；耕种废地的人，或是对好地的集约耕作做了最后的施工的人，也属于这个区域范围内。无论什么地方，那些把资本货物的效率提到最高度，因而使商业收到最大的收获的工人，都是属于这个区域范围内的工人。所有这些人，都创造了一定数量的财富。竞争倾向于使他们得到他们创造的全部财富，竞争也倾向于使别的工人所得到的财富，等于这些人所创造的、所获得的财富。如果在这个区域范围内的工人，构成一个不可忽视的力量，如果他们可以自由地从一个位置调到另一个位置，那么，任何一个工人的实际产物，一定是等于边际区域里工人的绝对产物，这是很明显的。假如任何一个工人离开一个雇主，尽管他的劳动是十分需要的，雇主所损失的也只等于边际区域中一个工人的产量。他就把现在做最不重要的工作的人，来做比较重要的劳动。假如人们可以互相替换，按实际的标准说来，所有的人的劳动都是同样重要。替换时会遇到阻力，这又是一个需要单独研究的问题。如果没有阻力，人们可以自由地从这一个地方移到另一个地方去，他们的实际重要性是相等的，而且他们所得到的工资是相等的，即等于边际工人所生产的数量。

要得到一般工资的标准，我们现在还可以采取另一种步骤。在一个雇主的可有可无区域内所制造出来的产量，倾向于和另一个雇主的可有可无区域内所制造出来的产量相等。如果某制布厂的边际机器是很坏的——这些机器也许是又旧又不牢靠的织布机，而工厂又是在边远的乡下——那么使用这样的机器的人，只能制造很少的产品。如果在别的地方的一个近代工厂里，边际器具好得多，那么使用机器的人，便能制造更多的产品，而在自由竞争的情况下，他们就能得到更多的工资。我们可以说，这里发生了一种情形，需要把工人从一个地方移到别的地方去。那些旧的、坏的机器将被丢弃不用，而从前使用这些机器的人，将跑到好的工厂去。他们或是使用那里从来所没用过那么低劣的工具，或是在那里利用很多的好工具，但这样利用工具，生产量不免降低。总而言之，他们要把雇佣边际降到生产力较低的水平，这种趋势将继续下去，一直到一个雇主的工厂里边际劳动所创造和所获得的财富，和这个雇主的竞争者的工厂里的边际劳动所创造所获得的财富相同。

这就是说，几个雇主区域内的可有可无地带，合在一起，便构成一个贯穿这些雇主所属的整个生产团体或整个生产部门的可有可无地带。这个区域内任何一个人，可以离开一个雇主，而到另一个雇主那里去；他给第二个雇主所创造的财富数量，和他给第一个雇主所创造的财富数量相等。如果竞争正常地开展，这一整个区域就成为一个劳动生产量相等、劳动工资相同的区域。任何时候，商业团体所趋向的静态安排都是这样的：凡属于一个生产团体内各工厂的边际工人，生产力是一致的，他们的工资标准也是一致的。

不但如此，在不同生产部门里，各边际区域的生产力和工资，也趋于一致。一个产业团体可有可无地带内所生产的数量，跟另一个生产团体可有可无地带所生产的数量，趋于一致；事实上，有一个包括一切局部的可有可无地带的社会的可有可无地带。这样，制鞋业的边际劳动的生产力和工资，和冶铁业、采石业、运输业等等的生产力和工资，趋于一致。要不是这样，劳动力便不断地从生产力较低的地区，流到生产力较高的地区去。如果在一个行业里，边际工人一天创造一元半的财富，而在别的地方，边际工人一天却创造两元的财富，那么后一个区域的雇主，便喜欢完全从生产量和工资最低的区域去添雇工人。人们这样地从一个区域移到另一个区域，就使在几个雇用边际上工人的生产力成为相等了。在一个区域里，工人要把最坏的工具放弃不用，并且停止把好的工具使用在收效最小的用途上。这对工人所离开的生产部门的影响是：使更好的工具成为边际的工具，也使原来比较有利地使用的好的工具，变成为最后地或无租地的使用的工具；这样便增加了边际劳动的绝对生产，从而提高了一切劳动的实际生产。但这对工人所进入的生产团体，却产生相反的结果。在那里，一般的情况是：使用的工具越来越坏，而使用好的工具的收效也越来越少。于是，边际工人被迫走入生产力越来越小的地方。当耕田、纺纱、采矿、制鞋、牧畜等行业的最后增加的劳动单位的生产力都变成相等的时候，移动的动机便不存在，移动也就停止了。总而言之，社会边际劳动的生产，无论在什么地方都趋于一致：在产业系统各部分里，能力相同的劳动者的产量都是相等的。劳动力可以互相替换，便保证了这一点可以实现。所以一切劳动者的工资标准是一致

的；无论什么地方，在劳动区域内每一个单位劳动的工资，和这个区域内边际部分的单位劳动的产量趋于一致。因此，可有可无区域扩延到产业社会所组成的各生产大团体和小团体中去。无论在什么地方，从一个雇主看来，在可有可无区域内雇用或不雇用一个人，是无关重要的，这是很明显的事实。

“地带”、“区域”这些名词都是比喻的说法，其真实的含义是工作的机会。一块肥沃的土地，或是一所设备良好的工厂，给一定数目的工人有充分发挥其生产力的工作机会。这个最好的工作机会，可以在说明整个雇用区域的图表上，用一个中心圈来表示。增雇的工人所创造的财富，比原有工人所创造的财富来得少，因为增雇的工人的机会不像原有工人的那么好。我们可以把增雇的工人安放在图表中的中心区的周围。在一系列这种的劳动机会中，后一个机会总是不如前一个机会，而最后一个机会是最坏的一个机会。这种对工人说来是收获最小的区域或是最坏的机会，我们在图表上用最外面的一圈来表示，在这一圈内，工人所生产的只够作为他们的工资。在一个雇主看来，这是可有可无的区域，因为如果他把工人放在这个区域内工作，他要把他们所生产的产品，作为工资交给他们。倘若竞争充分地开展，如果一个雇主对工人所付的工资，低于他们生产力所值的代价，别的雇主一定会付出更高的代价，来招引他们。从理论上说来，假若一个工人能使一个工厂主人除支付他的工资以外，还得到一些利润，那么雇主们必定会争着要雇用他，这种竞争只有在利润不存在时，才停止下来。

从这里可以看出，商品的自然价值和劳动的自然工资两者有一个重要的共同点。早期经济学者说得对，一件商品的自然价格，

是只够抵偿生产成本的价格，这种看法跟通常的经验正相符合。正常的价格是没有利润的价格。正常的价格提供了生产商品所需要的一切劳动的工资，包括监督工场、管理财政、记账收账以及决定事业方针等项劳动的工资。正常的价格也提供了事业上所使用的资本的利息，不管这资本是企业家自己所有，或是向别人借来的。如果价格恰好是正常的，除此之外就没有其他收入，其原因是：企业家们争着售出商品，这就使价格降低为没有利润的价格。

但是，价格不是长期保持着等于成本价格的水平。价格常有这样的波动，在某一个时间内，它是超过成本价格，随后又下跌到成本价格的水平。因此没有利润的价格标准是正常的标准，它不但提供了商品接连出售的价格，而且提供了在竞争自由的地方商品价格所永远趋向的标准。无论什么地方，如果存在着企业家的利润，某种商品在一定时间内便卖得比正常价格高些。竞争倾向于消灭利润，就是说，要把实际价格降低到普通经济学以及通常的经验所说的“自然”标准。价格向自然标准移动时所遇到的阻力，是我们以后要研究的一个题目，但是我们已经看到，如果没有这种阻力，企业家的纯利润绝不会产生。如果每一件物品的价格，都能立刻达到和生产成本相符的标准，那么，企业家便毫无所得。

如果竞争是自由地有效地进行，便对边际劳动的雇用产生同样的结果，就是说，要把雇主在雇用最后增加的工人时所能得到的利润消灭了。雇主们竟出较高的工资，来吸取可以给他们带来净收入的工人，其动机正像他们相竞放低价格以脱售可以给予他们利润的商品一样。从前者说来，他们把最后增加的工人的工资提高，一直到他们自己无利可得为止，从后者说来，他们把价格降低，一直到他们自己没有赚钱为止。这样说来，边际工人的工资标准，当然是一个没有纯利润的工资标准，这个工资标准是由于雇主们的竞争才产生的。这里也会遇到阻力，因为竞争不是正常地进行着。所以在使用边际工人方面，有时会赢利，有时会亏损。但是对边际工人说来，没有利润的工资，是自然的工资；各地边际工人的工资，受竞争的影响，都趋向于这个标准。

不但如此，正如边际工人的工资倾向于和边际工人的生产相适应那样，其他一切工人的工资也倾向于和边际工人的工资相适应。在可有可无的地带，如果雇主能够用一个工人来代替另一个工人，那么，一个人得到多少工资，另一个人也只能得到多少工资。假若上面所说的可有可无的地带，是使用劳动力的全部边际区域，那么这个原则便可以提供一个工资标准，可是，这个地带并不是全部的边际区域。除了利用没有价值的工具和尽量发挥好的工具的潜力以外（即除了上面所说从广度和深度两方面，来扩大整个劳动力区域以外），还有一个使用更多的工人的方法，按照这个方法，增加的工人会生产一个可以识别出来的产品，而且生产所得完全归工人所有。因此，如果说可有可无的地带里，劳动的产品是一切工资所依据的唯一正确的标准，这是不公平的说法。正确的标准要以一个更大的边际区域里劳动的产品为依据，可有可无地带只是这个区域的一部分。

工人被雇用的机会，上面把它叫做"可有可无地带"；这种机会在于自由地使用资本货物，或具体的生产工具，使得所生产的能比现在所生产的多，我们如果增雇工人，来使用现有的工作设备，我们可以得到比现在更多的产品，但是这和在一定数量的资本的情

况下，同样增雇工人来增加生产，是截然不同的两回事。一个工厂，以它现有的机器，能够容纳比现在已经雇用的更多的工人，但是假定这个工厂有了一百万元资本，这一百万元资本便能够雇用比这个工厂现在所雇用的多得多的工人。美国现在所拥有的大量工具设备，能够容纳比现在更多的使用者，但是那六百五十万万“元”资金，如果不是只投在这些工具上，而是自由地投在其他方面，便能给比上面所说多得多的工人以工作的机会。一定数量的资本**货物**所提供的使用边际，和一定数量的**资本**所提供的使用边际，根本不同。

在产业区域的很多部分里，就原来使用的资本金额来说，可以增雇几个或减少几个人，而**不必改变资本的形式**。例如，在一个农场里，即使田地、房屋、牲畜、工具等等完全保持原状，也可以增加一个工人或减少一个工人，而不影响农场主的收入。一个产业机构所能够容纳的工人人数这样细微的伸缩性，是很重要的；但是，尽管怎样重要，这种伸缩性，跟一个特定数量的资本所能容纳工人的伸缩性比较起来，却是渺乎其小的。有的店铺，可以添雇一个人或几个人而不致亏损，但是有的店铺，添雇一个人便不上算。此外，有的机器必须整天由一个人来管理。有的农田、菜园、矿山、帆船等等，如果添雇一个工人，就是劳动力过剩，和劳动力使用得不经济。但是**如果可以变更资本的形式来适应工人数目**，那么，特定数量的资本所能容纳的工人数目，却是没有限度的。假若你在增雇工人的时候，都能立刻地没有浪费地把你的资本变成为你喜欢选择的形式，那么，你就能把你的工人增加两倍、四倍或八倍，而不必增加现有的资金。因此，假若资本的形式不受限制，使用资本的

工人的数量便不受限制。

上述事实最终可能导致工人在商业系统里各团体之间的移动的数量，比在资本冻结在一系列固定形式的情况下所移动的数量更多。倘若资本的形式是固定的，只有在可有可无地带的人，才可以移动，而不产生严重程度的浪费和紊乱。假若有两个产业，各雇用十万工人，并且各拥有一万万元资本，那么一千个工人可以从一个产业移到另一个产业去，而对两个产业的生产力没有增进或损害。但是，如果两个产业的资本形式仍旧不变，而要想调动一万人或五万人，那是办不到的。假定从一系列的工厂里，抽出半数的工人，并把他们安插在另一系列的工厂里，那么第一系列的工厂里许多机器便不能开动，而第二系列的工厂的工人，却是空着没有工作做。可是，劳动力有完全的流动性，这是我们基本假设之一。劳动力要不是这样流动，各产业里工人的收入便不能均等，而一般的或社会的工资标准也不能建立起来。我们实事求是地考虑一般工资标准是怎样建立起来的时候，很明显地我们就会默认：资本就它本身说来，具有容纳大量劳动力的能力。正因为每一个生产团体的资本，都有这种能力，各生产团体才能处于均衡的状态，而它们的产量也成为正常。因为全部的社会资本有这样能力，所以，在正常状态下，全部工人总有希望找到工资是以产量来衡量的职业。一个生产社会，在一定程度上，能容纳任何数量的工人。如果资本在形式上是能够随时变更的，劳动力便能够自由移动，而且可以保持一个无限伸缩性的雇用范围。在这个具有伸缩性的范围内，一个单位的边际劳动所能够生产的数量，就是可以单独归功于任何劳动单位所生产的数量。

第九章　资本和资本货物的区别

现在，我们可以把工资理论的主要论点表述如下：以一定数量的社会资本，来使用社会劳动，所得到的边际产品，就是各个产业的劳动工资所趋向的标准。要明了这句话所有的含义，就必须对科学上所不能不承认的“资本”和“资本货物”之间的区别加以详细的叙述。

资本是由生产工具组成的，而生产工具总是具体的、实在的东西。这是基本的事实。我们主张资本是具体存在的，这比古典经济学家更进了一步，因为我们认为工人后天所学到的本领，不是生产财富的资金的一部分。一个人花钱培养和教育自己，以从事某种有用的职业，这并不能增添他的资本。他当然获得了一些可以提高他的生产能力的本领，但是为了获得这个本领，他必须实行节约。他现在必须削减自己的享受，以便将来能够生产比现在更多的东西。应当承认，花钱于专门教育和花钱于购买工具，其结果确有相似的地方。可是，我们必须严格地使用资本这个名词，我们必须坚持这一点：资本绝不是一个人的生产技能。世界上的资本，就像是在劳动大众手中的一个大工具——人类用以征服和改造自然的武器。

资本的最显著的特点，就是它的永久性。资本是永远不会消灭的，如果希望事业得到成就，也绝不能让资本毁灭。只要你的资本受到一点损失，你就会遭到严重的不幸。如果你损毁了所有的资本，你就得赤手空拳地单靠你的劳动为生。可是，为了避免失败，你却必须毁坏你的**资本货物**。你如果企图不毁坏资本货物，你就会遭到灾祸，就像听任一些的资本毁掉一样。如果为了避免损坏而停开工厂里的机器，把它们包装起来放在箱里，你的资本的生产力就算停止了。并且，资本本身最终也不能免于毁灭，因为过了一些时候，机器将变成陈旧古老的东西，而不合于实际使用了。

那么，为了使产业兴隆，资本货物不但可以让它损坏掉，而且必须毁坏。此外，为了使资本永远存在，资本货物也非毁灭不可。必须花掉小麦的种子，然后小麦才会生产出来。正是由于这个永久性的概念，因此才把用于生产上的财富，称为资本①，因为这种财富是十分重要和必需的，应当始终保持它的完整。由于这个名称，资本就和流动收入成了一个对照。流动收入是可以全部用于生活或享受方面的。如果你把资本用高利贷出，你可以毫无顾虑地花掉这种的收入，但你却不能毫无顾虑地动用你的资本。可是，保护这个产业上的主要要素的策略，也就是损毁几乎一切体现资本的具体工具的策略。是的，资本和大多数

① Capital这一字的原义是“最重要的”。因为在资产阶级看来资本是最重要的东西，所以就把资本叫做Capital。——译者注

资本货物最大的区别，就在于一个是永远存在的，另一个是容易毁坏的。资本货物中，只有土地一项不需要毁灭，而能使它所体现的财富继续存在。

此外，资本是绝对流动的，而资本货物就不是这样。从一个企业中抽出一百万元，放在别的企业里，这是可能的。如果碰着有利情况，可以不受丝毫损失地办好这种资本的移动。可是，要把一个企业具体的工具移置到其他企业，就办不到。原来投在新英格兰捕鲸业的资本，已有一部分移用于棉织业了。但是捕鲸所用的船只，并没有用于棉织厂。当船只破损以后，这些船只的收入，本来可用以建造新的船只，却改用以建筑工厂了。原来体现为船只形式的资本，已经化为乌有了，但是资本仍然存在，正像是从一种的物体移到另一种的物体去那样。是的，资本可以由于变换它的具体形式，而改变它在产业的团体系统中的地位，资本这种变化的力量是无穷的。

我们现在已经有了解决生产财富方面一个科学问题的方法。做生意的人为什么用钱来表示资本呢？设使你问一个做生意的人，“你的资本是什么”，为什么他总是回答，“我的资本就是我所投在店里的十万元”呢？理由是这样的：他所说的“十万元”，意思是指一件长期存在的东西，他开始做生意的时候就已经有了这个东西，而现在还保存着，除非他破产了。可是，他很明了是什么东西体现他的资本，他特别知道这些东西不是金币银币或其他种类的货币。如果一个商人把很大数目的资本，锁在保险箱或银行保险库里，或把它散放于店里的抽屉中，这个商人就不是会做生意的人。他的生产财富表现为存货、各种生产设备以及人欠账款等等。可是，每次他想到和讲到的生产财富时，他总是自然地、不自觉地用钱来表示。他可以保有他的钱，也可以把他的钱由一种投资移到别一种投资。一个价值，一个抽象数量的生产财富，或一笔永久的资金——我们的例子里的十万元实际上所表示的就是这种东西。一个价值、一个数量的财富，或一笔资金，——无论其中哪一个，如果不从体现它的具体物品来想象，它就是一个抽象的概念，但是把它想象为实际上所体现出来的东西，它就不是抽象的概念了，而是具体的东西了。做生意的人总是把他的十万元看做它所体现的具体的东西，他能够毫不犹豫地说出体现他的十万元的是什么东西。他知道他的投资是具体的、实在的。可是，当想到或讲到资本时，他总是不自觉地使用抽象的名词。

只要防止陷入资本可以离开具体的形态而独自存在的想法，为了进行科学的研究，我们可以使用做生意的人的说法，而不致产生什么毛病。我们可以把资本看做一定金额的生产财富，投放在不断变化的具体东西上（这些具体东西变化无定，但是资金本身却是永久存在的）。这样，资本似乎是以改变它的具体形式而继续存在，它不断地从一个形式改变为另一个形式。在其他条件相同的情况下，资本的具体形式改变越快，生意就越活跃，资本本身的生命力也越强。这种资本的生命不是麻痹的，像血液循环滞缓的爬虫的生命那样，而是像高等动物的生命那样，每隔短短的时间，就重新更换全身的细胞①。

使用这样抽象公式来说明具体的东西，在各种思想领域中都很普遍的。我们以前已经引用了水力的例子。单就力的本身来说，的确是一个抽象的东西。但体现在一滴滴水的力，就不是抽象的东西，而是显著的具体的东西。生命本身是抽象的，但体现在一代代人类的生命，就是具体的东西。由单位来衡量和由金钱来表示的生产力是抽象的东西，但体现在一系列接连不断的资本货物的生产力，就是具体的东西。我们可以把资本（就是刚才所说的永远存在的东西），叫做一连串有一定价值的、不断地变换的商品。我们把资本叫做一笔永远投在一系列容易毁坏的东西的“钱”，也就是这个意思。

① 我已经在1888年五月美国经济协会出版的“资本和资本的收益力”的专刊中指出资本和资本货物的区别，并且用纯粹资本的名词来称呼本章中仅仅叫做资本的生产财富的永久资金。所谓“纯粹”，就是指不夹杂的意思，就是指不夹杂具体东西，如工具等等。但我的本意并不是说，纯粹资本能够脱离这些具体的东西而存在。可是，在这个概念的本身，纯粹资本是被看做必须没有夹杂这些东西的。我们说，“资本是永远不会毁灭的，资本是在各产业之间流转不息的”。但是工具是会毁坏的，并且工具也不能任意变更它在工作中的地位。只有资金，“金元”或纯粹资本才能这样。当一种物品毁灭了，而由另一种物品来代替它的地位时，我们说资本仍然存在着，可是只有抽象的事物才真正继续的存在着。抽象事物的具体形式，只有暂时性的存在。了解这一点以后，我们可以把纯粹资本叫做抽象资本，虽然在客观上它绝不是抽象的。纯粹资本是一个价值，体现在时时刻刻改变形式的东西上，因此被认为永久资金的，可能今天是这种的物品，而明天又是那种的物品。这是理论上的区别的要点。认定资本货物，就要明确这些货物是什么东西。我们说，“一切资本货物都有毁灭的时候”，这里，我们的意思不是说地球上凡属于资本货物之类的物质，都必然趋于毁灭，而是说，我们所认定的个别资本货物，将来必然毁灭。在上述专刊中，称为纯粹资本，而在本章中称为资本的，实际上可以把它叫做一定数量的生产资料，它是以价值来测量的，并具有不断地变更形式的性质。作为生产资料的物品，绝不能说是永久的，因为各个这样的物品，都不是永久的。只有资金才可以说是永久的。

因为后面一种的说法，是最好地和最简单地表达出永久的意思，所以在这里和其他地方，一般都遵守这种说法。制造商花钱得到水不断地流过他的水槽的权利时，他所买的是水力。人类死的死，生的生，而生命却长久存在于地球上。一个个各种生产工具活到了它的工业寿命而死去，而资金，即一定数额的活跃的生产财富，却继续存在于产业中。上面说过，有一个例外，那就是投在土地的资本，不需要舍弃它现有的形式，而更换别的形式。我们已经知道，这个部分的总的生产资金，不需要更换别的形式，就能长久存在，但是也只有这一部分能够这样。

资本和资本货物都成为经济著作里的研究题目，这是必然的。两者都存在必需解决的问题。在一些经济著作里，仅仅用资本这个名词来代表各种生产财富，而这个名词的意义，又常常更换，有时是指我们所说的资本，有时是指我们所说的资本货物。这种做法是很不恰当的。一个重要的名词有两个不同的意义，必然引起许多麻烦和混乱。例如，工资是不是由资本项下支付呢？工资是由资本项下支付，这是工资基金学说的核心，而这个学说长期以来可以说简直没有人怀疑过。这里所说的资本，到底是指什么？是不是指生产财富的永久资金呢？如果是指生产财富的永久资金，那么，上述工资基金学说，就一定意味着一面进行生产，一面抽用这个资金，使它日益减少。这样，这个营业上最重要的因素，至少暂时不免减少。但大家都知道，实际上并不是这样。早期经济学家这样使用资本这个名词时，实际上是不是指资本货物呢？如果是指资本货物，那么，他们就是主张工人所实际得到的、和他们家庭共同享用的工资，就是从商人的存货中提出来的商品。是的，从前这些商品确是资本货物，但是现在已经变成消费资料了。并且它们原来在资本货物中所处的地位，已经由别的同种类的商品来代替了。虽然可能提取和更换一部分资本，但是资本丝毫不会减少。说明这些事实，可以免除无数的争论和混乱。而要做到这一点，就应当把资本和资本货物的定义区别清楚。

早期经济学家都把资本解释为生产工具，如器具、房屋、原料等等。由于思想上的混乱，他们往往也把工人的食物——一种典型的消费资料——看做资本的一种。但是，除此之外，他们明白地说资本是器具、房屋、原料以及其他辅助劳动的物品。可是，他们下了这样的资本的定义以后，到了讨论利息问题时，又不得不回复到普通的概念（无论谁都免不了这样），把资本看做是用钱来表示的东西了。这是因为一所房屋不会赚到它本身的百分之五的年收入，而投资在房屋的"钱"是可以赚到的。

那么，利息究竟是什么呢？是不是一笔财富的永久资金每年所赚到的它本身的一部分呢？利息是一百元本钱每年所赚的五元。利息通常是用百分数来表示的，而百分数就含有资本的本身以及它每年的收入是用价值单位来表示的意思。一所房屋、一部机器、一只轮船，它们每一年是否真的赚到本身的一部分呢？一年以后，它们是否比年头增值了百分之二十呢？包含在房屋、机器和轮船中的资本，的确是这样增值的。**它们赚到利息，但是具体的工具本身所赚的不是利息，而是租金。**

租金这个名词的通俗的和正确的用法，是用以表示具体的工具的收入。例如，一所房屋所得的是租金，这所房屋所占据的土地所赚得的也是租金，事实上，这所房屋里一切机器和原料所得的都是租金，因此，租金是一个总额，而不是百分数。无论把什么东西出租，按照习惯来说，所收入的都叫做租金。不论所租出的是一个农场、一所房屋、一艘轮船、一件工具或任何具体的资本货物，其所得的都叫做租金。至于资本本身的所得是利息。把世界上所有具体的生产工具列成一个表，包括每件辅助生产其他商品的物品在内，并把每件东西一年内所能为它的所有者赚到的数额记在其另一面。把这些数额加起来，所得的总数，就是有产阶级的租金形式的收入。现在换一个方法计算，仍旧把这些资本货物列为一个表，在每件东西的下面记上它的价值。把这些价值加在一起，所得的总数就是世界上的永久资本。求出这笔资金一年内能赚到它本身的多少百分比，这个得数就是利息率。再求出这个部分等于若干元，这就是利息的绝对数目。这数目又是有产阶级的全部收入，但这种收入这一次是以利息的形式表现出来，它是作为所投资的永久资金的产物，而不是作为容易毁坏的工具的产物。按照一种既切合实际思想而又是我们所要证明它是完全科学的使用名词的方法，可以说租金和利息是用不同的名词，来描述同一的收入。租金是资本货物所赚得的各个收入额的总和，而利息则是永久资金所赚得相当于这资金本身的百分数。

我们将要看到，在计算利息时，总是先查出所有的工具所赚得的绝对数量或总额。从某一种意义来说，利息是由租金来决定的，利息是租金总数化成为相当于资本总数的百分比。就另一种更深刻的意义来说，租金受到利息的支配：任何一个工具能赚得多少，要由所使用的这种工具的多寡来决定。增加一种工具的件数，其每件的收入就要减少。减少其件数，每件的收入就可以增加。要使用多少工具，是决定于利息规律。投在一种工具、机器、房屋等等的资本，目的是在于可以赚到相等于投在别的工具、机器、房屋等等的资本所能赚得的它本身的百分比，而每种工具的件数，都是这样地调整，使它能够达到上述的要求。这种平衡收入的力量，决定了每种资本货物的件数，而件数又决定了每种资本货物所能赚到的租金。假设所使用的旋床已经多到这样的程度，如果再增加一个，就只能获到低于别的工具所能赚得的它本身的百分比，那么人们就不再使用旋床，而制造别的工具来使用了。从大概来说，租金决定利息。假定有一定数量的各种资本货物，那么，它们所赚得的，就是租金数目化为百分数的利息。从根本来说，利息支配租金。假定有一定数量的永久资金，那么一定会把它放在这样的形式，就是，当它处在一个具体形式或资本货物时所得的租金，和在另一个具体形式时所得的租金，两者价值的百分比是一致的。关于这一点，在后面详细说明租金和利息规律时，将会更加明了。

在约翰·穆勒所列为最重要的关于资本的理论中，有一个主张是：一切资本总要消灭。穆勒说，原料总有一天变成制成品而消灭掉，工具总有一天磨损成为废物，建筑物总有一天损坏到不能使用。这是天真地倒退到那时候流行的资本的定义所表述的原始概念，就是资本货物的概念。资本货物总要消灭，但资本却有一个基本的事实——资本之所以叫做资本，就是除了遭遇灾祸以外，资本是永远不会毁灭的。

穆勒的另一个主张，认为资本是从节约而来的。他这里所指的资本是永久资本。但是，要明白节约的功用，我们需要十分当心，因为关于这个问题，有不少旧的误会，也有一些新的误会。当我们做到一般人所叫做“省钱”的时候，我们就是节省了一些东西不用。的确，由于这个节省的行为，我们在另一方面获得了一些东西。但是我们所节省的和所获得的，性质却大不相同。我们所节省的东西，就是我们决心不购买或不消费的东西，不是资本货物；它是消费品，是个人享用的物品，是我们倘若不省钱就会买来使用的东西。我们从不避免使用和消耗机器或建筑物，我们使用它们，把它们用坏。但是，为了要获得机器和建筑物，我们便戒绝一些娱乐或享受。所谓节约，其实不过是选择生产财富的商品作为收入，而不选择供给娱乐的物品作为收入。我们实行节约，是以这些我们所决定不用的后一种物品为对象，因此就没有生产这些物品给我们使用。我们所不要的东西，是不存在的东西，虽然我们如果需要它们，它们就又会投入生产。

我们由于实行节约所得到的资本，是真正的资本。这等于说我们得到的资本货物不是仅仅为了代替我们快要用坏的其他资本货物，它们是新增加的物品，它体现为我们净增的资金。一个人每次由实行真正的节约，而获得新的工具时，实际上就等于他比以前有更多的资本。过了相当时期，新的工具也会用坏，而必定有另一个新的工具来代替。实际上到了那个时候，原有的工具已经生产出了另一个新的工具，虽然形式上并不是这样，而且第二个以及以后各个的工具，都可以不必再有新的节约就可以产生出来。譬如我的纺织厂的一部织布机已经用了很久，动作失灵，应当放弃不用，并无须缩减我的收入和节省我所习惯消费的物品，就可以买一部新的织布机。因为那一部旧的织布机除了为我挣得收入以外，还已经提供了一笔基金来购买新的织布机，它不必增加我的负担。

因此，不是所有资本货物都要由节约来创造，只有创造完全新的系列的资本货物才需要节约。第一个资本货物产出之后，不必再节约了，因为以后的各个资本货物，实际上是由第一个生产出来的。这就是说，节约总创造出一些新的永久资本。

近代的经济著作，往往把连续的生产过程，分为几个阶段，并把资本和这些阶段联接起来。按照某一种分析方法，任何点滴的资本，照理都是插在生产劳动和消费的开始这两者之间的。但我们已经知道，这样插在生产和消费之间的是资本货物。资本货物在时间上把劳动和劳动所生产的东西在完全成熟可供使用时所能提供的享受割裂开来。资本却不是这样，它使劳动与劳动果实能够同时产生。我们可以用一个资本货物插在劳动与劳动果实之间的时间，测量一个生产阶段的长短。这也就等于用两个不同的主观经验——制造一件东西所付出的代价和使用这个东西所得到的个人利益——所间隔的时间来做测量。另一个方法，就是用工具本身的寿命来测量生产阶段。假使这个工具是辅助劳动的工具，我们就必须把它的寿命分为生长和成熟两个时期，就和人的生命一样。它有一个时候是在工人手里逐渐制成的，以后还有一个时候是在辅助其他工人进行生产中归于消灭。

资本货物新陈代谢，一个个地不断相承下去，每一个都有一定的寿命。与此相反，资本是没有时间性的。资本不间断地继续执行它的工作。除了采用武断的分期方法（如用年、月、日等），没有其他方法可以把它的长久存在的生命，划分为若干不同的时期。在资本的功用方面，没有像资本货物的生命那样进行分期的根据。资本本身没有开始的时候也没有成熟、消灭以及让位给其他资本的时候。资本货物才有这种情形，资本却没有这种情况。永久的资本从来没有成熟而满足直接需要这回事，不成熟是资本的本质。某些现在已经成为资本货物的原料，确是这样成熟的，虽然成熟之后，它们就跨过划分生产资料和消费资料的界线，因为到了成熟和被人使用时，它们就不再体现资本了。

在我们上面所举例子中的水槽，一滴滴的水要是分开来考虑的话，都有它进行生产的时间。每一滴水由水池的一端流入，慢慢地流入池中。在这里，它的作用在于帮助池水的水面维持一定的水平——维持所谓推动水轮的水头的一定高度。到了最后，它很快地流过安放水轮的坑里，在一刹那间，生产功用就突然结束。这一滴水，就是这样地达到一个生产时间的尽头。相反地，水力本身就没有个别的生产时间性，除非我们每天选定一个时候，关上水门，停止机器的转动，武断地硬分出个别生产时间。但是如果水力是用以推动日夜不停的发电机，那么，就是这样任意的分期，也无法做到，因为水力是永久的。

近来在某些讨论中，有人用“等候”二字作为节约的同义语，而所指的等候，是和个别资本货物的整个生命过程的各个阶段联系在一起。依照这种说法，似乎当一个人实行节约时，就是替自己制造某种生产工具，这种生产工具具有一定的寿命，而且在供给它的主人以消费资料的过程中最后归于消灭。似乎这个人首先计算出这个工具完成这个过程所需要的时间，然后估量在这个时间中等候消费品要花多少代价。似乎不等待这个时间结束，他便得不到这些消费品。似乎这个工具用坏以后，这个人又必须制造一个新的工具，而制造新的工具时，他又重新计算它的寿命的长短以及估量等候这么久的代价的大小。根据这种见解，如果时间很长，要获得某一项资本，就需要有很多的节约或等候。反之，如果时间不长，节约和等候也就较少。

这样把节约当作在个别生产工具的经济生命中对于消费资料的等候，如果消费资料果然是这样周期地生产出来，那么这种看法也未始不可。但是消费资料的生产，并不是这样的，它们是不间断地生产出来的；它们是从工具开始工作时就不断地生产出来的。当一加仑的水流入水库上面时，下面的水轮就由于上面的水的冲击而转动。厂主并不需要站在旁边看望，记下水在什么时候流进，计算要经过多少时候这一加仑的水才能流到轮坑。事实上，就这一个资本货物的生产过程来说，他不需要有任何等候。他不需要在开始时就期望它的结束，因为结束时所要发生的情况，每时每刻都在发生。池中的水不断地新旧交替，水要多少时间才能流到水池，那是无关紧要的。

不必在原料 A 开始它的经济活动时，就来计算什么时候它才能变成了 A‴而到消费者的手中，执行它预定的最终的任务。每当 A 出现的时候，就有一些的 A‴离开资本家的手，而进入消费领域作为使用品。有用的财富已经源源生产出来了，因此不需要在开始时就计算 A 的成熟的时期。消费者不需要等待着它，即使成熟的时间渺茫得很，消费者也没有什么不便。事实上，资本货物的生命所决定的生产时期的长短，与消费者什么时候才能从生产得到享受完全没有关系。如果水库面积很大，一加仑的水由一端流到另一端便需要较长时间，如果不大，就流得比较快。但不论水库的大小，这一加仑水总是一样地使水溢出，而推动了水轮。

我们再举一个例子。假定我们栽植一区森林，所栽的是生长得很慢要经过五十年才可以采伐的树。又假定我们把这些树一排一排地栽，每年栽一排。在这个过程中的这个阶段，我们必须耐心地等待。但是，这不等于说，对于任何报酬的获得都要静待将来。这些逐年长大的小树也有它们的价值，而这个价值不止报答了我们的劳动，并且当劳动还在进行时，即迅速地提供了报酬。但是，这个报酬不是什么可以消费的东西，我们至少要等五十年才有木柴可烧。五十年以后，便可以开始采伐，而不必再等待了。我们每年可以从森林的已经长大的一端砍下一排树木，同时，在另一端补栽一排树木。从这时候开始，等待树苗长大的悠长的岁月，不再有什么重要意义了。现在栽一排树苗与五十年前相比是完全两回事，因为在某种意义上说，现在所栽的树，马上就产生了木柴。它补充了我们现在所斫下的那一排，因而防止这种斫伐侵蚀到森林所代表的资本。即使这些树木不是需要五十年而是需要五百年才能长大，只要种了五百排的树，结果还是一样。就是在这个情况下，我们作为植树的人，所要等候的时间，也不会比我们今天种下橡子并且用一种魔术使它立刻长成五百年的参天大树那种情况下所要等待的时间更长。我们现在所栽的树，要等多久才能成材，这已经不重要了，因为我们已经不依靠这几棵树了。只要森林能够生长同样数目的任何其他成林的树木就行了。只要我们保护处于

森林形式的永久资本使它不受损耗，就一定可以做到这一点。每年斫下一排树苗，年年如此，就可以永久地保护森林。如果这样的过程不断地继续下去，森林将万古千秋保持同样的状态——一排一排矗立着的高低大小不一的树木。就花费在树木上的劳动来说，年年相同——栽下一排，斫下一排，不必等待新栽的树的长大。所要等候的只在于使这一点的树林的资本，成为能够发挥它的功用的状态就行了。

假定前表中 A 的一行所代表的企业，是要经过五十年的时间才能使 A 转变为 A‴的企业，假如另一方面，B 只要一年就可以转变为 B‴，只要前者安排得能相互衔接，就不会比后者使人等待更长的时间。每天将有一个新的 A 和一个新的 B 投入生产，每天也将有一个新的 A‴和一个新的 B‴提供消费。总而言之，只有**创造新的资本**才需要节约；维持已有的资本，以及补充损耗部分的资本，都不需要节约。资本各个组成部分的寿命，对节约的多少不发生影响。我们已经知道，制造新工具以代替旧工具，并不使所有者付出像制造第一个工具那样的代价，因为这个工具实际上自己能够产生它的继承者，虽然在形式上看不出来。纺织厂里已经用坏的、必须更换的织布机，在它的整个工作过程中，为股东们赚了一部分股息，此外还为他们赚了一笔足够购买一架新机器的基金。因此购买新机器，不需要从股东的收入中提出这个新机器的价款。如果真需要从股东的收入中提出价款，股东们就必须重新来一次真正的节约，并且只有这样，才能使股东们重新来一次节约。假使上述织布机没有做到一般经过精选的机器所一定会做到的事——假使它没有生产一笔用以购买新机器的资金——那么也许就有必

要向股东们摊派机器的价款。这就要求股东们再进行节约，因为这种情况将会动用到股东们的收入，使他们放弃一部分消费品。

那么，节约创造新的资本，节约把本来要花费在消费品方面的货币收入，转移到取得生产工具方面来。这就是说，节约在于采用生产资料作为自己的收入——即选择拖重的马而不选择坐骑的马，选择货船而不选择游艇，选择工厂而不选择宫殿式的别墅。这种做法的结果，就是把上述例子中的同等的资本货物——树林、一加仑的水以及 A，A′，A″，A‴等放在可以使用的状态。节约完成以后，不再需要把要花在消费品的收入移用于生产工具。在某种意义来说，维持一个系列的资本货物是自发的。工厂、船只等等实际上是一面损耗一面补充的，这些事实意味着在静态的社会里，可能有无数种类和件数的资本货物不断地产生，但是没有资本的创造，因此，生产财富资金的净增，是绝不可能的。只有在完全动态的社会里，才有这种净增，这是构成动态经济的一个特有的和重要的部分。节约，实际上就是坚决地放弃对某一种消费的享受，从而换得完全新的资本的增加。一个人把钱花在消费品上，就可以获得的某种享受，假使他省下这笔钱，这种享受就不能获得。他永远放弃了这种享受，但他将得到利息作为补偿。如果没有遭遇到灾祸，这种新创造的资本将永久地源源不绝地生产出产品。

人们通常把节约看为“经济美德”，并且以此来辩护说，利息是正当的。我们认为这种说法是毫无必要的。假使我们使社会永久维持在静态的状况，那么，社会上的任何资本，自然都具有创造财富的内在力量。如果资本所有者把资本保留在自己手中，那么所有资本的产物，当然由他自己拿去。但是，假使他把资本贷给别人，这实际上是等于卖出资本的产物，当然，像卖出其他物品一样，可以要求相当的代价作为报酬。

凡拥有超过目前生活需要的收入的人们，有两种办法可以由他选择，或是采取供一时的愉快而后就化为乌有的东西作为一部分的收入，或是采取那些本身从不提供享受、但每年将产出一定数量可供享受的东西作为一部分的收入。提供这种的选择的是自然界，而不是人为的制度。政府绝对不会对一个孤独的猎户说："你可以尽你本领徒步追捕猎物，也可以制造一支弓箭使你捕得更多。"弓箭的效能，能够增多猎人的捕获物。此外，它还能使猎人的捕获品增多，以致当他的旧的弓箭用坏的时候，能腾出时间来制造新的弓箭，而他所有的猎物却比没有弓箭以前更多。总而言之，物质的规律，使资本具有生产力。既然有了生产力，资本可以把它的产品直接交给它的所有者，也可以把这些产品交给别人，而由这个人付出代价给产品的所有者。支付利息就是出钱购买资本的产品，正如付工资就是出钱购买劳动的产品一样。**因此，资本创造产品的能力，就是利息的根据**。

资本的产品可以卖出去，这就对节约提供了非常重要的动机。总有一个时候，资本的所有者自己不能利用资本。人都会死去，但资本却长久地继续存在。虽然资本可能传到那些不懂得怎样使用资本的年幼的子孙或其他的人的手中，但继承者如把资本贷出，用这种办法把他的产品售给别人，他就仍然可以享受这些产品的价值。从这里可以看出人们为什么要积蓄生产财富，其动机就是想得到永久的收入，也就是想得一种收入，这种收入，除一小部分以外，其余的都归到不是实行节约和创造资本的人手中。资本每年都将赚得其本身的价值的百分之几。除了遭遇灾祸以外，它将永远如此——就是说，它的寿命比任何人的寿命都要长得多。

在假定社会是静态的同时，我们还假定不发生毁灭资本的种种灾祸。此外，我们也假定资本的数量总是这样多，资本的收益力总是这样大。如果这种状态继续存在，那么在开始时利息率是这么高，以后也将永远是这么高。但是，这种固定状况绝不能存在，除非积蓄一部分的收入的愿望比不上化掉收入的愿望。在静态的社会里，绝对没有节约或创造新资本这回事，因为，在已有资本的情况下，人们放弃享乐而求增加资金，是得不偿失的。上面已经说过，创造资本的整个问题，属于经济学的动态部分。创造资本的过程，就需要在目前的享受和以后无止境的许多较小的享受（这些享受主要是归于节约者的继承人的）之间，不断地权衡轻重，决定取舍。

近来有一个很出色的学说[①]，它把利息率和所谓生产时间的长短，或和上述每当一个人制造生产工具时在劳动和这个劳动的具体产品之间的时间连接起来。当一个人开始把一块石头磨为粗陋的石斧时，这种时间就算开始了，而到了这个石斧用到不能再用，所剩下的只是可以供它的所有者取暖的木柴时，这个时间就算结束了。这样的时间越长，利息越低。但是，事实上第一把石斧有一个继承者，我们必须考虑到它。第二把石斧实际上是第一把石斧所创造的，它继承着第一把石斧，继续体现从前第一把石斧所代表的永久资本。这个资本的生产时间，并不以具体工具的寿命为

① 参阅朋巴卫教授所著的“资本实证论”。

界限。假如第一把石斧是从劳动创造出来的，而且在此以前，并没有什么资本的创造，那么，这个单位的生产财富，可以说有一个开始的时间，但却没有结束的时间。它的生命的一端有一个界限，而另一端却没有。当我们创造一些新资本的时候，我们开辟了一个无穷尽的时间，但是我们却没有加长任何已经开始的时间。我们可以这样地在我们的设备中增添一件又一件的工具，一直到创造了现代社会所用以进行工作的复杂装备。我们还可以延续这个过程并无限制地把这个装备扩充起来。但是，对于创造第一个工具时的节约，与以后的享受之间的间隔时间，却没有增加一天。这种享受标志着这个工具的经济生命实际上已经结束，或者说第一个粗陋的工具所代表的真正资本的生产活动已经结束。实际上资本的生产活动是不会结束的。在静态社会里，某些永久资本从它的经济事业开始时，就永远地生存下去。

我们所能做的，只是创造新的资本，使它开始进入类似上述的无穷尽的时期。制造了斧头以后，我们可以制造一把铲子，而这把铲子在完成它本身的使命以后，又会供给我们另一把铲子。这样，我们就创始了第二个接连不断的、一系列的资本货物，这也就等于说，我们对于永存不灭的资本的数量，作了双倍的贡献。总而言之，要在永存不灭的资本上增加几个单位是可能的，但要增加资本的生存年限却是办不到的。

假如我们不考虑到生产工具实际上可以自己生产继承者这个事实，而硬说这种工具的生产时期是从一个人开始制造它的时候开始，并在它的所有者抛弃它的时候结束，那么我们就要对有限度的生产时期展开讨论。可是，我们现在又面临着一个困难，就是加长这些时期的期限，并不一定会增多资本。如果不能增多资本，那么，延长生产时期的平均期限，就不会产生卓越的奥国经济学者所说的这种延长所应有的影响，因为它并不减低利息率。是的，可能生产时期较长利息率却较高，而生产时期较短利息率却较低。可是，利息在永久资本的数量增加时总是要下降的。许多不耐用的工具所包含的资本，可能不比一些很耐用的工具少。如果我们以一打渡船来替换一座结实的石桥，我们可能还有像开始时所有的那么多的资本。并且在一切的安排都很自然的情况下，我们还可以得到同样的利息率。可是，生产时期（以个别资本货物的生命为界限，而不是以资本的生命为界限）却将缩短很多。

据朋巴卫教授的看法，短暂的生产时期有较高的生产力，生产时期越长，生产力越低。生产时期的平均期限每加长一次，它对产业所增加的产品便比上次减少。按照我们的看法，存在着的永久资本每增多一次，它对产业所增加的产品总是依次递减的。此外，按照我们的看法：我们所考虑的生产时间的平均期限，可以加长或缩短，而不影响存在着的资本的数量，或资本的收益率，因为与资本本身的寿命有关的时间，是不能延长的。这里存在一个左右两难的问题：如果我们用真正资本的寿命来测量生产时间，生产时间就是无限的；如果我们用个别资本货物的寿命作为测量标准，生产时间就可以加长或减短，而不影响利息率。这里的奥秘之处在于，以资本货物的寿命来测量的生产时间，对于资本家等候消费的愉快所需要的时间的长短不发生影响，一系列的资本货物创造出来，并且用来工作以后，就用不着再等候了。就资本的永久静态作用来说，资本并不使什么人等候，虽然在产生资本的时候，曾经使它的创造者和所有者经历一个无限的等候时期。总而言之，节约意味着永远放弃某些东西，而不仅仅是延缓对这些东西的享用[①]。

---

① 要创造一系列新的同样的资本货物，不能不花费时间。在前面的例子中，初次植林时，必须等待五十年才能斫伐第一排的树。但利用资本却用不着这种等候。如果没有创造新的资本，现存的大量资金将永远做它的工作。利息将仍然产生。如果把资本贷出，利息将仍由一个人付给另一个人。在这里，当然用不着开始植林的人所要做的等候。我们已经知道，这个等候，是这个过程所需要的唯一等候。

并且，为要创造一系列新的同样的资本货物（如森林以及上述例子中的A，B，C等）所需要的等候，并不是对于收入的等候。即使在这些地方，资本家每年仍有收入，但是他们不得不接受那具有更多的资本的形式的收入。森林生长到可以开始斫伐的时候，其价值就不止等于每年所花费在它上面的五十倍。如果那时候森林的价值还不足以偿付所有消耗在它上面的资本的利息，那么它就是失败的投资。森林主必须放弃以木柴作为股息，而要像股份公司一样，以所谓增加公积金的形式作为股息。一个资本家如果打定主意要取得生长中的森林、运河、地洞或其他需要时间才能制造出来的生产工具，他必须在工具还没有完成的期间，放弃取得消费品形式的收入。但是，在这时期中，他也用不着等候他的实际收入，并且在这时期以后，也用不着等候消费品或任何其他东西。实际上，上述工具将自己生产一个新的工具来代替自己，这一系列的资本货物，将自己维持自己的长远存在。它将一直给它的所有者产生消费品形式的净收入，而这种收入，将随着资本的使用而不断地创造出来。今天的工作，生产出今天的收入，明天的工作，生产出明天的收入。

有一点值得注意。就那些以个别工具的开始和它的结束为界限的生产时期来说，随着资本的增加，其平均期限也慢慢地延长，因为资本的增加，使利用较耐用的东西来代替不耐用的东西更为合算。一些边际资本，可以用来制造铁桥代替木桥。但体现真正资本的这些铁桥的寿命，与那些木桥的寿命没有关系。如果这个桥是由自己所挣得的收入中的特殊部分来制造它的继承者，那么，这些桥中的任何一座桥寿命的长短，对资本家是无关紧要的。此外，上述平均期限的延长，与资本的增加不是按着同一的比例。最后单位资本的生产力，是由资本数量来决定的。

关于本章中所举的租金和利息的定义，请参阅十九章和二十二章。

第十章　资本和资本货物的种类

资本分为“固定资本”和“流动资本”两类。与其说这些名词表明两种不同的资本货物，不如说它们是正确地表明永久的真正的资本的两个不同的部分。在正规的思想和谈话中，这些名词大都是按照这样的意思使用的。例如，我们说某个商人有固定资本五万元，流动资本二十万元。但是，按科学的习惯，往往用这些名词表明两种不同的资本货物。这里，在某种程度上又产生了由于含糊地、无区别地使用资本的两种不同概念所必然产生的混乱。正如经济学家告诉我们的，某些特殊种类的工具是固定资本，某些其他种类是流动资本。建筑物、机器等等代表前者。原料、半制成品等等代表后者。

这些名词大体表明了两种工具的作用，因此，科学的命名方法，也不能说完全没有理由。制造箱子的工人手中的刨子，可以说是固定的，因为它不需要更换主人然后才能进行生产工作。但木匠所刨的木板，往往是要更换主人的，因为木匠往往是替别人制造东西。这样，有些工具似乎是进行所谓流动的工作，而其他工具却不是这样。但是，实际上这些工具中没有一种是真正流动的。桌子在店里做好以后，可能就直接搬到使用桌子人的家里，然后就一直放在那里。这样，这张桌子的整个流动过程，就只有一次从一个主人的手中转到另一个主人的手中，而没有其他流动。实际上资本货物没有真正地流动。当然，这里有一个例外。这个例外就是货币，因为硬币、钞票等等为了执行它的作用，必须不断地辗转易手。至于其他物品，都是尽可能地减少流动。的确，辗转易手是一种浪费，愈是直接从制造者手中转到使用者手中，对社会愈有利。物品在制造过程中，也许必须经过几次的更换主人——大体说来，产业的组织愈复杂，这种转移就愈有需要。但在一定阶段的社会组织下，总有一定的生产方法。有了固定的生产方法，物品的流动就愈少愈好。

另一种区别的方法——约翰·穆勒所曾经用过的方法，也是在经济学著述中普通使用的方法——主张固定资本（意思是指固定的资本货物）可以经过多次的使用，而流动资本只能用一次。他们举例说，木匠使用锤子，可以常常用一会儿，歇一会儿。他可以年年保有这个锤子，用来敲钉无数的钉子。但是，另一方面，他用来为顾客制造木箱的木板，钉在一起以后，这块木板就永远不再更换形式了。因此，他们说，木板是流动资本，锤子是固定资本。

实际上这个区别方法是很含糊的。在使用工具上，“一次”是什么意思呢？——上面使用了一次这个名词。很明显，一个人可以拿起锤子使用它，然后又放在一边，这样，要使用多少次就有多少次。但是他也可以这样地使用原料，他可以对木板工作一下，休息一下，以后再工作。如果要把这个定义变成有价值的定义，还必须加以充实，必须指明：凡构成流动资本的商品，都不能用过一次而**不改变其性质**。——有些人已经用这样的方法加以说明了。经过木匠的连续加工，粗糙的木板变成了光滑的木板。然后又变成木箱的一部分。至于刨子、锤子，无论用过多少次，除了不可避免的磨损以外，一直维持原状。这样，如果我们以资本货物所发生的形态上的变化，来解释它们的使用的次数，我们便可以得到几分真相了。事实上，体现固定资本的物品，可以经过多次的使用，而不改变其经济上的地位，而体现流动资本的物品，每经使用一次，就有一个新的经济地位。如果我们说明了这些资本货物改变的情形，就可以明白两种资本货物的主要的、显著的区别。

资本货物，有两种相反的方法来帮助生产。有些东西，像工人所用的工具等，是帮助改变自然界所提供的物质，使它适合于人类的使用的。这些东西有着主动的而不是被动的作用。因为它们使其他东西发生效用。改变物质的机器、运输物质的车辆、贮放物质的房屋都属于这一类。所有站在人类这一方面与自然界斗争、帮助人类征服自然势力的工具，也属于这一类。这些工具，构成主动性类型的具体资本。

相反地，工具所加工的材料，是处在被动的地位。这些材料接受工具给予它们的效用，而不能给予别的东西以效用，它们接受改造，而不改造任何东西。在人类和自然界的斗争中，它们站在自然界方面，而对人类和人类所使用的主动的工具，采取顺受的态度。棉花就是这样被动的，而纺锤则是主动的。这样，在整个产业系统里，生产过程本身的性质，把所有主动的工具和被动的原料之间——即把人类进攻自然界的武器，和自然界的防御材料或被征服的自然界的因素之间，画了一个界线。被动性的工具，不仅包括建立产业所必需的未加工的原料，而且包括由一个工作单位转移到另一个工作单位的半制成品，不仅包括矿砂，而且包括铁，不仅包括羊毛，而且包括纱线、布以及待售的现成的衣服等。它包括所有在商人手中等待加上形式、地点等等的次要效用的存货，这些商品必须具有上述的次要效用，才能提供消费之用。

这个区别是通常区别所谓"固定"资本和"流动"资本的基础。固定资本的工具——建筑物、工具等等——有主动的作用，相反，流动资本则有被动的作用。但是，实际上我们想到固定资本和流动资本时，往往不是指资本货物，而是指永久的、真正的资本的两个部分；这里，通俗的用法，又一次经受了仔细分析的考验。我们已经知道，具体的东西从来不是真正流动的。它们经过许多人的手，而转到使用者的手中，以后就停留在那里。可是，有些东西却是真正流动的，真正资本的外表形式通常经过无数次的变化。我们曾经叫它做永久资金，这的确是名副其实的，但是它需要不断地改变它的形式，才能维持自己永久存在。它依靠改变形式而生存，它的变化必需和它的生命一样，不断地进行。

有一点值得注意（这一点在讨论本问题时已经常常被人注意），就是制造工具所用的原料，由一种具体资本而转变为另一种具体资本。从五金店转到铁匠炉边的锤子，可以说，原来是流动资本，然后变成为固定资本。很明显，它的经济作用原来是被动的，但是后来变成主动的了。它敲打烙红的铁，使铁产生了效用。原来处在钢板状态的资本货物是被动的，而当它处在锤子状态时，变成主动的资本货物了。不论什么时候，要知道一件东西究竟是属于哪一个种类，一点也没有困难，因为从它的效用就可以判别了。它不是给予别的东西以效用，便是接受别的东西给它的效用。因此，今后我们将永远根据它们的效用，把这两种资本货物分为主动的资本货物和被动的资本货物。

不论什么人，当他企图分别什么是"固定资本"，什么是"流动资本"时，尽管他所用的是旧的名词，他的心里大约总具有上述区别的概念。他总是不自觉地选择机器、工具、建筑物或某些不是现成可以穿的、可以吃的、可以立刻消费掉来直接满足欲望的东西，作为固定资本的例子。这种物品的特色，在于它从来不会成熟。它永远不会像成熟的水果那样，除了满足人们的食欲或弥补人们身体上的消耗以外，没有其他作用。属于主动类的物品，从来不会在执行任务的过程中，变为更加成熟。在它们开始执行任务的时候，它们就不存在直接被消费的可能性，以后也不会有这种可能性。它们总是人类的积极的助手，帮助人类进行繁重的工作，把自然界的被动的材料，改造成为可以使用的状况。工厂绝不会被人吃掉，工厂将永远帮助人生产东西来吃。

但是，固定和流动等名词，也不应当废除掉，因为这些名词也有正确的用途。我们已经说过，它们适用于永久资本的两个部分。事实上，这个资本可以分三个部分，它们的流动情况各不相同。一部分是注定要流动不停的，并且尽人力所能促使它那样快速地流动。第二部分却是尽人力所能控制它那样缓慢地流动。第三部分一点也不流动。我们可以把二三两部分叫做固定资本。而把第一部分叫做流动资本。

假如一个商人说:“我有五万元流动资本。”他的意思就是说,这五万元就是他所希望能够尽快售出的、具有商品的形式的东西——在仓库里的制成品或在工厂里的半制成品。他必须先对这些商品进行他的修整工作,使它们具有某些效用,然后迅速地设法把它们卖出去。当他这样脱售了这些商品的时候,这些商品所代表的资本,又采取了和它们同样的新的商品的形式。这个资本的形式更换得愈快,对它们的所有者愈有利。所谓“流通快的金钱”是可以赚钱的。如果这个商人有五万元的固定资本,那么这五万元就是处于这个商人要保持多久就保持多久的形式。工厂中的鞋子做得愈快、卖得愈快就愈好,但是制造鞋子的机器,并不因为形式改变得愈快就愈好。投入机器的金钱流通得快是没有好处的,相反,是流通得慢的金钱最有利。

五万元固定资本中,也许有一部分是投在土地上,而永远不会损耗的,有一部分是投在建筑物上,而慢慢地损耗的,还有一部分是投在工具和机器上,而损耗得较快的。但是最重要的事实是,就生产来说,这些东西的损耗,结果是很不利的。也许这五万元的投资,不得不好几次地改变形式,但是,这并非它们的所有者所欢迎的,他总是尽量设法推迟投资形式的改变。但是,他总有一天无法再延迟形式的改变。一切资本,除投在土地上的部分以外,都是依靠改变形式来维持它的存在。总有一天,它必须抛弃一种的形式,而换上另一种的形式。就是高楼大厦也不是资本所能永久存在的场所，因为高楼大厦也不免慢慢趋于剥落。固然，只要经常加以修理，高楼大厦可能只要逐渐翻造。但是，即使这样，内容也必须改换，并且总有一天不免全部毁坏，而必需完全重建。因此，即使资本是体现在具体的、主动的生产工具方面，资本也是流动着的。这样看来，分别固定资本和流动资本的，并不是资金停留在一种物体的绝对时间的长短，而是下面的事实：在一方面，流动的作用是生产性的作用，人们通常千方百计加速它的流动；而在另一方面，资本的流动不但不是生产的，而且是浪费的。工厂毁坏了，不堪使用，必需改建或盖一个完全新的工厂来代替，这个事实本身，对生产一点没有好处。在工厂主人的经验看来，这不是值得高兴的事情，只有在不可避免的情况下，他才会做这样的事情①。

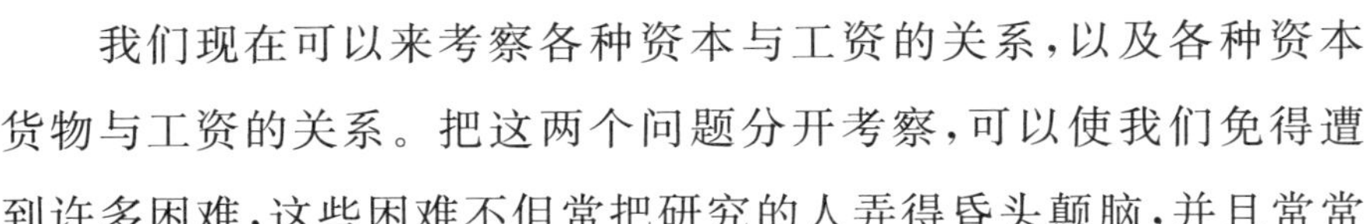

我们现在可以来考察各种资本与工资的关系，以及各种资本货物与工资的关系。把这两个问题分开考察，可以使我们免得遭到许多困难，这些困难不但常把研究的人弄得昏头颠脑，并且常常

① 纯粹的资本，在某种被动的资本货物中，可能比在某种主动的工具中停留更久。例如钢砂是磨光金属的主要工具。当工作时，它给予别的东西以效用，而不接受别的东西给予它的效用。可是，它很不耐久，而被磨的金属，反而可能在被动工具的状况下，长久地存在。煤炭也是一种主动的工具。在工厂里的煤炭，其目的不在于接受别的东西给它的效用，而在于协同工人给予别的东西以效用。煤炭变成了动力，减免人们体力的疲乏，但煤炭本身都很快地变为灰烬。重要的问题在于，从所有者的利益看来，轮状的钢砂磨石愈耐用愈好，煤炭烧得愈久愈好。资本可以在蒸汽中停留一刹那，在发出蒸汽的燃料中停留一小时，而在半制成品中停留几个星期，在机器中停留几年，在放置机器的建筑物中停留几十年，在建筑物所占的土地中停留无限的时间。固定资本总是尽力保持它的原有的形式，而流动资本总是尽快地改变它的形式。

把一些不合理的现象看成为似乎是合理的现象。尤其是，我们可以避免一切与工资基金学说本身有关的或与附属于这个学说的谬论有关的那些困难。

有没有什么资本仅仅是用以“维持劳动的资金”呢？是不是真像亚当·斯密以及许多附和他的人所说的：创造资本的最自然的方法是贮藏可供长期生活需要的粮食，然后，在这个时期中，从事制造某些有用的东西，如一只船、一间茅屋或一件工具呢？贮藏的粮食真是原始的资本吗？按照我们的标准，必须是真正作为产业的原料的粮食，才有资格叫做资本。小麦是被动性的资本货物，因为它是接受别的东西给予它的效用。在碾磨过程中的面粉、在捏搓过程中的面包、在烘烤过程中的肉类，也都是这样。一切不是产业原料，而纯粹是粮食的东西——本身既不接受别的东西给予它的效用，又不给予别的物品以效用，除了满足人们食欲以外，没有别的用途的东西——都不是资本。研究资本问题的传统方法，往往把除了满足消费者的欲望以外没有别的作用的东西，当做最重要的、最典型的资本。假如把这种东西叫做资本货物，那只能是出于把工人看做机器、把粮食看做推动机器的燃料的怪思想，按照这种看法，肉类就成为这种创造财富的机器的煤炭了。

很明显的，这里有一个关于目的论方面的难题：什么是全部经济过程的目的呢？我们已经说过，这目的是物品的利用。利用是表现在消费者精神上和感觉上的愉快。假如一个人动手从事工作，这个劳动绝不是由于他所已经吃过的食物的驱使，驱使他进行工作的，是他将来所要获得的食物，以及许许多多其他的享受。劳动以后所要获得的食物,可以说是进行劳动的诱力之一,而在这个意义上,也可以说是劳动的原因。就任何正常的目的论来说,在劳动以后所吃的粮食,除了对劳动者的身体发生的影响以外,不能成为任何事情的原因。食物吃了以后,经济活动的循环过程就结束了,因为这个循环过程中的各个经济活动已经产生了它们的全部效果。在第二天,开始进行更多的劳动时,一个新的循环过程便开始了,而这个新的循环过程,也将在劳动的果实被人消费以后,和前一个循环过程一样,便结束了。

但这不是说明为什么不能把粮食看做是一种资本货物,或是一部分永久资金的投资形式的最有力的理由。不错,在整个经济学研究中,我们可能一直怀着现象安排失常的概念。甚至当一个人所持的理论沾染了不合理的目的论的色彩而陷于不利的地位时,也还可能做些解决实际问题的工作。但是,不把粮食看做资本货物的最根本的理由,就是世界上没有一个地方有专门为工人贮藏起来的粮食。不错,因为每年都有冬季,所以不得不在土地不生产原料的时候,囤积若干这样的原料作为粮食。这样囤积的原料,属于被动性质的资本货物;换句话说,这些原料,体现一些流动种类的永久资本。它们不断地接受别的东西给予它们的效用,直到最后制成为食品,摆在人们的桌子上为止。在不需要磨粉以前,小麦贮藏在仓库中,因而获得了“时间的效用”。在这个时期中,它的价值一直增加着。以后在碾磨过程中,它获得了形式的效用,在运输过程中,它获得了地点的效用,在烘烤过程中,它获得了另一种形式的效用,在这些时候,它的价值也一直增加着。

当然，什么地方的生产是间断性的，什么地方就需要一批贮藏品，来保证消费不会中断。一天盛满一次水的水塔，可能整天不停地放水。同样，间断地生产出来的商品，只要贮藏起来，也可能把断断续续的生产量转变为连续不断的消费量，正如哈德莱校长(A. T. Hadley)的妙语所提出的那样。换句话说，这样贮藏的商品，也可能是从逐渐的、不间断的生产积聚而成的，以后通过一种急速的消费很快地把它用光。贮水池的水可能是由一滴一滴逐渐地贮满的，然后，每日一次打开水门，经过一阵狂冲，而全部流出去。烟火可能全年都在进行制造，而在七月四日一天，全部放光。这里川流不息的生产，转变成为有间断的消费，许多只在一年中某个时节有用的商品，可以说明这种过程。

但是，讨论中的理论所指的贮藏，不是指这种贮藏。这个理论指出，不论生产是继续不断地进行，或是间歇地进行，资本是用来供养劳动者的最初的和典型的贮藏品。即使生产和消费都没有间断，而且每天都没有变化，也必需由贮藏品来供养工人。这是以前已经说过的。

由于农业的季节性而贮藏粮食原料，这和亚当·斯密等人所说的、用来创造资本的典型的贮藏，在性质上是完全两回事。后面一种贮藏是专为“工人”而设的，而且是单独由资本家办理的。它的目的在于把工人当做生产机器来使用。这种贮藏和收获的季节性毫无关系，而是由于资本和劳动的关系产生的。一个人取得粮食形式的资本，使得能够供养一个短工，从而获得其他形式的资本，所以工人是资本货物更换形式的媒介。而这种粮食贮藏，如果真是属于必要的话，即使在一年之中，天天可以种麦、天天可以收获一部分小麦的情况下，也是不能不贮藏的①。

A'''	B'''	C'''
A''	B''	C''
A'	B'	C'
A	B	C

① 开恩斯教授(Prof. Cairnes)在晚年时，因为想复活工资基金学说，把一切资本分为原料、固定资本和工资基金三大类。假使我们对他的名词作自然的理解，这个分类实际上等于把两个质量和一个纯粹的数量加起来，以得出一个总数。工资基金是一切现存资本的总数中的一部分，而原料和固定资本，从开恩斯教授使用这些名词的意义上讲，是资本的物质形式——两种不同的资本货物。

可是，如果我们把这些名词解释是指各种类的财富，而不是指数量，我们就要面临着同等严重的另一种困难。我们试把这里所用的工资的名词，当做是指工人所消费的商品，那么就可以把原料、固定资本(指主动的生产工具)和工人所消费的商品作为三种资本货物。可是，上述第三种资本货物并不存在。一切具有形式的财富，都已经包括在前两种之内。任何一件这样的财富，不是属于主动的生产工具一类，就是属于被动的工具一类。不是属于改造其他物质的工具，就是属于正在改造中的物质。

很明显，开恩斯教授绝不会打算把工资基金的名词用来指零售店中的商品，因为这些商品中，有许多不是打算提供工人使用的。如果它们既不是原料，又不是固定资本，它们就在开恩斯教授的分类中没有地位可言。可是，它们显然是代表零售商的资本的一部分。打算要包含全部资本的各类资本的清单，绝不能漏掉零售商的存货中不是打算卖给工人的部分。按照开恩斯教授的分类，如果这些存货不是原料，它们就不是什么资本。如果这些存货是原料，那么，工人所要买的部分的存货，也属于这一类，而不应该再算是工资基金。

零售的商品，事实上是被动的资本货物，是处于接受别的东西给予它的效用的地位。例如，商店架上藏在盒子里的鞋子，没有找到一双与它相当的脚，就不能获得完全的服务能力。柜台上的一匹布，没有被一个顾客看中，就没有发挥出它的全部效用。一切等待着包成适当的数量而送到顾客家里的商品，都是等待着生产者的最后的加工——和其他原料一样，都是在发展过程中的消费资料。

1889年一月经济季刊内帕腾教授(Prof. S. N. Patten)一篇文章，美妙地讨论了由于农业季节性而进行的粮食贮藏的问题，并详细地研究气候和时间同资本和资本功用的关系。

假定A仍是将来要依次变为A′,A″和A‴的原料,而变成A‴时,就可以供给消费者使用。又假定各种的B和各种的C代表在生产过程的同样阶段中的其他物品。有的人,包括工人和资本家,制造原料A。又有其他人把A改制为A′,然后每进一步的改制,也都是由一定的行业的生产者利用必要的工具、建筑物以及其他机器来完成的。关于B的生产,以及依次改制成的B′,B″和B‴,有一系列相似的生产机构来经营。关于C的生产和改制,又由另一系列的生产者来进行。每个团体都包括工人、资本家和企业家等。A‴,B‴,C‴等是已经成为最后形式的商品,随时可以供给消费者使用。按照逻辑的推论,这个事实便要求这些商品处在作为资本货物的经济生命的最后阶段。它们现在是放在零售店里等待买者。只要再进一步,就将不是资本货物,而变成为消费资料了。作为巨大的生产组织的社会,就将抛弃它们,而作为消费者的个人,将接受它们。因此,世界上任何形式的资本,都是在生产社会手中的工具。当A‴,B‴和C‴落到个人手中时,它们就变成消费资料了。

如果我们坚持对于静态的假定,设想资本和劳动的数量没有变动,产业的方法也没有变化等等,那么,一切收入都必须看做成熟了的被动性的资本货物。除了完全成熟的A‴,B‴,C‴以外,没有人能够得到其他形式的收入,因为如果一个人接受资本货物作为他的收入的一部分,就等于增添了资本,而增添资本就成为动态的过程了。任何人的收入,都是由在成为收入以前一直接受别的东西给予它的效用,因而体现着流动资本的东西所组成的。那么,专为劳动者而贮藏的粮食基金到底在什么地方呢?任何地方都没有。我们所以不能承认这种基金是资本的一种,就是因为它实际上是不存在的。所有用来供给工人和其他的人使用的粮食、衣服和其他种类的商品形式的收入，完全是由不断成熟中的 A‴，B‴，C‴所组成的。构成流动资本的物质，由于它的一部分变成为收入，因而逐渐地消耗，但是同时又由产业把它补充起来。

有一点很值得注意：这个认为必须把商品贮藏在某个地方，以供给工人使用的理论，竟漠视了这样一个事实，就是，如果这句话是正确的话，同样就必须贮藏商品形式的收入，以供给资本家使用。协助进行原料的生产的资本家，每天也需要 A‴等形式的收入。他天天从事原料的制造，同时也天天消费成熟了的商品。他的地位和同他一起工作的工人没有什么差别。工人不能直接从地下取出的原料做粮食、衣服和其他用品，资本家也是这样。这个原料必须经过三个不同生产阶段才能成为可以使用的物品，可是在这个时间中，他们必须生活，他们必须得到一定数量的 A‴，B‴和 C‴的供应，不论资本家和工人都是这样。在他们自己的原料成为制成品以前，是否必需贮藏这些商品来供他们的急用呢？我们已经答复了这个问题。在陆续不断地制造出来的 A‴，B‴和 C‴之中，有一部分是立刻抽出来分给经营 A 的资本家和工人的，他们不必等待。我们现在所坚持的一点是：如果为了供给生产 A 的小团体中的工人而需要进行贮藏，同样的道理，为了供给生产 A 的资本家也需要进行贮藏。静态的假定认为资本永远不会增加，这意味着资本家阶级的净收入，每天都全部花费在消费品上面，而没有剩余，正如我们上面所说的。同时它还意味着资本永远不减少。因此，资本家可以用来供应他的需要的，只有他的收入，而不包括他的生产财富的永久资金。当然，资本家拥有工人所没有的一条反

饥饿的防线。他可以改变他的生活计划，而把资本用掉。但是，他当然不会这样做，而且静态的假定也需要他不这样做。在这种情形下，如果工人需要一个生活必需品的贮藏，资本家同样也有这种需要。可是，他们都没有这种需要，这个理由我们已经很透彻地分析过。

一方面是接受别的东西给予它的效用的物品，一方面是给予别的东西以效用的物品，全部的资本货物都包括在这两个方面以内。由于这些货物不断地生产和消费，不断地新旧相承，它们使得我们这里所指的资本这个东西能够永久地存在。

第十一章　社会劳动的生产力是由劳动和资本在量上的关系来决定的

在本书里，资本这个名词的含义就是做生意的人对这个名词所理解的意义。资本是一笔永久的生产财富的资金，它具有一般所说的投在生产商品上的“财富”的意思，而生产商品的本身是常常变更的。构成资金的东西，像江河里一滴滴水那样，是会消灭的东西，但资金本身，像江河那样，是永久长存的东西。

劳动也是一个永久的力量，这是一个显著的事实——劳动是永远不能消灭的、永远不会停息的、丰富的人力。人和资本货物一样是会消灭的，但劳动却和资本一样，是永久存在的。工资问题和劳动这个不灭的因素所具有的收益能力有关。问题是：劳动在今年、在明年和在以后每一年所创造所获得的究竟是什么呢？如果今后的工资标准上升了，这就意味着劳动的生产力将逐年增加。实事求是的人所注意的，不是个别工人的利益、权利和斗争，而是永久存在的劳动的利益、权利和斗争。

劳动这个永久的因素，和资本一样，不是一个抽象的或非物质的东西。我们不把这个因素看成是一个和劳动者无关的劳动，因为这个因素是由劳动者所构成的。不但如此，工作的人，从他们作为消费者的立场说来，还得到自己工作的好处，因此他们便有权利来决定要做哪一种的工作。正像一个资本家可以决定他的生产财富要包含哪些物品那样，一个工人也决定他的体力脑力要花在哪一种生产事业上。这就是说，他可以决定他自己是做一个农民或是一个矿工或是一个织布工人或是一个印刷工人。一个人，作为消费者来说，是他自己（作为生产者）的主人。他要把自己的能力从事从他看来能有最大生产成果的活动。

随着时代的推移，劳动所具有的形式不断发生变化。1800 年的情况需要有某些种类的劳动，而 1900 年的情况却需要有另一些种类的劳动。年轻工人不断走上产业舞台；如果他们的时代的情况，和他们父亲的时代的情况相同，他们可以学上他们父亲的手艺。但是，尽管他们所做的是他们父亲的手艺，他们常常要用新的方法；如果情况需要他们去做新的生产工作，他们便要掌握完全新的生产技术。劳动这个人类的永久存在的因素，和资本这个永久存在的物质的因素一样，在形式上是会变化的。正如一个用坏的工具可以用一个不同种类的工具来代替一样，一个退休的工人可以用一个做不同种类的工作的人来代替。人是来来去去的，但是工作永远继续进行着；不过由于人的变更，工作的种类也会变更。

这样说来，在产业社会里，有两个永久存在的东西连在一起。一个是资本，或永远存在的财富，这个财富能继续存在，是由于物质的形式——资本货物——新陈代谢的缘故。另一个是劳动，也是按照新陈代谢的方式继续存在着。代表劳动的今天是一班的人，明天又是一班的人。这两种永久的生产因素，在形式的变化方面的能力是无限的；它们的具体表现形式，年年在变化，天天在变化。

动态经济使劳动和资本不能不发生这种变化。人类为了满足新的欲望,必须创造新的消费品;人类为了创造新的财富,必须使用和从前不同的工作方法和工具。机械的发明把劳动和资本的形式改变了。把一个大工厂来代替许多小工厂,然后把许多大工厂划归一家管理的生产集中过程,也改变了劳动和资本的形式。劳动就它本身说,是永远不会停止的,但是劳动的某种形式却会停止而由别的形式来继续。资本是永远不会消灭的,但是资本的某种形式却会消灭而由别的形式来代替。劳动和资本这些永久的生产因素本身,在形式上,是不断变化的。

在一定数量资本的条件下,如果所使用的劳动有所增减,资本的形式便要变更,这一点前面已经提过,现在,这一点对我们有更重要的关系。如果每有一个工人有五百元资本,那么这里的资金便具有一系列的形式;如果每有一个工人有一千元资本,那么这里的资金便具有另一系列的形式。至于劳动,也同样会改变它的形式。用比较小的资本进行生产的人,所从事的是一种生产工作,而拥有比较多资本的人,所从事的是另一种生产工作。如果资本增加,而且具有贵重精密机器的形式,那么生产技术必须改变、更新。我们说:劳动和资本相对的数量一定要变更,意思是说:两者的形式一定要变更,也就是说:两个因素一定要适应彼此的需求。无论什么地方,只要两个因素联系在一起,它们就必须互相适应,这是一个通例。

我们现在准备测验一下这些永久因素最后增加的那一部分的生产力究竟是怎样的。如果有一千个工人,几十年来每年不断地工作着,人数没有增减,同时,有一百万元资本,一直维持下来,没有增减，那么一个单位劳动所生产的物品究竟是多少呢？这个问题的答复是：工资和利息这些收入是由作为永久的生产因素的劳动和资本的最后生产力来决定的。这个答复提供了工资和利息的规律。

有一个说明地租的公式，我们可以使用一个新的方法来应用这个公式。我们暂且不管劳动力耕种土地时所需要的辅助的资本，我们可以举一个简单的例子：假定每一个到土地上工作的人，只带一个简单的工具，而且这个工具的代价极小，算不得什么财富。那么这种劳动力实际上是赤手空拳地到一块土地上工作，所创造出来的收入具有农作物的形式。我们必须注意，这样实际上把辅助的资本减到等于零的地步，对我们正在研究的原则并没有什么影响，因为我们如果用一个比较繁杂的例子，假定工人都有着复杂的工具、种子、牲畜等等，我们所要证明的问题也能够很好地得到证明。但是，土地上最后一个单位劳动所生产的产品，却提供了说明劳动的最后生产力原则的最合用的例子，因为那是最简单的例子。

我们现在所寻找的是一个工资的静态标准。假定田地和工人仍旧不变，工作方法和环境也仍旧不变，那么，在这些情况下哪一些永久的收入，可以认为是最后单位的劳动所得来的呢？我们可以使用最简单测验方法，从工人中去掉一个人，并把其余的人重新安排，使产业不因为失掉一个人而陷于混乱的状态。田地完全和从前一样仍旧耕种着，只是耕种得不如从前那样完全，而收成的数量也减少一些。相反，我们也可以在原有工人中增加一个人，并且把工人重新安排一下，使产业不因为增加一个人而产生不调和的状态。于是，田地耕得比较深，结果，产量也有一定的增加。

农业工人的队伍中少了一个人时，所减少的收获量，可以衡量各个能力相等的工人的实际生产力。在测验时，可以从这些工人中随便选定一个，这是没有什么关系的。任何一个人脱离了工人的队伍，就使工人的队伍少了一个单位的劳动；我们所要衡量的是：工人队伍少了一个单位的劳动以后，收获量减低了多少。一个人的收入，不能超过由于他加入生产而对原有的土地和劳动所增添的产量。

不同的人所做工作的种类可能是不同的；一个人所做的工作，可能是对任何一种农作物所不可少的工作，而另一个人所做的工作，却是不重要的工作。没有播种的人是不行的，但是没有那些对土地进行一番工作以便播种的人，却不会招致重大的损失。不过，只要工人的工作可以互相替换，那么这一个工人和那一个工人实际的重要性是一样的。假定一个播种工人离开工作，可以把另一个人放在他的位置上。如果离职的工人是一个处在比较不重要地位的人，那么收成将和从前一样。实际上，所有能力相同的、可以互相替换的人的生产都是相同的。要测验任何一个人独自的生产，只要把他从工人队伍中抽出来，并把其余工人来重新安排一下，使得空出来没有人做的工作只是最不重要的工作，这样就可以知道他个人的生产究竟是怎样的了。

我们现在姑且假设有一个区域自成一个国家，假设其他产业区域的人没有到这里来，而这里的人也没有到别的区域去，那么工资标准是由这个孤立的农场上一个人的实际价值来决定的。这里一个人所要求的工资，要看他对雇主所作实际的贡献是怎样的，而

不是以别地方的工人的工资做标准。只有在这种情况下，工资才可以说是由最后单位的劳动的产品来决定的。

假定工人每年减少一个，以致工人的队伍不断缩减，那么，由于缩减的结果，每年的收获量越来越少了。我们也可以用另一个相似的测验方法，那就是把工人队伍增加一个单位的劳动，而不是减少一个单位的劳动。假如这种增加是持久性的，而工人队伍总是比从前增多一个单位的劳动，那么平均的收获量将比以前增多一些。这就使我们能够衡量一个单位的劳动的永久收入。

工资正是由这样计量出来的劳动的“最后”生产力所决定的。我们说“最后”，意思就是指有先后的次序，那就是说，劳动单位有第一个、第二个和最后一个的区别。按照一般说明价值规律的方法，一个人所消费的某种物品有一个最后的单位。我们把一件某种物品给一个人，接着又给他一件，过了一会儿，给他最后一件，我们便可以发现，在这样给他一连串的物品中，每件的效用越来越小，而最后一件的效用是最小的。依据我们熟悉的奥国经济学者所研究出来的规律，在一系列同样种类的物品中，任何一件的价值都是由最后一件的效用来决定的，就是说，价值一般是以最后效用为标准的。

我们已经着手把这个原则应用到各个生产因素的生产力上面，现在我们把它应用到劳动方面来。如果我们愿意，可以把能力相同并且可以互相调换的工人，像上面所说物品那样，按想象的先后次序排列下来，然后在不同的时间里，把他们一个个地引到田地去，看看每一个人实际所生产的究竟是多少。在一定面积的田地上，有一个人在那边工作，便会得到一定的平均收获量。但是如果有两个人工作，收获量不会增加一倍，因为第二个工人所生产的要比第一个工人所生产的少些。在一定面积的田地上，接连增加劳动单位，这些单位的生产力的递减，提供了一个普通定律的基础。

当然，如果这两个人能够同心协力，在各种重要工作方面都能互相帮助，那么他们的特定的生产力可能不至于减低。有了两个人，就可以把劳动初步地组织起来；劳动组织这是一个我们必须详细研究的新力量。如果在一块很大的土地上，开始时只有一个人单独地工作，他工作时也许感到一些不便；增加一个人，也许会消除这些不便，使土地的收获量增加一倍以上。第三个人、第四个人和第五个人也许会对劳动组织的健全有所贡献，因此在某种程度上会使我们上面所提到收获递减定律的作用暂时压制下来了，但是这个定律的作用最终是会显露出来的。例如，如果有二十个人在那块田地上工作，再增加一个，即第二十一个，并不产生什么大的改善组织的作用，而从另一方面说来，这种增加会使人力过于拥挤，并使土地使用得超过适当的程度。我们现在所要研究的，仅仅是这种人力过于拥挤的影响。劳动组织过程前几个阶段所带来的好处，我们暂且不去管它，因为在一个大的劳动队伍里，决定工资标准的是最后单位劳动的产品；而最后单位的工作对于劳动组织的完善，并不是需要的。

在开始单纯研究土地上人力过于拥挤的影响时，最好不要考虑劳动组织所带来的好处；这种好处，我们要在专门讨论动态经济那一部分进行单独的研究。劳动组织正像机械的发明那样，只改善了接连地用在土地上的劳动单位的工作条件，这仿佛是由新的工人带来了更好的工具。但是如果我们把土地过于拥挤的影响孤立起来加以衡量，我们必须假定组织这个条件和其他一切条件暂时都仍旧不变。

所以我们可以假定，一个人先到一大块田地上去，然后又一个一个地到田地上来，到后来共有二十个人。我们可以假定他们耕种土地的方法仍旧不变，他们在劳动队伍成长初期，由于合作而得到扩大的能力，我们可以不去管它。这种建立劳动队伍的整个过程，当然是假想的；这个过程，在动态经济里，算是一个不现实的、片面的过程。无论在什么地方，我们不能够找到像这样的试验。一个农场主实际上不会把二百亩土地交给一个人耕种一年，并衡量它的收获量，第二年增加一个人，再衡量它的收获增加多少。他一定不肯把这种试验连续地做二十年，他一定不肯让他的田地用来做试验场，使经济学者能从耕作的土地看到收获量递减规律的整个作用。如果农场主把二十个人放在二百亩土地上工作，他一定会根据经验懂得第二十个人的产量究竟是多大。他将会测出劳动的最后生产力；他会发现第二十个人的产量要比在人力不那样拥挤时，进入田地工作的那一个人的产量来得少。这可以从经验得到充分的证明，可以从演绎的推论得到证实，这是经济科学中不可非议的一个真理。在一块一定面积和土质的田地上，如果在那里工作的人愈来愈多，每一个人的产量便愈来愈少。说明这个定律的最简单和最自然的方法就是：设想在一块田地上，一个时间只让一个人进去工作，逐渐地增加到二十个人为止；这样便可以看到，后来的人所增加的收获量要比先来的人少些。当劳动队伍扩大到这样完整的地步时，可以说任何个人的产量都逐渐减少，而第二十个人的产量是最少的。假如所有的人的工资等于第二十个人

的产量，那么我们便解决了工资问题[①]。

在静态状况下，劳动队伍总是没有增减地继续下去，而生产方法和条件永远是一样的。劳动队伍的成员会发生变化，因为这种个人的变更是一定会产生的，死了一个人就要用另一个人来代替，但劳动队伍本身并没有什么变化。制造方法和劳动的环境，都是固定的。原来很小的劳动队伍的逐渐扩大，以及这个劳动队伍中每个人产量的改变，都是不存在的。但各人的收入，是由最后生产力定律来决定的。实际上，这就是说，每一个工人所得的收入，等于这个队伍里任何一个人停止工作时给雇主所带来的损失。设想这个劳动队伍是一单位一单位地成长到现在的状况，这是一个测量劳动的最后生产量的方法，同时，这个方法使我们可以记住支配这个生产量的原则。每一个新参加这个队伍的劳动单位，在短时间内，是最后的单位；这个单位便树立了短时间的工资标准。但是最后单位出现以后，它的产量便成为永久的标准，因为这个劳动队伍不再扩大，各个成员的工资也不再变更。这整个过程是假想的，但却说明了共同支配着工人幸运的两个原则。这两个原则是：（一）在任何一个时间内，工资倾向于和最后单位的劳动的产量相等；（二）其他条件不变，工人队伍增大，最后单位劳动的产量便减少，工人队伍缩小，最后单位劳动的产量便增加。前一个原则是静态的原则，控制着每一个时期的工资；后一个原则是动态的原则，

① 在劳动队伍成长的初期，由于人力组织的改善，或是由于耕作方法的改善，收获量递减的作用可能给这些因素所抵消。这个可能性，像其他动态势力那样，必须在经济学的另一分部里加以研究。

和其他动态原则一样，支配着工人阶级的前途。仅仅人口增加，而不发生其他变化，那么人口的增加便是使工人趋于贫困的一个有力的因素。

最后一个人的产量，为什么能够决定所有的人工资呢？我们必须注意使我们所举例子里的情况和实际生活相符。一个农场主，从普通的市场里，雇用他的工人，并且按照这个市场在一定条件下建立起来的工资标准来支付工资。他把雇来的人放在他的田地上工作，到后来依照收获量递减规律，那最后一个工人的产量显得很小，所生产的仅仅等于工资了。我们必须注意，这个工资标准大体上是在这个农场以外决定的，而这个农场上劳动的最后生产力要和工资标准相符。

假使没有外面的市场可以决定工资的标准，那么情形是怎样的呢？假使这个农场是唯一的产业区域，那么情形又是怎样的呢？这样的假设，把产业弄得过于简单，和实际社会大不相同，但是在这样的假设下，却能非常明确地说明在实际社会里起作用的工资规律。如果这个农场是和外界隔绝的社会，不买人家的东西，也不把自己的东西卖给人家，也没有按农场以外的工资标准输入劳动，那么这个农场的工资标准是在这个农场里面决定的，是由它所雇用的劳动的最后生产力来决定的。

例如，海里有一个岛，轮船是不能达到的。假定这个岛有一定面积的土地，而它的人口是不变的；又假定这个岛除了农业以外，没有其他值得注意的产业。这种形态是假想的，而且和现实的社会大不相同，这是众所周知的。可是，这种社会，有一点和现实的社会相同，那就是，这些与世隔绝的人口中，最后一个人的产量，便树立了那个岛上所有的人的工资标准。任何一个人对他的雇主的实际价值,等于他停止工作给他雇主所带来的损失。这种损失,就是工人队伍里任何一个工人的实际产量,它树立了一般劳动工资所依据的标准。在这个岛上,没有估计到外面的劳动市场的情况,没有把它周围的社会在某种程度上决定的工资标准带到这个岛上的社会来。我们已经使这个岛上的社会自成一个世界,我们已经发现了任何一个像这样的社会,它所给予一切工人的自然报酬是等于最后的工人的产量。

其次,我们要使这个例子更加完整,使这个岛基本上像我们的社会,那就是说,使它成为一个组织完全的社会。我们假定这个岛是一个面积很大的地方,并且假定岛上居民不但从事农业而且从事其他一切产业。我们假定这个岛上有锻工、木工、织布工人、制鞋工人、采矿工人、印刷工人等等。我们假定这个岛拥有它所需要的资本,并设法使资本具有各种应有的形式。我们要注意到每一个产业都能从社会资金中分到它所应得的部分,同时,我们应当保持原来假定的条件,就是,这个社会与其他社会是隔绝的。它是自成一个世界,它不能接近其他的社会,也不能从其他社会得到一个工资标准。那么这个岛上的劳动的工资标准是由什么来决定的呢?很明显的,工资标准是由各产业的大小团体或个别产业所雇用的和整个生产财富一起使用的劳动的最后生产力来决定的。社会最后一个单位劳动的产量,树立了工资的标准。

事实上,工资所依据的标准,除上面所说的以外,没有别的。我们说,一个农场主从他的农场附近有店铺的地方雇用工人的时候,我们就已经觉得他给付工人的工资要和店铺、铁路所给付的工

资相等。他要雇用很多的人，而最后一个在他那一块有限面积的土地上工作的人，生产所得足够和工资相抵。这里，最后一个人的产量，并不决定工资的标准，而只是和外来的工资相符。自成一个世界的社会，不能够沿用外面的工资标准。这个社会，由于没有和外界接触，便不能付出高额工资来引诱外面的人到它那里去。这个社会的人，一开始就在那里，他们必须留在那里，所有的人必须受到雇用。他们之中每一个向雇主要求工作的人，对雇主都能有一定的贡献，因为他到什么产业去，什么产业的商品的产量便会增加。雇主将按某种工资标准雇用他；在顺利地开展竞争的情况下，这个工资实际上便和他在可能被安插的工厂、农场或商店里所增加的产量相符。如果他对雇主的贡献超过了雇主给他的工资，那么别的雇主便想用比较优越的工资来雇用他。其他行业的工人，也是处于这样重要的地位。社会劳动的工资，是等于各种各样的劳动所混合组成的最后一个单位的产量。

这种产量要怎样来衡量呢？把一个单位的社会劳动抽出来，看看这一个单位退出以后会遇到什么损失，或是增加一个劳动单位，看看增加一个单位会得到什么利益。不论是抽去或是增加，都可以观察得出单独归功于一个单位劳动的、和其他因素无关的产量。那么，让我们把一个单位的社会劳动抽出来吧。一个单位的社会劳动是一个复合的单位，是由社会各产业的一些劳动所组成的。我们必须十分谨慎地按照非常相称的比例抽出种田人、织布工人、锻工、木工等等，使得各个产业都没有劳动的最后单位。

我们抽去劳动力时，我们保持各地方资本的原额，不加以变更，但我们却改变了各个产业里资本的形式，使它能完全适应由于工人稍稍减少而产生的需要。假若我们的测验是圆满的,那么这个单位的社会资本退出以后,产业一定不会陷于紊乱的状态。全部资本一定是继续使用着,因此,在离开的人放下工具的时候,这些工具一定不会长期留在地上变成被糟蹋的资本。如果真是被糟蹋,那么工人的离开便意味着双重损失,就是说,不但损失了单位劳动的生产量,而且损失了离开的工人所使用的工具的生产量。剩下的工人可能不需要被放弃的工具,但却需要这些工具所体现的资本。这些资本我们不能搁着不加使用,通过上面所说改变形式的方法,便能够加以利用。被放弃的十字锹和铲子经过改变形式的奇迹,变成为质量更好的马和车了。挖地的人,比从前少些,但他们所拥有的资本,在数量上跟从前是一样的;他们的资本,具有另一种的形式,尽管人数减少,他们却可以使用。同样,在一个工厂里,也有放弃不用的机器,留下来工作的人,无法开动这些机器。但这些机器所代表的资本,如果可以变为留下来工作的人所使用的质量更好的机器,便可以加以利用。无论什么地方,工具的数量都减少了,而质量都提高了,但资本本身丝毫没有减少。

这个假设测定了一个单位赤手空拳劳动的生产力,它显示了工资的实际标准。如果我们上面所说的单位的社会劳动是由一百人组成的,而他们离开的结果,各个产业减产的价值总共是二百元,那么这二百元便是可以完全归功于那一百人的生产量。如果他们是典型的工作能力相同的工人,那么一个人的自然工资便是一天两元。

这样的测验劳动生产力是十分虚幻的。实际上要像我们假设那样建立一个小世界的社会,是完全不可能的。要像实验室里测验工资规律那样，把劳动适当地分配到各个产业去，或是从各个产业抽去不多不少的工人，使最后单位的劳动都抽出来，这实际上是不可能的。测验的主要部分，也就是资本迅速地变为减少了的工人所需要的形式，这几乎是不能想象的。

但是，这一切在实际产业里都发生了。世界一天天自动地、不被觉察地做了这样奇妙的事情。通过那些贯穿到整个经济系统的势力，每一个产业都能从整个社会资本中，分到它应得的部分，并使这部分的资本具有那产业团体的人所需要的形式。无论什么地方，如果人力短少或过剩，资本的形式便会改变，以适应人们的需要。世界是无意识地做了劳动的最后生产力的测验，因为它显露了：如果一个单位劳动退出，而全部资本仍旧加以利用，社会将遭到怎样的损失。它使劳动的工资要和这个标准相符。这个过程牵涉到社会的永久资本，社会的永久劳动队伍，以及和整个劳动的最后生产力相适应的产业系统里每一部门的工资的自动调整。

附注：在这个静态的研究中，如果我们向前观看产业界中正在变化的那一部分，我们便可以看到那说明现在工资自然标准的定律揭示出一个使这个标准上升的主要势力。如果资本变得充足，而劳动的供应却仍旧不变，这时所产生的结果，和劳动的供应减少，而资本仍旧不变时所产生的结果，是一样的。这和在一个地方的周围挤满了工人所发生的影响是相反的，这使一个人的效率增大而不是减小。世界的资本越充裕，工人的生产力就越强。我们现在不必进入这个领域，但是我们不妨注意：在财富增长的每一个时期，劳动的自然工资标准是由摆在我们面前的工资规律来决定的。五十年后的工资，会比现在的工资高，但那时候的工资将由在那时候的、收益更多的产业形态下的劳动的最后生产力来决定的。

第十二章　最后生产力是工资和利息的标准[①]

我们现在不要再想到上面所提的岛上农场的例子，我们要想到拥有无数产业而工具设备齐全的社会。当然这是一个与外界隔绝的社会，产品、工人和工具都不能输入或输出，这里的工资标准一定完全是由它自己内部决定的。

我们假设这个社会劳动力的供应是经过一单位一单位地增加的过程，如果我们这样假设不会使人误解为只有这样才能说明最后生产力规律作用，那么这样的假设对于我们的研究是很方便的。这个假设只是说明最后生产力规律的作用的一个方法。假如我们从一个完整的劳动队伍中抽出一个单位，并且注意由于抽出一个单位而发生的产量的减低，这样，实际上我们就对一个单位的劳动的最后生产力做了一个测验。这样的测验我们曾经做过。现在我们一单位一单位地把一个劳动队伍建立起来，资本在数量上仍旧不变，但在形式上却随着新的劳动单位的到来而起变化；这样做的目的是使得我们对最后生产力规律的作用能够看得比较全面。我

① 本章和以下两章所提到的理论，已经先在经济季刊中的两篇论文发表过了。那两篇论文的题目是："地租定律决定分配"和"经济变化的普遍规律"。

们要把一千个工人当做每一次增加的劳动的单位，并且要使在这一千个人中，农民、土工、锻工、织布工人、印刷工人等等所占的比例都能相称。每一个行业都有它的代表，而人数的比例要按一个规律来决定。我们就要研究这个规律，现在所需要知道的是：这个规律是怎样把劳动分配到产业的团体和小团体中去，使得各个行业的劳动生产力在某种程度上归于一致。一般的、可以调度的劳动在一个生产小团体里的生产量，应当和在另一个小团体里的生产量相等。

现在假定给予这个与世隔绝的社会一万万元的资本，并且把人数相同的工人一批一批地逐渐输送到这个社会去。在具有这些条件的富裕的环境里，先安置一千个工人在那里工作，他们的产量，按每一个人来说将是巨大的。他们每一个人可以摊得十万元的资本来帮助他们工作。这十万元资本具有最适合他们使用的形式，每一个工人将有很多可以使用的工具、机器、原料等等。我们可以设想在这种情况下所需要的生产财富的形式，将会是各种的自动机器、电气发动机以及利用瀑布而得来的动力。我们可以看到在准备原料、创造土壤条件或其他方面所形成的化学上的奇迹。我们把工人放在主宰的地位来支配自然的力量，这些自然力量是那么伟大和富于变化，它们不像人类社会生产技术上所使用的工具，而像天上的神秘的力量。但是，这一切只是在很久以后才会逐渐出现的景象，那就是要在资本无声无息地增长得比人口的增长更快，并且显示着它有能力来采取那些可以适应比较少数工人的需要的形式时，才会出现的景象。自然经济所趋向的目标大约就像这样。

现在再加入一批工人，就是说，原来的劳动队伍再增加一千个人。由于改变了工具设备的形式——必须加以改变——来适应更多的人使用，结果每一个工人的生产量要比从前来得少。这第二批工人可以使用的资本每人只有五万元，而这五万元是从原来使用的人那里分出来的。新来的工人和原有的工人分摊使用资本。原有的工人中，从前使用精密机器的人，现在却使用价格较便宜而效能较低的机器；在他旁边的新工人所使用的机器，也是属于价格较便宜的类型。在估量新来的工人对产业所增加的生产量究竟是多少的时候，必须估计到原来的工人使用的工具效能是比从前降减的。由于新的工人加入生产，原有的工人所使用的工具，变为价格较便宜的工具，而工具的效能也降减一些。新的工人从旧的工人那里分来原有资本的一部分，也包括价格较便宜而效能较低的工具。由于这两个原因，他所生产的财富，比原有的工人所生产的要来得少。

在这整个生产区域里，那一万万元的资本，为要适应增加一倍工人的需要，好像是增大了。现在某种工具比从前增加一倍，但都是价格较便宜而效能较低的工具。房屋方面，一般是盖价钱较少、数量较多的房屋。铁路方面，就会有更多的弯度和斜度，以及不大牢固的桥梁；一般说来，铁路的装置和质量都是比较差的。从前有一艘轮船，现在有两只帆船；从前有一艘钢船，现在有两只木船。这个社会的资本，在数量上没有改变，但在形式上比从前更加扩展——到处都增加了工具，但都是价格较便宜的工具。

我们必须注意这种改变后的计算方法。第二批工人依靠原有的工人所让出的资本的帮助来生产的一切东西，当然不能都说是他们的产品；只有他们对原有产品所增加的东西，才算是他们的产品。一千个工人使用全部资本时，所生产的是四个价值单位；两千个工人使用全部资本时，所生产的是四个价值单位加上增加数。这个增加数不管多少，可以用来衡量那些可以说完全由第二批工人所生产的东西。在计算由最后单位的劳动所生产的产量时，必须计算到一个应当减去的数目。如果我们先计算第二批工人借着第一批工人所让出资本的帮助，而创造出来的生产量，然后减去原有的工人和资本由于把资本的一部分让给新来的工人而损失的生产量，这个差数，便是新来的工人对产业所实际增加的生产量。

新的单位的劳动，由于使用大量的资本，它对原有单位的劳动的生产量能有很大的增加，虽然它的产量不像原有单位所生产的那么多。新的劳动队伍中，每一个工人所生产的，足够和一个幸运的黄金探采者相较量。工人一批一批地增加，直到劳动队伍比从前增加十倍，最后一批增加的劳动，产量还是很大的。在一万万元资本数值不变而形式改变的情况下，工人继续增加，直到劳动队伍有十万工人为止。这些工人这时所拥有的配备，和现今美国工人所拥有的配备大致相同。最后一批增加的工人，对于那个孤立的社会的生产所能增加的数量，大约和美国一个人数相同的劳动队伍在参加原有的劳动队伍后，所能单独生产的数量相等。

如果第一百批增加的工人就是那个孤立的社会所有的最后一批的劳动力，那么我们就已经求得了工资的规律。我们把所有的居民都派定工作，没有劳动后备，不能再得到新的工人。这最后一个复合单位的劳动，即最后一批的一千个人，他们所生产的东西，是可以识别出来的。他们的产量比以前任何一批工人产量来得少，但是这一批工人加入生产以后，任何一批工人的实际价值，和这一批工人的实际价值是一样的。如果以前任何一批工人所要求的工资，超过了最后一批工人的产量，那么雇主就可以把他们解雇，而用最后一批工人来代替他们。任何一千个工人离职，雇主所遭受的损失，可以从最后一批工人的产量来衡量。

因此，在雇主看来，每一个单位劳动的价值，是等于最后单位劳动的产量。在劳动队伍完全地建立以后，任何一千个工人，如果退出，就会使整个社会的产量减低，所减低的数量等于最后一批工人的产量。任何一个单位的劳动的实际价值，总是等于整个社会利用它的全部资本所生产的东西，减去在那个劳动单位被抽去时社会所生产的东西的数额。这样，就树立了工资的一般标准。我们这里所假设的一个单位的劳动是一千个人，而这一个单位的产量是一千个人的自然工资。如果这一千人的能力相等，那么这个产量的千分之一便是这一千人当中任何一个人的自然工资。

我们当然是在寻找一个静态的工资标准，但是工人队伍从一千人到十万人逐渐地建立起来，而资本随着人数增加不断改变它的形式，这个过程不是一个静态的过程。动态的作用使工人队伍逐渐成长到静止的满额状态。但是工人队伍满额以后，我们不再加以变动，那就是说，我们听任这样得到的静态永远继续下去。说明动态过程的重要性，以及说明一单位一单位地建立永久的劳动队伍的重要性，在于使所谓“最后”单位的劳动的产量明显地看得出来。

实际上，按时间说来，没有一个单位是最后的单位。拥有一万万元资本的十万工人，年复一年地工作着，我们不能够从十万工人中抽出一千个人，而认定这一群工人的产量决定工资，这一群算是决定工资的一群。如果我们像例子中所说的那样，按先后次序一批一批地安插工人，那么，任何一批工人对雇主的价值，总是等于我们上面所举例子中最后一批工人的产量。由于雇主们竞争的结果，这些工人的收入一定要和最后一批工人的产量相同。最后一批的一千个人向雇主求雇的时候，具有潜在的能力生产一定数量的生产物。在竞争圆满进行的情况下，如果一些企业家不肯按这个产量的价值付给他们的工资，另一些企业家必定愿意付给。在一个非常完善的自由竞争的制度下，每一个单位的劳动所能得到的工资，和最后一个单位的产量恰恰相等。即使竞争进行得不很完善，每一个单位的劳动所得工资的数目，还是倾向于这个产量。劳动的最后生产力，树立了劳动工资的标准；实际的工资，虽然有所变动，但它还是趋向于这个标准。

企业家的纯利润是竞争的动机，我们在上面已经提过了。这种利润是商业上的利润，意思是说，雇主出售产品所得的收入，比他所付给的工资和利息来得多，即商品的价格超过了制造商品的成本。我们上面也说过，按经济学家所下的定义，“自然的价格”实际上是一个工资和利息的价格，因为这个价格等于这两项开支的总和。一个能获得利润的价格，超过了这个总和，但是那种倾向于消灭利润的竞争，却从两个方面把利润消除了。雇主们争着出售商品，他们就把价格减低了；他们争着雇用劳动和借用资本，他们就把工资和利息提高了。只要工人所得的工资是低于最后一个工人的产量，雇主在雇用劳动方面便有利润可得，但是竞争倾向于消灭这种利润，使劳动的工资和最后一个单位劳动的产量相等。

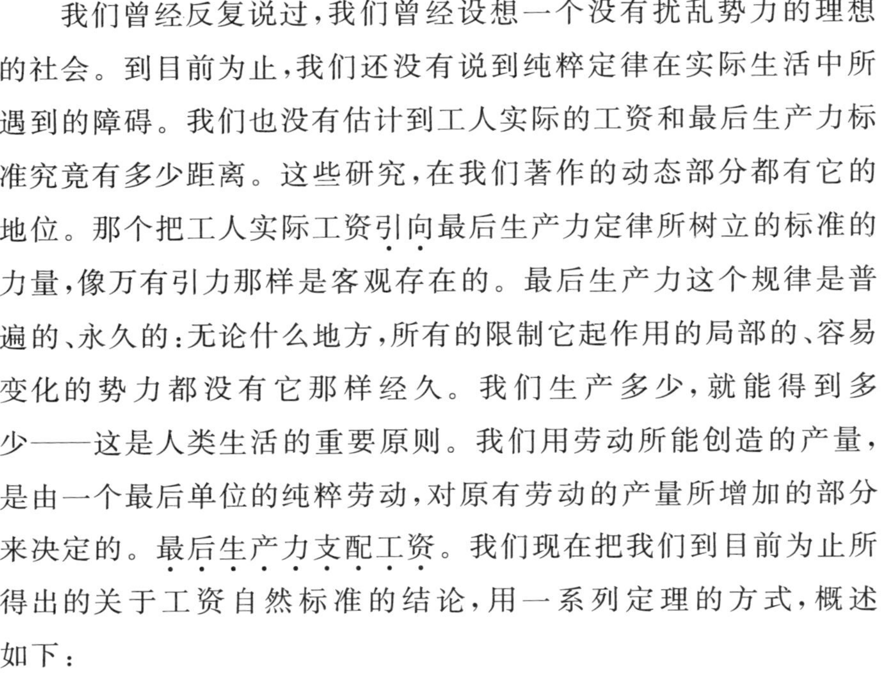

我们曾经反复说过，我们曾经设想一个没有扰乱势力的理想的社会。到目前为止，我们还没有说到纯粹定律在实际生活中所遇到的障碍。我们也没有估计到工人实际的工资和最后生产力标准究竟有多少距离。这些研究，在我们著作的动态部分都有它的地位。那个把工人实际工资**引向**最后生产力定律所树立的标准的力量，像万有引力那样是客观存在的。最后生产力这个规律是普遍的、永久的：无论什么地方，所有的限制它起作用的局部的、容易变化的势力都没有它那样经久。我们生产多少，就能得到多少——这是人类生活的重要原则。我们用劳动所能创造的产量，是由一个最后单位的纯粹劳动，对原有劳动的产量所增加的部分来决定的。**最后生产力支配工资**。我们现在把我们到目前为止所得出的关于工资自然标准的结论，用一系列定理的方式，概述如下：

(1) 劳动力和商品一样，也是受着边际估价规律的支配。市场对每一种商品的最后供应单位估定什么价格，也就对整个那种商品估定了什么价格。正像消费品最后单位是决定价格的单位那样，劳动的最后单位是决定工资的单位。

(2) **最后**单位不是指那可以鉴别出来、可以跟其他单位分别开来的特殊单位。例如，在美国的谷仓里，并没有一个特定数量的麦，是处在关键的地位，并且具有其他小麦所没有的决定价格的能力。这里任何一个单位的麦，按经济的意义说来，都是最后的单位，因为它的存在使小麦的供应达到现在的实际数量。同样，劳动的**最后**的、**边际**的单位，并不是由特定的人组成的。我们必须特别注意，不应当这样想：决定一般工资的最后的劳动力，因为质量最差，当然要最后被雇。我们上面说过，像这样的单位的劳动是工资规律的基础，我们这样说，是经过慎重考虑的；构成这种单位的一群工人，一定是普通的中等的工人。

(3) 在说明最后效用规律时，通常是把一种商品的单位按想象的先后次序来安排，在一个时间内只出售一个单位，并且确定每一个单位对顾客的重要性究竟是怎样。可是商品从来没有按这样先后的次序一单位一单位地送到市场去。商品是整批地在市场上出售。但是商品的价格却是由商品按上述先后次序一单位一单位地出售时的最后一个单位的重要性来决定的。

同样，在说明决定工资的规律时，我们设想把工人分成单位，在一个时间内只有一个人或一群人进行工作，从而找出最后一个单位对市场的重要性，这样做法对我们是有帮助的。这样，就会把生产力递减规律的作用揭露出来。不论我们是把一个人或一群人当做一个单位的劳动，如果工人是像上面所说的那样一单位一单位地进行工作，任何一个单位所得的工资，便是等于最后一个单位所能创造的产量。

(4) 这样得来的工资标准是一个静态的标准。只要在劳动和资本的数量不变、组织形式没有改变的情况下，用同样的方法，生产同样的东西，工资将按这个测验所建立的标准而保持下来。使工人按先后次序进行工作，这有点像理想的动态，但是这样做法却可以把一个静态规律显示出来。

假定在下图里沿 AD 直线来测量劳动单位的数量。假定这些单位是一单位一单位地进行工作，而资本在数量上是固定不变的。第一个单位的劳动借着所有资本的帮助而创造的产量，用 AB 线来表示。第二个单位的劳动对第一个单位所增加的产量,用$A^{I}B^{I}$线来表示。第三个单位的劳动所增加的产量等于$A^{II}B^{II}$,第四个、第五个单位的劳动所增加的产量等于$A^{III}B^{III}$和$A^{IV}B^{IV}$,而最后一个单位所增加的产量等于DC。DC测量了这一系列单位中任何一个的实际生产力,并且决定了工资的一般标准。如果第一个单位的劳动所要求的报酬超过了DC表示的数目,雇主就会让它退出工作,而用最后一个单位来代替它。整个劳动队伍中,任何一个单位退出工作,雇主所遭受的损失等于DC所表示的数量。

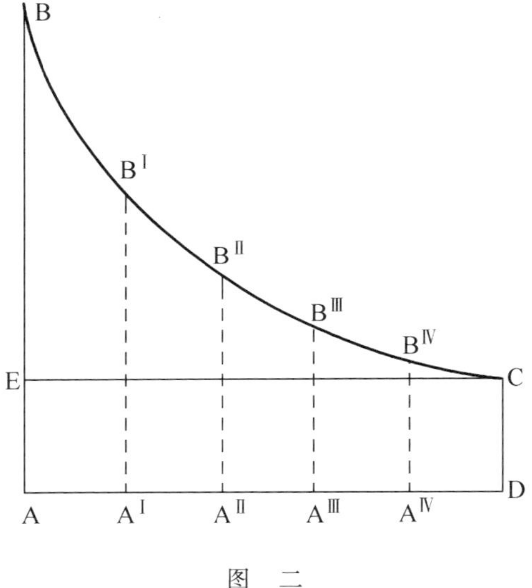

图　二

说到这里,出现了一个非常重要的事实。我们可以把上面说明工资规律的话反过来说,从而得到利息规律。假定劳动这个要素在数量上没有改变,而资本是按先后次序一单位一单位地增加起来,那么AB便是整个劳动队伍使用第一个单位的资本所得的产量,$A^{I}B^{I}$是第二个单位的资本所增加的产量,$A^{II}B^{II}$是第三个单位资本的产量，而 DC 是最后一个单位的产量。DC 的数量决定了利息标准。在这一系列资本单位中，任何一个所有者所得的利息，不能超过最后一个单位的产量。假若第一个单位的所有者所要求的利息，超过了最后一个单位的产量，企业家就不使用这个单位的资本，而用最后一个单位来代替它。企业家在生产方面所会遇到的损失，是由 DC 即最后一个单位的资本的直接产量来衡量的。这样，就把每一个单位的实际产量表示出来了，因为在这一系列单位中，如果任何一个退出，所损失的产量都和这个实际产量相等。

我们前面所说的关于资本数目固定不变，而工人继续增加时，资本的形式一定要改变的问题，也适用于相反的情况。如果工人的数量固定不变，而资本不断增加，这就使资本也不得不实现相似的形式上的改变。如果资本只有一个单位，而劳动却有十个单位，工具必定是简单而便宜的工具。手工工具将是普遍使用的工具，而房屋、道路、桥梁、车辆等等，将都是属于只供一个时期使用的类型；每一种工具，成本低微，只求勉强应付工人的使用。如果有两个单位的资本，比较好的工具便开始使用了。资本额每一次增加的结果，主要就表现在坏的工具变为较好的工具。是的，资本增加以后，工具和原料都增多了，不过令人注意的是：所有的工具都是比较贵重而效能比较高的。如果资本增加到十个单位，那时的工作条件可以说是和美国现时的情况大略相同，那就是，有许多贵重的机器、许多质地坚牢的房屋、许多大轮船、许多效率很高的铁路等等。

我们所以不厌其烦地来说明资本继续增加时所经历的一系列的变化，其原因在于：这些变化实际上正在发生着。资本这一个因

素增长得大于劳动这一个因素。我们可以不用假想的社会，而用现有的社会做例子。在现有的社会里，资本积聚越多，原有的工具的质量就越有改变。把旧的谷仓拆卸下来，而建造更好更大的谷仓；把商业上用的房屋造得高入云霄，并且把这些房屋造得又耐火又耐用；用钢船来代替木船，用轮船来代替帆船；把铁路的弯度斜度除去，并且建造经久耐用的桥梁和栈道；开凿隧道贯穿山脉，以免攀登山坡的困难，并且开辟运河，横穿地峡，来缩短轮船的航程。资本增长得到充裕的地步，更长的隧道和运河便建设起来了。其目的是进一步排除交通的困难和进一步缩短航程。这样一来，费用比从前来得多，而利益却比从前来得少。人们尽量地使机器变为自动化，使得许多机器在一个工人管理下能够很顺利地发动起来。无论在什么地方，资本都起着适应环境的作用，使大量资本能适应比较少数的劳动的需要。

资本数额增加，资本的形式一定要改变，从这里可以看出资本获益减少的原因。最简陋的斧头也许会大大增加它的所有者砍柴的能力。这把斧头经过一年的使用也许损坏了，但是这把斧头在一年的时间内，能给它的所有者节省足够的时间，来做六个新的斧头，因为如果没有那个斧头，他就必须把时间花在又慢又苦的砍柴工作上面。所节省下来的时间，他不一定只用来制造斧头，但无论他怎样使用这些时间，他所得的收入是相当于他把资本投在那最富有生产力的第一个工具上而得到的百分之五百的利息。第二个工具所节省的劳动，也许只够做五个新的工具来代替旧的工具，但是那所有者实际上只做一个斧头用来替换，而把可以做另外四个斧头的时间，来制造别的东西供自己使用。把这第二个工具所节省的时间加以利用，而得到的劳动成果，如果我们按光靠劳动的生产来计算的话，它是等于第二个工具成本的百分之四百。

就人们能够正确地判定各个工具的个别的生产力来说，各个工具使用的先后，当然是以它们的生产力的大小的次序为标准。要对一个原有的生产设备添置新的装备，使新的装备在一年内生产的价值，达到它的成本的一倍，这在一个时期内并非不可能做到，但是过了不久便不能做到了；最后一次增加的资本的利息，只有资本本身的一部分。在生产资金增大，并以改善工具质量作为扩大资金的投资方式的过程中，上述百分比（利息）便逐渐减少了。一个简陋的斧头的成本，和一个较好的斧头的成本的差额，就是所增加的资本数额，但是增加的资本的再生产量，却比投在原有工具上的资本的再生产量来得少。

在资本累积的过程中，总要制造比较贵重的机器，这些机器体现着更多的资本，而使用这些贵重机器所得到的产量，只等于机器成本的一部分。把铁路的弯曲的路线改为直线，这是投资的一种方式。弯曲的路线改为直线的费用，也许和建造那条路线的费用一样多，但是改为直线以后，所能解放出来的劳动，按它和成本的比例说来，并没有像当初建造那条弯曲的路线时，所解放的劳动那么多。为要避免短距离的爬山，而开凿一个长的隧道，其结果是：投在这个工事的资本所得的收益，并不像当初为要避免攀登高山而建造一个短的隧道时，资本所得的收益那么多。资本各种形式的收益力各不相同，这在各个地方都是这样。资本所有者最初是选择那些生产力最大的形式，然后才选择生产力比较小的形式。这是目前利息很低的原因。在一系列投资机会中，我们也利用那些较后的和生产力较低的机会。

我们已经说过,没有一个单位的资本能使它的所有者得到比最后单位的资本的产量更多的收益。这句话我们可以按另一种方式来说:没有一种形式的资本,可以使它的所有者能够要求在一年内所得的它的价值的百分比,多于生产力最小的形式的资本所创造的本身价值的百分比。在近代的情况下,如果在贷"款"给人购置一个迫切需用的工具时,贷款者提出要求,要把使用这个工具所得的收益全部给他,那么借款的企业家一定会拒绝使用这笔款,而把那花在最不需用的工具上的钱,拿来购置这个迫切需用的工具。按照比较原始的生活上所特有的字眼,我们可以这样说:如果制造一个迫切需用工具的人,提出要求,要把工具的产品全部给他,那么企业家一定会拒绝使用这种劳动,而把花在制造他的生产设备中最不需要的一部分的劳动,用来制造这个需用的工具。由此可见,资本在形式上是完全可以改变的。社会可以停止制造一种工具,而来制造另一种工具。因此资本货物是可以相互替换的。只要资本货物可以相互替换,没有一个单位的资本,可以使它的所有者得到比最后单位的资本的产量更多的收益。

在资本积累的过程中,劳动当然也要改变它的形式。看守一部复杂机器的人所做的一系列的工作,和使用手工工具的人所做的工作,大不相同。我们每次改变资本的形式的时候,就把劳动的性质改变了。资本和劳动这两个生产因素,在形式上是互相适应的,这是一般的原则。只要你改变了这两者数量的对比,你就得改变这两者的性质。当十个单位的劳动有十个单位的资本时,就会有一定级别的工具和一定性质的工作;当十个单位的劳动有十一个单位的资本时，就会有和上面多少不同的工具和工作方法。并且，按理论来说，这双重的变化必定要扩展到整个资本和整个劳动过程。到处都可以看到新的、改良了的资本货物和新的使用资本货物的方法。

在上述限制的条件下，我们在说明利息规律时，可以使用一单位一单位地扩充社会的资金并且衡量每一个单位所创造的产量的方法，来说明利息定律。我们这样假设，便把一个真实的不同生产力的规律揭露出来了。正像我们说过的那样，前后一个单位的资本所增加的产量，决定了利息的标准。每一个单位的资本能给它的所有者带来和最后一个单位的资本的产量相同的收益，但是不能给它的所有者带来比这更多的收益。总之，最后生产力的原则在两方面起作用，因而产生了工资的理论和利息的理论。

第十三章　用地租公式来测量的劳动和资本的生产量

通常都是把地租解释为土地方面的收入。此外，在从事解决分配问题时，通常总是从社会收入中先除去地租的因素，然后才来寻找可以说明其他收入的分配原则。最流行的理论，认为地租完全不同于工资、利息或企业家的利润。根据这个见解，地租是由它自己的规律(这个规律在别的地方都不适用)所决定的一种级差收入。测量一块土地的地租的方法，是把它的生产量和一块使用同等数量的劳动和资本的最恶劣的土地的生产量相比较。他们认为根据这个单独计算的方法处理了由土地所生产出来的那一部分的社会收入以后，便是在解决十分困难的分配问题上，前进了一步。他们相信如果把土地的产品撇开不谈，工资、利息和利润等问题，都比较容易说明。

但是，很明显的，工资是由和一个固定数量的资本一起使用的劳动的最后生产力来决定的。如果在计算这整个资本时，我们没有普遍考虑到一切种类的资本货物，那就难免造成混乱。与劳动合作的复杂的资本的因素，是由全部生产财富的资金所构成的，而不管这些资金具有怎样的形式。当生产财富的总数不变，而劳动的数量却不断增加时，上面所说的报酬递减规律就发生作用。劳动的单位愈多，最后单位的劳动——劳动和土地以及其他工具的结合——的生产量就愈少。当劳动力的数目停止增加时，工资标准也就固定下来了。

有人可能这样说，假如人为形式的资本在数量上固定不变，而工人的数目逐渐增多，也可以产生同样的结果。可能有这样的主张：土地的数量是由自然界决定的。如果我们能够计算出建筑物、工具、原料等等类型的生产财富的数量，并且也把它固定起来，不让它变动，我们也就可以得到上述的状况。那时候生产财富的总数就是固定的数量，于是我们可以像上面所做的那样，让劳动一单位一单位地增加，从而测量出它的最后生产力。

这种说法可以说明劳动生产力所以下降的真实情况，但是还没有找到劳动生产力下降的真正根源。劳动不仅仅和人为的资本相结合。由于人为的资本与土地结合成一个帮助劳动进行生产的普通因素，所以劳动是与人为的资本和土地相结合。因为劳动人口逐渐增加，其中一部分就到以前还没有租金的土地上去工作——劳动力数目的增加，扩大了土地的利用边际。此外，在同一时期中，新的工人也不断地加入耕种较好的土地的劳动队伍。在各地方土地的耕种越来越集约，而土地在其他方面的使用率也越来越增强。人为的资本本身可以说仅仅容纳它所能容纳的新增加的工人。人为的资本帮助土地进行生产，这两者合在一起，容纳了全部的新工人。工资所以下降，是因为这种资本和土地合在一起，不能使第十个单位的劳动具有第一个单位的劳动所具有的生产力。

因此，我们如果要了解劳动生产力下降的原因，必需考虑到新增加的人口的整个经济环境。土地和人为的资本是密不可分地结合着，最后单位的劳动的生产量，是由这个混合因素给它的生产力所决定的。在这个结合中，只有两个普通的要素来决定工资率。是的，我们已经知道，这两个因素——劳动和一切资本——的数量对比的变化，对工资和利息起着决定作用。

关于术语，实际上不必加以争论。我们必须找一个名词来称呼全部生产财富的永久资金，而资本这个名称，是最自然的名称[①]。我们也必须为组成这个永久资金的各种集体商品找一个名称，我们把这些东西(包括土地在内)称为资本货物。我们希望在研究分配过程时，所得的结果可以证实这个名词的恰当。无论如何，我们必须注意，决定自然的或静态的工资和利息标准的，一方面是劳动的数量，一方面是全部生产财富的数量。

我们以后研究地租时，将把地租看做是一种资本货物的收入——看做不过是利息的一部分[②]。我们现在可以明白，工资和利息虽然是由最后生产力规律决定的，但是也可以应用测量地祖的方法来测量它们。这就是说，说明土地收入的李嘉图的公式，同样可以说明全部社会资本的收入：不论哪一种利息都可以使它具

① 以后就可明白这并不等于把土地叫做资本。每当说到土地的时候，我们将称呼它的通常的名称。我们时常必须提起体现在土地以及工具中的永久的生产财富的全部资金。当这资金在实际生活中被想象为投资在商业上的“金钱”时，一般总是称它为资本，而在本书中，也将叫它为资本。如果可以把一切“抽象的”生产财富叫做资本，那么反对把土地叫做一种的资本货物的理由就不存在了。无论哪一种反对这个用法的理由，其严重性都比不上反对在长篇的讨论中，不断地使用像生产财富的永久资金这样名词或其他同等的和同样不方便的名词。我们所采用的名词，不但可以防止把土地和这种资金混为一谈，并且可以防止把土地和其他具体工具看做同样的东西。就这一点来说，我们的名词是有严格的含义的名词。

② 参阅第二十二章。

有级差收入或剩余的形式。此外，李嘉图的公式还可以用来说明全部社会劳动的收入，因为，就整个来说，工资也是一种级差收入。这样，全部劳动的收入和全部资本的收入，居然与地租完全相似，这实在是最令人惊奇的经济现象之一。如果我们把租金解释为级差的产量，那么劳动的收入和资本的收入就是租金的两个类型。土地的收入，构成这两个类型之一的一个部分。

现在我们把地租规律简单化一些，姑且不问在农业先进的社会里，所使用的大量辅助的资本。假定我们所说的土地是由几乎徒手的工人所经营的。每个工人携带一件简陋的工具，并且这个工具所代表的资本的利息，只占这个工人每年收入的一个很小的部分，因而我们可以置之不问。这样，我们所要讨论的就只有两个生产因素，即土地（土地现在体现着所有的必须考虑的资本）和劳动。不考虑辅助的资本，对于我们研究中的原则并没有影响。因为假如我们把例子弄得复杂一些，把一切种类的资本都考虑在内，我们所必须证明的问题仍然可以得到同样完全的证明，虽然难免比较不明了一些。使用在肥沃的土地上的孤立无助的劳动所得的级差收入，对于可以用李嘉图公式来测量的级差收入，提供了鲜明的例子。它是一切租金的典型①。

这样使用在土地上的劳动，是受报酬递减规律的支配的。把一个工人放在一块又有牧场又有森林的四分之一平方里的土地上，他的收获必定很丰富。增加一个人，每人的收获就要少些。再

① 这些租金是(1)一切资本的租金，(2)一切劳动的租金，(3)个别资本货物的租金，(4)个别工人的租金。

增加一个人就更少了。设使增加到十个人，可能最后一个人所收获的，只等于他所得的工资。可是，我们必需很小心地来查明第十个人的收获为什么只等于他的工资。假使这块土地的所有者付出当时一般的工资雇入这些工人，那么，它的情形一定是他陆续增加工人，直到最后一人，只生产出相当于他的工资的数量为止。在这个情况下，正如第十章所述的，工资决定了这块土地的集约使用的边际。我们所必须偿付的工资，决定了在我们的农场上可以使用多少人。但是，如果我们的农场是跟外界隔绝的，工人们又自成一个社会，而且受雇的工人有十个，那么，我们就必须使他们全体加入工作，而付给每个人相当于最后一个人所生产的数量。在这里是边际劳动的生产量决定工资，正如第十章所述的那样。这里的情形，也说明了工资的真正规律①。

上述每一个先雇的工人的产量，都比最后一个工人所生产的多。而他们所得的工资，只等于最后一个工人所生产的数额，其余的归于农场主所有。农场主所得的，是一系列余额的总数。每一

① 普通所说的地租规律，具有一个缺点。这缺点表现在把这个规律应用在劳动报酬上的第一个例子上。目前阐明地租规律的著作中，所描写的农场主，是按照附近各个产业所偿付的工资来雇用工人。当他发觉如果再增加工人所得的收入将不能抵偿所付的工资时，他就停止增加工人。先雇用的工人中，每人所生产的都比工资超过一些。当我们研究一块专供某种用途的土地的租金时，计算这地租的科学方法，应当把工资作为减数，而不应当把劳动的最后生产量作为减数，因为决定最后生产量的就是工资。如果我们所求的是一个真正的级差产量，我们就必须把劳动和外界隔离起来，数清工人的人数，使他们全体出动工作，并听任最后一个人按他的能力进行生产。于是我们就可以得到每个先雇用的工人的生产量和这个最后的或标准的生产量之间的差额。每一个这种差额都是真正的级差生产量。真正的级差产量的测量方法，不是把为农场主所生产出的产品的数量和农场主所付出的工资相比较，而是把一个生产量和另一个生产量相比较。

个余额都是把一个先雇的工人的生产量，减去最后一个人的生产量而得出来的。

把第一个工人单独占有整个农场时所生产的数量叫做 P^1。把第二个工人增加的数量叫做 P^2，以此类推。把最后一个人所增加到总产量的部分叫做 P^{10}。

$P^1 - P^{10}$ ＝第一个工人所生产的超额产量

$P^2 - P^{10}$ ＝第二个工人所生产的超额产量

$P^9 - P^{10}$ ＝第九个工人所生产的超额产量

假如我们把上面一系列的算式计算出来，然后把九个得数加起来，其总数就是这一块土地的地租。这个数目也就是这块土地的所有者从各个工人在土地的帮助下，所生产的东西的总数中，留归自己的数目。

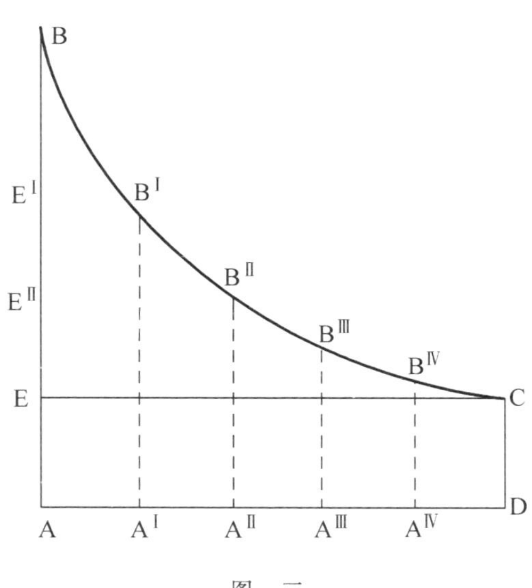

图　三

$P^1+P^2+P^3\cdots+P^{10}$的总数就是这块土地和在这块土地上使用的劳动的总生产量。这个数目也就是上面一系列中的各个被减数加上最后的工人的生产量的总和。$10\times P^{10}$等于各个减数的总和。这两个总和的差额,就是这块土地的地租。换句话说,地租等于总生产量减去第十单位或最后单位的劳动的生产量的十倍。

我们现在再把AD代表工人的人数,AB,$A^{I}B^{I}$等等代表依次增加的各单位的劳动的生产量。假使我们给予这些线相当的宽度,以使这些线占满整个ABCD的面积,这个面积就将测量我们所举的例子中的农业社会的全部劳动和全部资本的生产量。在这里所有的资本实际上完全是由土地的形式体现出来的。因此我们现在能够把实际上由土地所生产的那一部分的生产量归功于土地。

最后单位的劳动生产出DC线所代表的生产量,因此,每个单位劳动对于地主的价值,实际上也恰恰是这个数量,并且也就得把这个数量作为工资。AECD代表工资的总数。EBC代表地租的总数。我们曾经说过,这个数目是由一系列余额或级差产量所组成的。我们还测量过这些余额,就是把先增加的劳动中,一个单位的劳动的生产量,减去最后增加的劳动的生产量,每个余额都是这样。例如,AB减DC得出一个这样的余额,而它也就是地租的一部分。粗看起来,似乎土地具有剥夺劳动的一部分产品占为己有的力量——就是说,似乎全部先增加的劳动的生产量的超额部分,就是土地的租金。

实际上这个余额是由于土地的作用而生产出来的果实,应当把它单独归功于土地。正确的租金的概念,应当把租金看做是一个生产因素，对另一个生产因素的生产量上所增加的部分。除了最后单位的劳动以外，在每个单位劳动的生产量上，有土地所增加的产量。当只有一块土地而且没有人耕种时，生产量是零。当有一个单位的劳动和这块土地结合时，生产量是 AB。在这句话里，我们把全部的生产量归功于劳动①。现在第二个单位的劳动，加入耕种这块土地的队伍，而没有带来任何资本。第二个单位的劳动的生产量无论多少，总是对这块土地在一个人耕种下的生产量有所增加。这样，由于增加劳动而没有增加资本所产生的生产量是 $A^I B^I$。AB 和 $A^I B^I$ 之差为 $E^I B$，$E^I B$ 是测量在有整块土地的帮助下一个人所能生产的产量，比没有土地的帮助所能生产的产量超过多少。最后的人对于这个生产组合只是增加劳动而没有增加土地。但是第一个人有土地，而土地对于仅仅由劳动生产的产量所增加的部分便构成作为地租的级差数量。研究租金的科学

① 就第一次增加的劳动来说，我们可以通过不同的推论，认为全部生产量都是由土地生产出来的。工人单靠自己不能生产什么东西，有了土地以后，就能生产出全部产品。此外，如果把一单位的劳动分成若干小单位，我们就可以认为一部分生产量是由劳动生产出来的，另一部分的生产量是由土地生产出来的。于是最后一个小单位的劳动的生产量，就可以成为工资或一切小单位劳动的实际生产量所依据的标准。表示这个事实的图解如下：$A^I B^I$ 是每个小单位劳动所生产的产量，$AA^I B^I E$ 是全部劳动所生产的产量，$EB^I B$ 是土地所生产的产量。只有在工作中的工人的数目不只一个单位时，才能够明白有多少应该认为是劳动所生产的，有多少应该认为是土地所生产的。

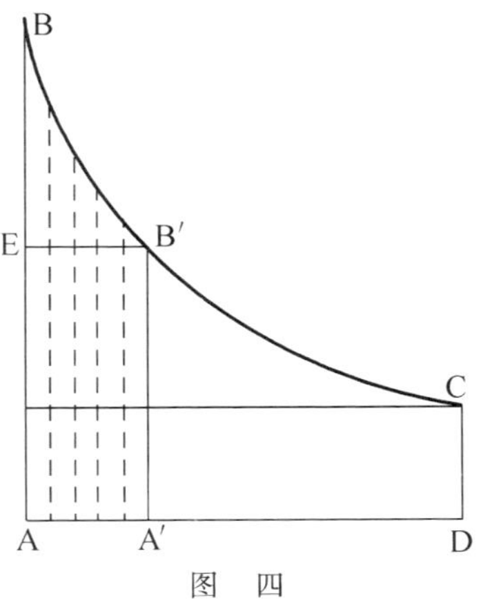

图 四

是一个研究经济因果的科学，这个科学研究产品的来源。获得地租的人是创造产品的人。

第三个工人也是空手加入耕作的，他生产出 $A^{II}B^{II}$。$E^{I}B+E^{II}E^{I}$ 代表到这时候为止土地对于土地和劳动的共同生产量所贡献的数量。把各条直线延长和加宽，使它们占满全图的面积，这样，AECD 就作为一单位一单位地雇来的、没有资本和土地帮助的一切劳动的生产量。ABCD 是全体劳动在土地帮助下所生产的数量。EBC 是土地所贡献于这个结合的生产物的数量。这个数量测量十个单位的有土地帮助的劳动的生产量与十个单位的没有土地帮助的劳动的生产量的差额。

现在我们可以把决定边际生产力和地租的报酬递减规律应用在真正重要的方面。这种应用方法实际上也就是商业界普遍应用的方法。上述把全部资本都投在那个和外界隔绝的农场上，那不过是一个例子而已，实际上相当于这个农场的劳动的活动范围，却是有着各种产业和复杂的资本设备的社会。

现在把一个固定面积的土地，改变为一个固定数额的永久的社会资本。它现在是一个确定的金额，并且将继续保持这个数目，既不增大，也不缩小。当然工具最终是会毁灭的，是需要时常加以更换的。但是，如果不需要变换资本的形式，那么一个用坏的工具就由一个同样的新的工具来代替，这就是说，一把锄头代替一把锄头，一只船代替一只船，新的工具的式样完全和旧的相同。在完全静态的状况下，这个情形是显而易见的。但是我们是把劳动一单位一单位地增加到产业界来，因此必然迫使资本发生形式上的变化。资本的数量既是固定的，随着工人数目的增加，工具必然愈来愈多,价格也愈便宜。

应用在体现全部资本的土地和所有的工具上的劳动,现在也受报酬递减规律的支配。第一个单位的劳动生产出 AB 的数量,第二个单位生产出 $A^{I}B^{I}$ 的数量,第三个单位生产出 $A^{II}B^{II}$ 的数量,最后单位生产出 DC 的数量。最后这个数量决定工资的标准。AECD 代表工资的数目。所剩下的 EBC 面积代表社会资本的租金。这样,正如李嘉图公式所表示的:一切利息都是一种剩余,完全和地租一样,利息是一个具体的产物,它是由那个要求它作为收入的生产因素所生产的。

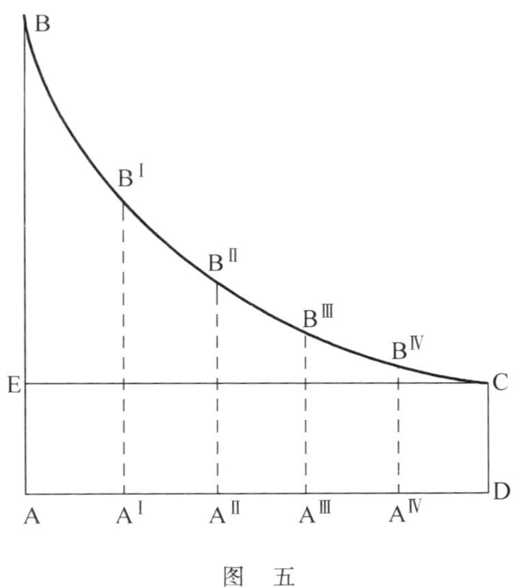

图　五

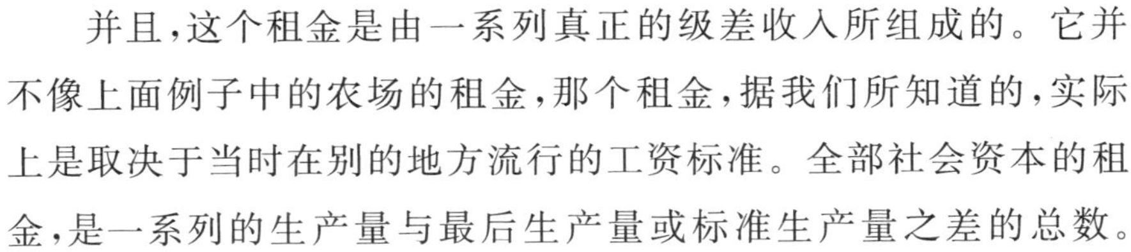

并且,这个租金是由一系列真正的级差收入所组成的。它并不像上面例子中的农场的租金,那个租金,据我们所知道的,实际上是取决于当时在别的地方流行的工资标准。全部社会资本的租金,是一系列的生产量与最后生产量或标准生产量之差的总数。

真正的差别是在于不同的生产量之间的差别，不是在于生产量和工资之间的差别。DC线是表示最后单位劳动的生产量，它也决定工资标准。我们已经使社会的全体劳动加入工作，我们已经测量了最后增加的劳动所生产的数量，我们也测量了以前增加的每一个单位的劳动所生产的数量比最后单位的劳动所生产的数量超过多少。每个单位所生产的超额产量都是真正的级差产量，因为它并不是支付工资后的余额，而是一个生产量和另一个生产量之间的差额。它也就是有资本帮助的劳动的生产量和没有资本帮助的劳动的生产量之间的差额，而这些差额的总数，就是社会资本的租金。

现在把情形颠倒一下，以劳动为固定的因素，而使资本陆续地增加，在增加的过程中，资本当然时常改变它的形式。

ABCD是总生产量。AB是第一个单位资本的生产量。$A^{I}B^{I}$是第二个单位资本的生产量。$A^{II}B^{II}$是第三个单位资本的生产量。

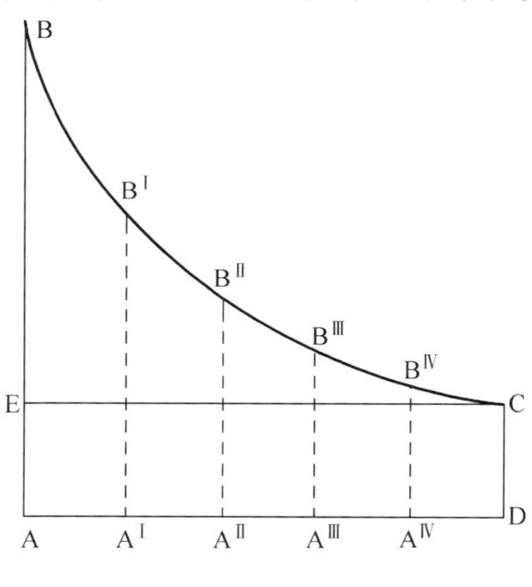

图　六

DC 是最后单位资本的生产量。一个单位的资本没有和新的工人结合而单独加入这个生产组合，它增产了 DC 的数量。实际上，我们可以认为无论哪一个单位的资本，都有这样大的生产量。各个单位的资本实际上的重要性都是相同的。虽然资本货物不可以交换，但是真正的资本却完全可以更换。因此各部分的真正资本的收入能力都没有程度上的差别。一个商人、工厂主或农民只要能够提供可靠的担保，便可以借到他所需要的任何数目的“金钱”，只要付给一定数量的利息就可以了，这种利息只等于他投在他的营业中需要最微的部分的资金所能赚到的利息。这是意味着对前几个单位的资本进行剥削吗？借款者真是掠夺贷款者吗？

假定最后单位的资本生产出 DC，那么它就要获得这个数量作为利息，而其他单位的资本，一定也不能获得比这个数量更多。AECD 将要成为利息的总数，EBC 将要成为一个剩余，有充分理由可以认为这个剩余是劳动所生产的，并且是劳动所单独生产的。单独由资本所生产的生产量和资本同另一个因素相结合的生产量之差，是由于这另一个因素的参加工作而造成的。

如果应用租金的名词来表示这些剩余，那么，我们就应该说 EBC 是和资本一起工作的工人的租金。这个数量是由一系列的级差产量所组成的。显然地，AB－DC 就是第一个单位资本和最后单位资本的生产量的差额，$A^{I}B^{I}$－DC 就是第二个单位资本和最后单位资本的生产量的差额，以此类推。如果我们使用劳动的租金这个名词，那么它就是和以前各个单位资本有关，但又不是由以前各个单位资本所生产的各个剩余生产量的总数。看来似乎劳动得到以前各单位资本所生产的一部分产量，但是实际上这部分产量是劳动和资本所共同生产的产量减去单独由资本生产的产量。因此,EBC是完全由劳动生产的数量。

同一的规律,即最后生产力规律,支配着工资和利息。使用某一种说明这个规律的方法(图七),我们得到这样的结果:工资的数目是由这个规律直接决定的。这个数目就是图中的AECD面积。就计算来讲,全体劳动的收入等于最后单位劳动的生产量乘劳动的单位。在第七图,工资就是这样决定的,而利息就是和租金性质一样的一种剩余。使用另一种说明这个规律的方法(图八),我们就得到这样的结果:利息的数目是绝对由最后生产力规律决定的,而现在工资却成为和租金相似的一种剩余。这两个数目合在一起,构成社会的全部静态收入。

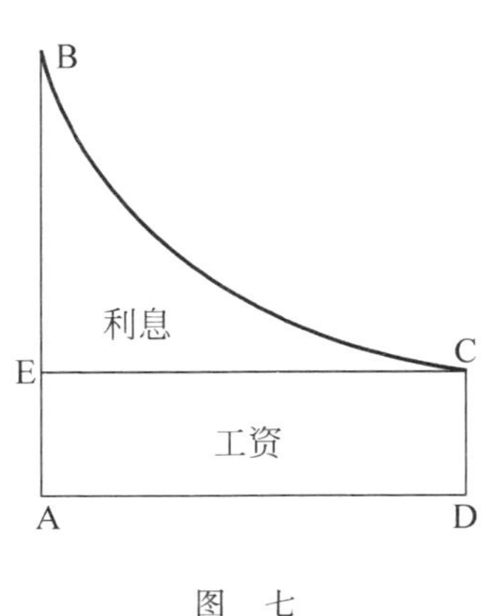

图　七

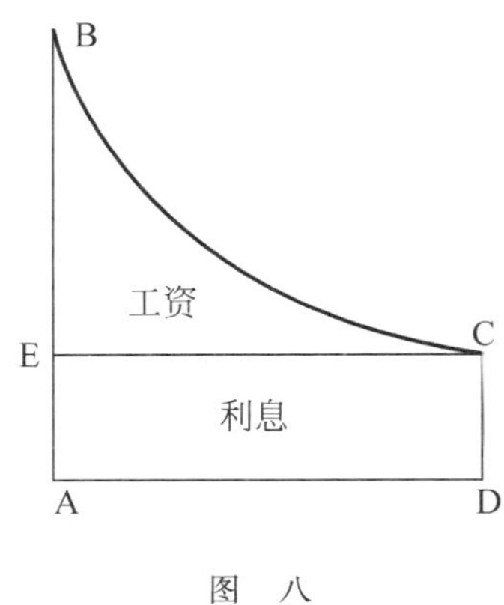

图　八

在这样的静态情况下,没有利润的地位。这两种永久的和动态变化无关的收入,是劳动和资本的主要产品。它们都是直接由最后生产力规律决定的,同时也都是余额——剩余或级差数量。按照一种的说法,它们都是租金,都是由社会产业的总生产量中减去其余一个收入而得出来的。

这种的余额，归到自然地获得这余额的人们手中，是否仅仅因为它是余额，而没有别人出来要求呢？在第七图中，代表利息的EBC是一个受地租规律支配的剩余。资本家所以获得这个数目，是不是仅仅因为劳动不能获得这个数目呢？全部生产量有ABCD这么多，而劳动仅仅得到AECD。如果没有利润，资本家就必定享有其余的部分。那么，资本家所以能够占有这个收入，是不是仅仅因为工人留给他们呢？

这一点是非常重要的。问题简直就是有没有什么静态收入是由余额决定的。很明显，静态收入从来没有这样决定的。没有一个静态收入，仅仅是因为自社会生产量中减去其他收入后还剩了一个余额，而成为一种收入。凡是单纯属于余额性质的收入，都必定归企业家所得。因为第七图中的EBC工人没有要求拿去，所以它就留在企业家的手中。到此为止，这个数目是一个余额。并且，这个数目有留在企业家手中的必要，因为这样企业家才能偿付资本家所要求的利息。但是，企业家所以要把这笔钱付给资本家，绝不仅仅因为企业家掌握了这笔钱。资本家能够强迫企业家付给他们的数额，是由资本的最后生产力来决定的。使用资本的人对于最后增加的单位的资本所付的代价，必须恰恰等于这个单位资本所生产的数量，同时也必须付给其他一切单位的资本同样的报酬。如果这需要把劳动所留给企业家的EBC全部用光，那么EBC就归资本家所有。但是其所以如此，完全是由于最后生产力规律的直接作用，资本家能够要求这个数目，而且如愿以偿。资本家所能获得的是什么，在第八图中表示出来。在这里，AECD是直接地和

绝对地决定的利息的数目。在任何情形下，这个数目最终总要由企业家转归资本家所有。

那么，企业家在付了第七图的 AECD 所代表的工资之后，手中还剩有 EBC，来支付利息。他所必须支付的利息的数目，表示为第八图的 AECD。如果第七图的 EBC 比第八图的 AECD 大，那么，就有些余额留给企业家。这个余额可以算是纯粹的利润，也就是唯一的由余额决定的收入。

从事实的表面看来，上述两种静态收入——工人和资本家的收入——都是由企业家付给他们的。企业家一方面收进工人和资本家的共同工作的产品，一方面又把这些产品卖出。就棉织厂来说，把产品运到市场出卖，然后把售货的收入付给工人和资本家的就是使用资本和劳动的人。假设他先按照应用于资本方面的最后生产力规律的要求来酬偿资本家，那么他必然还有一个余额可以支付工资，而且这时候，也是由最后生产力规律来决定他要支付多少数目作为工资。在付了这两项数目之后，如果他的手中还有余额，那就是利润。所以，利润和余额的收入，可以说是同义语。

我们可以把上面两图反过来使用，从而证明这个真理。在第八图中，AECD 是直接决定的利息，而 EBC 是留给企业家支付工资的余额。企业家必须付给工人的是第七图中的 AECD。如果这个面积比第八图中的 ECD 小，那么就有一个余额或利润留给企业家。可是，静态的状况，使这两个面积大小相等，于是排除了这种的利润存在的可能。

因此，我们已经证实了下列几点：

(1) 工资和利息都是由最后生产力规律来决定的。

（2）在任何例子中，当这两种收入中有一个是这样决定时，其余一个就显得是一个余额。

（3）作为一个余额，这种收入当然是留在企业家手中，但是由于最后生产力规律的更进一步的作用，实际上以后又从企业家手中拿走。

（4）企业家的利润和余额的收入是同义语①。本章所假定的静态状况，排除了企业家这种收入的存在。

---

① 上述论点，似乎和已故的倭克尔校长（President Francis A. Walker）所主张工资是分配上的残余部分的理论大大相反。我们要注意倭克尔校长的研究主要是对动态经济方面的一个问题的研究，了解这一点，就有助于消除讨论时的许多混乱的原因，并给予这位杰出的经济学者的理论以其应有的重视。假设产业的总生产量变得比前更多，同时租金和利润却没有增长，那么工资必然把全部增加的产量吸收去。按照这个见解，这个余额可以看做是整个产业过去的生产量减去现在的生产量后所剩下的余额。认为劳动有力量得到动态的变化所创造的全部增加的产量这个看法，和认为工资同总生产量中的其他部分一样，在时常发生的纯粹静态的调整中是直接由于最后生产力规律决定的看法，并没有矛盾。我们可以主张促进全部产业的生产力的进步力量，也促进各个单位的劳动的生产力，但是其他生产因素的生产力却保持不变。这样，每当遇到静态的调整，工人也像资本家一样，必然要强迫企业家给予他们自己所生产的产量。就静态来说，工资是直接由最后生产力规律决定的。就动态来说，工资也包含一部分的余额，它是从整个产业现在的生产量减去过去的生产量而得出来的。

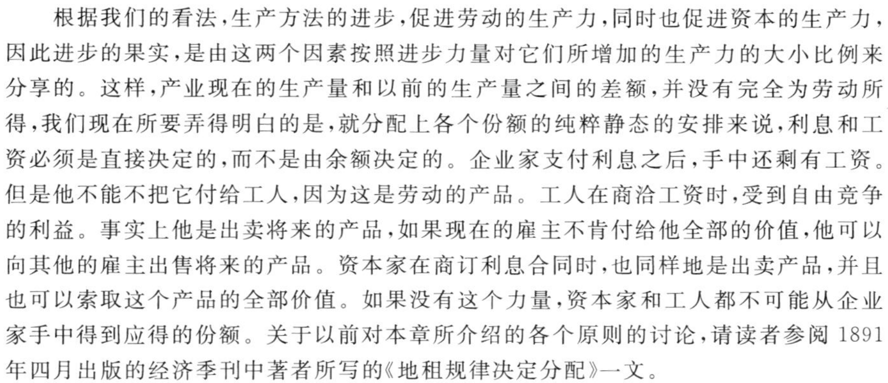

根据我们的看法，生产方法的进步，促进劳动的生产力，同时也促进资本的生产力，因此进步的果实，是由这两个因素按照进步力量对它们所增加的生产力的大小比例来分享的。这样，产业现在的生产量和以前的生产量之间的差额，并没有完全为劳动所得，我们现在所要弄得明白的是，就分配上各个份额的纯粹静态的安排来说，利息和工资必须是直接决定的，而不是由余额决定的。企业家支付利息之后，手中还剩有工资。但是他不能不把它付给工人，因为这是劳动的产品。工人在商洽工资时，受到自由竞争的利益。事实上他是出卖将来的产品，如果现在的雇主不肯付给他全部的价值，他可以向其他的雇主出售将来的产品。资本家在商订利息合同时，也同样地是出卖产品，并且也可以索取这个产品的全部价值。如果没有这个力量，资本家和工人都不可能从企业家手中得到应得的份额。关于以前对本章所介绍的各个原则的讨论，请读者参阅1891年四月出版的经济季刊中著者所写的《地租规律决定分配》一文。

第十四章　产业团体的收入

我们还没有充分地应用这个常见的地租规律所根据的原则。这个原则习惯上是应用于土地的生产量。我们曾经应用它支配一切资本的生产量，而当我们这样应用这个原则时，我们并不过问产业的特殊工具，而把全体资本当做是一个永久的生产因素。我们可以把这个因素的产品（即利息），改变成类似地租的形式。资本是社会的资金，如果人们不干扰经济规律的作用，那么构成社会这个有机组织的各个产业团体，就都可以得到适当数目的资金。社会资金这样分配于各个产业团体，有助于决定每个团体应该生产多少商品，而这一点又支配着商品的价值。我们已经知道，价值支配各个产业团体的相对收入，因为商品价格较高的团体，必然收入较多，商品价格较低的团体，必然收入较少。至于价值的本身，是由决定地租的包含一切的规律所支配的，但是这个决定地租的规律是在别的领域内起作用的规律。我们必需研究这个规律决定价值的特殊方法。实际上决定价值就是调整各个团体的相对收入。这个规律同时也支配着团体分配以及决定工资和利息的最后分配。

我们已经知道，地租所根据的规律，实际上也支配着劳动的收入。此外，当研究劳动问题时，我们没有想到个别的人，而把全部劳动看做是一个产业的永久因素。个别工人虽然死掉,而由别的工人来代替,但是工作仍然继续进行着。劳动是一个社会生产因素,因为,劳动像资本一样,也要在组成产业社会的各个团体以及小团体中进行分配,至于每个产业可以分得多少,是由经济势力的自由活动来决定的。当我们讲全部劳动是生产的第二个普通因素,并且是和资本按照一个决定它们两者收入的比例结合起来的因素时,我们就是想象劳动是在各个产业团体中进行分配和安排的。社会上全部劳动和全部资本的结合,决定了一般工资和利息的标准。但这种结合在一切团体都存在着,而某些势力(这些势力在原则上是很简单的,而在实际活动上是很琐碎和很复杂的)趋向于给予人类的每种职业一定数量的社会劳动和一定部分的社会资本。这个分配过程又支配着团体的生产量、价值以及团体收入。在竞争完全自由的情况下,每个产业所得到的社会劳动的分量,趋向于使它的产品的数量以及卖出这些产品所得的集体收入接近于正常状态。

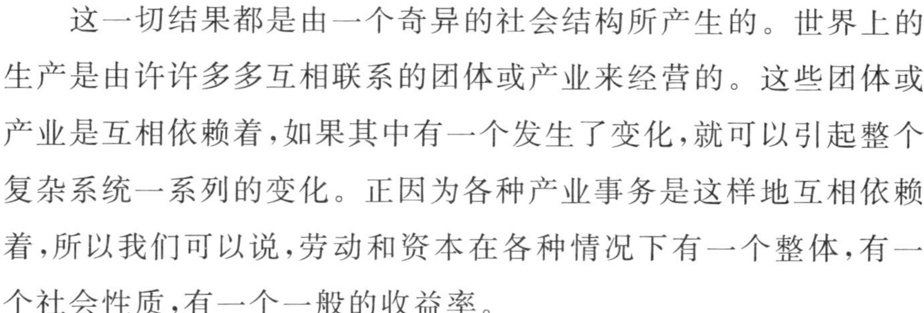

这一切结果都是由一个奇异的社会结构所产生的。世界上的生产是由许许多多互相联系的团体或产业来经营的。这些团体或产业是互相依赖着,如果其中有一个发生了变化,就可以引起整个复杂系统一系列的变化。正因为各种产业事务是这样地互相依赖着,所以我们可以说,劳动和资本在各种情况下有一个整体,有一个社会性质,有一个一般的收益率。

我们已经花了很多工夫来了解一个非常普通的规律。这个规律实际上是无所不包的,整个经济生活,都受到它的支配。古典著作对于所谓农业报酬递减的研究,给我们指出了有关这个规律的一个狭小的部分。古典著作指出，在土地上使用一系列的单位劳动和资本时，每单位的生产量越来越少。

近代的价值研究，从完全不同的角度给我们指出了关于这个原则的一些作用。它们指明，如果把一系列的单位的消费品给予同一个人，每单位的效用就愈来愈小。价值的最后效用理论，和农业报酬递减理论同样是根据一个原则，这个原则有广泛的新的应用范围。所以，只有一个规律支配经济生活，新旧的理论分别包含其中一部分的含义。价值理论是以这个普遍规律为根据的一种应用方法，地租理论是以这个规律为根据的另一种应用方法。在消费方面，可以找到这个规律的痕迹，那就是，某一个物品“最后增加的单位”的效用，要比以前增加的各个单位的效用小；在生产方面，也可以觉察到这个规律，那就是，一个生产因素的最后增加的单位的产量，不如以前所增加的各个单位的产量多。正像价值是取决于最后效用一样，分配上各个份额应当得到多少，是由最后生产力决定的。这样，利息是由最后增加的单位的资本的生产量所决定的，工资是由最后增加的单位的劳动的生产量所决定的。商品的价值与劳动和资本的生产力，都是依靠这个普遍规律来决定的。但是，支配团体的收入的却是价值，而最后决定价值的又是上述规律在消费领域中的作用。是的，消费和生产在性质上是相反的。前者是人类消耗自然，而后者是人类消耗于自然。可是，这两个过程的结果，同样受一个规律的支配。我们可以把这个规律叫做经济结果的变化的规律。如果完全地讲明这个规律，可以给予经济科学以意外的统一性和完整性。同时又可以解释价值、工资和利息三个现象。

消费是产生“主观收获”的过程。这个“主观收获”的大小，是从人的感觉上衡量出来的，而且也就是生产本身的最终目的。反过来说，生产的直接目的，是影响消费者的感觉的物质。这些物质是客观的，但是它们的价值是以它们对于人类的贡献为标准。人通过物质对人发生作用——整个经济过程就是这样。整个经济过程所能获得的利益究竟有多少呢？这是必须答复的实际问题。这个利益的多少，要看当一个人获得一件商品时，这件商品能够给他多少利益来决定，同时还要看这个人能够获得多少的商品。但是，这不过等于说它是依赖商品的效用，以及依赖创造这些商品的生产因素的生产力。因此，它是由上述规律所支配的两种变化情况所决定的。

关于最后效用问题的研究，向来都不够全面。普通所引用的例子，总是选择一个商品，并假设把愈来愈多的数量的商品给予一个消费者，于是，对这个消费者说来，后来商品的单位的效用一个不如一个。把面包一片一片不断地交给一个人，起初面包可以供给营养，以后可以使人愉快，但是最终必然引起厌腻。第 N 片的面包，如果非吃下不可，对他将是毫无好处的，至于 N 以后各片的面包，则不但无益，反而有害了。把一件一件同样的外衣交给一个人，不久外衣就必然会丧失对他的好处。第四件的外衣可能就是这样没有用处的外衣，一个乞丐只要向他讨，就会得到这件外衣。一本书或一张图画的复本，简直是书架和墙壁的累赘，没有这些东西，室内反而比较雅观。总而言之，效用曲线的下降，是非常突然的。在图解里，这个突然下降的效用曲线，表示各单位的完全相同种类的东西所能提供的效用一个不如一个。

把物品的品种加以改变，结果就大不相同。把每件外衣的厚薄、颜色或剪裁式样加以改变，那个人将会乐于得到比四件更多的外衣。把不同的书籍给他，他将会尽他的房子的贮藏能力来容纳这些书本。通过变换所供给的物品的品种，便可以满足人们不同的需要。一个人只要还感到有一些欲望没有得到满足，他将没有理由拒绝你所供给的东西。如果两件外衣，除了厚薄有差别以外，其他条件完全相同，那么，较厚那一件外衣便恰好能满足较薄那一件外衣所不能满足的需要。也许就是由于这一种效用，它可以卖得出去。一般衣着，而不仅仅限于某一种衣服，其效用曲线是逐渐下降的。一般食物的效用，比单单一件食物（如面包）的效用，减少得缓慢。假如食品的种类没有重复，先是洋薯，然后是面包，再后是肉类、点心、水果以及法国厨师的名菜佳肴，那么，每一次增加的单位，其效用的递减，将比任何一种食品的效用的递减要缓慢得多。我们如果这样地变换所给予一个消费者的第二单位的某种物品的性质，我们实际上等于给他一件具有新的和特殊的效用的另一种物品。

价值的理论，没有充分考虑到这一点，就是，当把一个品种完全相同的物品一单位一单位不断地给予一个消费者时，这个物品的效用必然急速下降。普通图解所表示的逐渐下降的效用曲线，是说明一类物品的情形，而不是说明一件物品的情形[①]，因此，价

① 这些曲线也说明可以制造多种制成品的原料的情形。一尺一尺地出卖的橡木，其效用的递减可能很慢，因为他同时可以用来制造椅桌、壁炉架、书架以及门户等等。另一方面，如果其用途只限于制造一种式样的餐桌，那么，它的本身的效用，不久即将减为很小。但是原料不是消费资料，不应当在本书的这个部分出现。原料具有生产力，但是没有我们这里所说的效用。

值的理论，需要加以修正。

这还不是需要修正的唯一的地方，因为我们要来推广价值理论所根据的规律。事实上这个规律是无所不包的规律。首先要把这个规律推广应用在一切形式的消费品方面，而不只限于一件物品。一个人愈富裕，财富对他所起的作用就愈少。不仅一系列相同商品的效用，一单位不及一单位，就是没有形式上的限制的财富的效用，也是这样。把一块一块的钱，而不是外衣，给予一个人，最后一块钱的效用，也要比以前每一块小。最初的几块钱能替他解决衣、食、住的需要，最后一块钱则几乎对他毫无用处了。这样地花费掉的一块钱，意味着控制了一定数量的、形式不确定的消费品，如果你把这样的消费品一单位一单位连续地给予同一个消费者，也必然会丧失掉这种物品特有的效用。把效用递减规律单纯应用于一连串相同的商品上面，只能求得价值规律所根据的各种事实之一。但是把它应用在最大一类的有用的商品上面——一般消费品——就是向科学前进了一步。那么，一个人自用的财富愈多，每个单位财富对他的效用就愈小。

应该注意，一个消费者自己所使用的最后单位的一般财富，包括着种类繁多的、复杂的物品。一个人一年的消费中，大概有一两种食品是他的最初的和最必要的因素，其次是朴素的衣服，再次是简陋的住所以及一些较精美的食物和取暖照明的燃料，但是，较后的每一个因素，总包括一些品种不同的、已经有过了的物品，因为他所需要的，不仅仅是更多的物品，而且是更好的物品。他总是不断地改良和变更他的用品，一年中最后几次增加的消费品的性质、品种一般是极其庞杂的。历次增加的单位的财富是怎样构成的，这在科学上有很大的重要性。按照目前流行的理论，凡是用同样价格买来的各个最后增加的单位的消费品，对消费者的效用基本上是相等的。我们例子中的消费者，用一年进款中的最后的一百元购买某些未曾使用过的物品，此外，还增加些已经有了的物品。假如单上所列的每件物品价格都是一元，他们就认为每件物品的效用完全相等。但是实际上这些物品的效用是极其不同的。如果普通所说的现代价值理论是十分正确的，那么，大部分品质精美的物品，应该比目前的价格高三倍来出卖。说到这里，应当把价值理论作一个必要的修正，因为团体收入是根据这个规律来决定的，并且因为所要做的修正所根据的效用的区别对工资及利息是十分重要的。当我们详细研究最后投资的资本的生产力时，我们就知道，时常记住这个主要的区别，是成败的关键。

所有对于价值规律的谨慎的说明，都估计到这个事实，就是，已经获得的物品的消费量，并不完全随着收入的增大而继续增加。有的消费品从来不会重复使用，其他重复使用的消费品，有了一单位以后，其他单位的效用就减低了很多。例如，一只表可以说几乎是不可少的，但是第二只就没有什么大用处了。对于目前流行的价值规律的说法，还有一点更加重要的修正。最后消费的单位，究竟是什么东西呢？它不是完整的物品的本身，它几乎完全是由物品的效用组成的。物品的效用，在想象上可能与构成完整的物品的其他特性区别开来，但是物品的效用实际上是不可能与这些特性分开来的。一个人的最后增加的单位的消费品，大部分是由构成他所使用的物品的主要特性所组成的。我们的确不能从富翁的餐桌上看到一件完整的物品是他的最后增加的消费品，但桌上的每件物品，都混合着一些他的最后增加的消费品。他所吃的肉、蔬菜、蛋糕等等，其中都含有用他的最后一元买来的东西，这些东西构成最后增加的单位的食物。

就纯粹理论来说，对于消费的主要事实，应该这样说明：一个人所买的供给个人使用的任何物品，都含有混合的要素，其中有的是他的最后增加的消费品的一部分。当一个人经济力量增长的时候，他首先就要求他所使用的物品应当有新的品种。他往往并不增加这些物品的使用量，而只是要求它们的质量更好、更大或更美观。他在消费品方面所增加的不是新的物品，而是新的效用，并且这些效用主要是他所已经消费过的东西所有的效用。由于他实际上不能先买一件较便宜的物品，然后逐渐加以改良，于是他一下子就买入改良过的物品。他所花费的最后一元的实际结果，就是用优美的物品代替便宜的物品，但是，如果他的经济条件较差，他将乐于使用便宜的物品而不加以更换。

例如，住是人生首要的需求之一，即使是富翁的高楼大厦，也有一些成分是用来满足这个首要的需求的。也许他现时所住的住宅，是他最后所盖的一座，而从时间上来说，全部住宅可以算是最后的单位。但是，这一整座房子，并不包括在富翁的最后增加的单位的消费品之内。这座房子所包含的纯粹的住的要素，是代表以前所增加的各单位中的一个单位。他所花在这座房子上的钱，其中有一部分是为了住的目的，有一部分是为了舒适和便利，还有一部分是花费在购买最后增加的华丽风雅的用品上面。就这个富翁来说，只有房屋中的这些最后的价值因素，才构成最后增加的单位的消费品。比较简单的物品的情形也是这样。当这位富翁坐下来吃早餐的时候，假如他动脑筋想一想，他就会感到盘中的排骨，由于它所具有的各种效用，实际上涉及他的消费的全部范围，由最初的消费单位直到最后的消费单位。它包含了这位富翁在理论上的第一块钱买来的营养效用。它也具有用极大代价换来的质量。巧妙的和昂贵的烹调工作，对它下了不少的功夫。如果没有花去雇用名厨的最后几块钱，它就不会和现在的面目完全一样。像这块排骨这样简单的东西，实际上也包含着许多混合的特性，其中有的是属于最后所消耗的单位的财富的一部分，其余的则分散在整系列的各个增加单位（包括最后单位）。假设他能够从这些特性中单独抽出一个特性，他就能够确定这一个特性是从哪一个单位产生的。但是，这整块排骨是用这位富翁所花费在用以满足自己的欲望的各个单位的钱的一部分买来的。

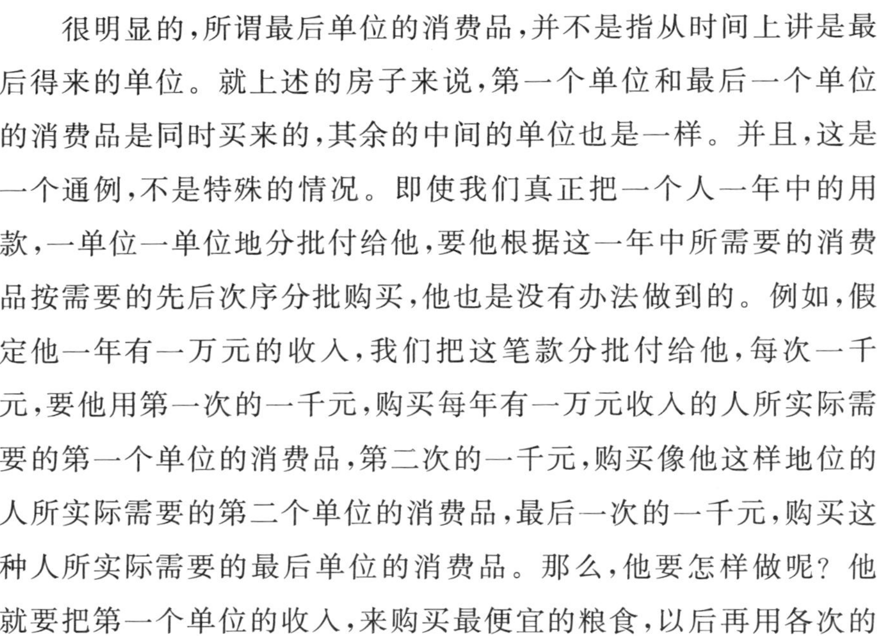

很明显的，所谓最后单位的消费品，并不是指从时间上讲是最后得来的单位。就上述的房子来说，第一个单位和最后一个单位的消费品是同时买来的，其余的中间的单位也是一样。并且，这是一个通例，不是特殊的情况。即使我们真正把一个人一年中的用款，一单位一单位地分批付给他，要他根据这一年中所需要的消费品按需要的先后次序分批购买，他也是没有办法做到的。例如，假定他一年有一万元的收入，我们把这笔款分批付给他，每次一千元，要他用第一次的一千元，购买每年有一万元收入的人所实际需要的第一个单位的消费品，第二次的一千元，购买像他这样地位的人所实际需要的第二个单位的消费品，最后一次的一千元，购买这种人所实际需要的最后单位的消费品。那么，他要怎样做呢？他就要把第一个单位的收入，来购买最便宜的粮食，以后再用各次的收入，陆续把这些粮食改造成为较精美的食品。但是，事实上他没有想来做这个办不到的事情。他知道了自己的收入有多少，他就立刻买来精美的粮食。在理论上（而不在时间上）构成第一个单位的消费品的，是一个人在只有一个单位的收入归他支配的情况下，所要购买的某种形式的消费品中的经济要素或效用。一个人绝不会用他的第一个单位的收入，来盖一所小房子，然后逐步使用以后各个单位的收入，把小房子改建成为住宅、大厦直到宫殿式的邸宅。他一定一次就建筑一座宫殿式的邸宅。在这座宫殿式的邸宅里，有些地方在经济意义上是等于一所小房子，因为它首先具有供人藏身的能力。这一个混合在上述大建筑物中而看不见的效用，实际上构成一个先前单位的消费品。就理论上来讲，这个单位是靠近第一单位的位置，因为它比大多数的其他单位都重要。但是，过了一个时期，它也跟以后的其他效用合在一起了。这座房屋的某些特性，以及这个人所用的其他物品中的相似的特性，构成他所消费的物品在理论上的最后单位。构成这个人最后单位的消费品的是一个一大堆的效用，即消费品在理论上的最后和最好的特性。这是一个显著的和实际存在的事实。这个事实要求我们对价值理论加以基本的修改，我们不久即将讨论这个修改。

这样，人类多是从改良物品的质量着手，来增加他们的消费资料，而很少从增加物品的数量着手。他们似乎是把财富灌注在他们的物品里面。他们给予这些物品新的服务能力，使具有最便宜的形式的仅仅包含一个单位消费资料的商品，改变为具有包含两个三个或十个单位消费资料的形式的商品。

资本的增加也是这样的[①]。把新的单位的资本增加到生产资料中去的办法，多是从提高资本货物的质量着手，很少从增加资本货物的数量着手。我们使手边的工具具有新的生产能力，于是就对这个工具灌入了新的财富。我们用较好的工具代替正在使用的工具。正是这新旧工具之间的差异，构成资本的最后增加的单位。

到目前为止，所得的结论，可以概述如下：

（1）无论用于消费或生产的财富，都可以列成一连串的单位，如果使用者是一次一次地购买物品，那么便可以按照他选购的先后来安排次序。

（2）这一连串单位是假定的，因为不可能把这些单位分散，一个一个地购买。

（3）各个单位的消费资料，和各个单位的生产资料，不是由完整的物品所组成的，而是由物品的各要素所组成的。

（4）一连串单位的消费资料的数目愈增加，最后单位的效用愈减少。

（5）一连串单位的生产资料的数目愈增加，最后单位的生产力愈减少。

我们现在还必须证实两个主张，这就是：（1）市场价值完全是由我们刚才所说的最后单位的消费资料的效用决定的，而不是由全部物品的效用决定的。（2）利息是由我们刚才所说的最后单位的资本决定的，而不是由全部生产工具的生产力决定的。某一种

① 参阅第十七章。

最后的商品的用处，很少能决定这种商品的价值。某一种最后的生产工具的生产力，很少能决定利息标准①。

① 本章所讨论的变化的规律，范围十分广泛，并且通过其他的作用来决定工资。劳动的报酬是受劳动的最后生产力的支配，而不仅仅受一个最后或边际工人的生产力的支配。我们可以通过增强工人的效能，来增加劳动的供应，也可以通过增加工人的人数，来增加劳动的供应。教育和训练工人，可以对人类生产能力的供应增加新的单位。我们可以把各个单位的劳动排成一个系列，按照它们的重要性为次序，而使用解释消费资料和生产资料的单位的同样的分析方法，来解释这些单位的劳动。在一系列的这样解释的劳动单位上，可以找到生产力递减规律的痕迹。实际上支配工资标准的，就是这样解释的、最后增加的单位劳动的生产力。

第十五章　消费资料的边际效用是团体分配的基础

大家公认的价值理论，必须加以改正，这个改正是很切合实际的。如果我们走遍一个城市的商店，随便选择品质优良的商品，问清这些商品实际的销售价格，然后把这个价格用十来乘，其结果可能还不及通常按最后效用理论来计算的这些商品应该出卖的价格。如果这个未经改正的理论是正确的，那么一个人实际上只要花五十元来买的一件大衣，他却要花五百元或许更多一点，事实上只要花一百元来买的一个表，却要花一千元来买了。一个富翁要花一千万元来买一座房屋，而不是花一百万元了，依此类推。如果把价值的最后效用的理论这样应用到全部商品上面，必然产生和市场现有价格大不相同的结果。它把所有的商品（除了最坏的、最便宜的商品以外）的价格都提得太高了。

我们现在把人们对于这个近代学说相当重要的批评写下来。所谓奥国学派关于价值的学说，是以一个十分正确的原则，即最后效用的原则作根据的，这一点我们可以肯定。但是应用这个原则的方法，必须加以改变，这也是可以肯定的。**市场价值所依据的那些衡量效用的标准，是由商品中最后增加的单位来决定的，而一般不是由全部商品来决定的。**

一个人所买来供自己消费的某一种商品的最后一个单位，和他所使用的消费品中最后一次增加的单位，这两者实际上有很大的区别。我们已经知道，一个人用五十元买一件外衣来替换那四十五元的一件时，他是对他的衣橱所拥有的财富做了最后一次的增加。花在新的外衣上最后的五元钱，表示这件外衣具有某种性质，这便是这件外衣的最后效用；但是这个最后效用却不是由整件的外衣来表示的，尽管这件外衣在那个人购买时是那个种类商品的最后一个单位。只有他所花的最后的五元所得的效用，才对这件外衣的价格的调整起了直接的作用，至于他所花的另外四十五元钱，和这件外衣价格的调整不发生直接的关系，但是它是按另一种方式得到价值的要素。

不过整件商品是消费品的最后单位的情况也是有的，但不常见。有几种商品，只能满足消费者最后的和最小的欲望。在这种情况下，整件商品对于价格的调整，有直接的关系。但大多数的商品，却含有和价格调整不发生直接关系的因素，而且这些因素往往构成几乎整件的商品。实际市场对于出售物品的测验是一个具有很强的分析能力的测验。把商品分解为各个经济要素，并对它所含有的各种效用逐个估量的过程，是一个很微妙的过程。

这里，我们把价值理论所必须改正的一点预示出来了，因为最后的商品和商品中的最后财富单位的区别，对工资、利息理论来说，也是同样重要的。所有资本的收入，事实上是由最后增加的资本的产量来衡量的；这最后增加的资本，主要不是由整个生产工具构成的，而是由生产工具中某些因素构成的。

工资和利息是我们现在研究的主题，但工资和利息是以一个经济变化的一般规律作根据，这个规律如果应用到商品上面来，也可以决定商品的市场价格。最后的商品和商品中的财富因素的区别，对于这种规律的各种应用是十分重要的。所谓奥国学派的价值理论——我们假定读者都熟悉这个理论——对以下商业行为提供了一个心理的根据：一种出售的商品数量越多，价格就必须降得越低，使全部商品都能出售。正像古典经济学家所说的，价格必须降低，使没有买到这种商品的人能够买一些，使已经购买的人再多买一些。这个奥国学派的理论，说明了产生这种结果的原因。它提供了调整消费者购买每一种商品的限度的原则。它说明了为什么在甲商品的价格是一元时，消费者买了三个，而价格跌到九角时，他只买四个。它表明了购买者这样做不过是遵守一个一般的原则，那就是花一角钱要获得可以得到的最大效用①。

正像人们所常说的，如果一个消费者所拥有的完全同样的物品的数量愈多，这种物品对他的效用就愈不重要。甲商品也许是那个消费者最需要使用的东西，这个商品的第一个单位，是他生活上所必不可少的东西，对他有无限大的效用。这个物品的第二个单位，对他的需要就比第一个单位少得多，而他这时可能情愿购买乙商品的第一个单位了。为便利起见，我们可以把市场上标价一角的商品，作为各种商品的单位。那个人要把他在一天中可以花

① 那个人所花的钱，实际上是表示他付出了某种程度的代价。我们如果详细说明那个价值理论，我们就进入心理学的领域，讲到价值，就涉及心理的因素，正如我们一讲到效用，就涉及心理因素一样。总之，价值使人受到痛苦，正如效用使人感到快乐一样。目前我们不必说得这么多，只说：那个人由于付出代价的结果，有了可以花费的钱，而他正研究怎样最有利地花费这些钱。我们这样说就够了。

的钱，来买一系列按照对他效用大小的次序来排列的商品，实际上他所购买的东西，是由各单位商品的效用递减规律来决定的。现在用图表说明如下：

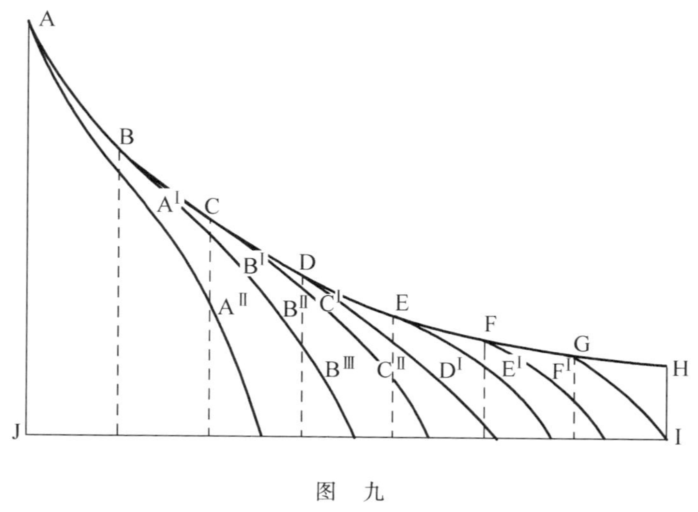

图　九

假定 A，B，C 等等代表不同种类的消费品，并假定从 A，B，C 等字母到 JI 线的垂直距离，代表每一种价值一角的消费品对于同一消费者的效用。那么商品 A 的第一个单位的效用，等于 AJ 垂直线，商品 H 的第一个单位的效用，等于 HI，而 B，C，D 等等的效用，便等于从 B，C，D 等字母到 JI 线的垂直距离。A，B，C 等是各种商品的第一个单位，A^{I}，B^{I}，C^{I} 等是第二个单位，A^{II}，B^{II}，C^{II} 等是第三个单位。至于第四个、第五个单位，我们可以照样表示出来。

我们可以说，那消费者把他在一天中可以花的钱，按先后次序一角一角地排列起来，并且用第一角钱来买他最需要的东西，第二角钱来买他第二需要的东西，这样购买下去，一直到最后的几角钱他用来购买最不需要的东西。那么他一天中所购买的消费品的第一个单位，便是价值一角钱的商品 A，而第二个单位是 B。当他要花第三角钱时，便有两件效用相等的商品，供他购买，这两件商品是 C 和 A 的第二个单位，这里用 A^{I} 来表示。他要花两角钱来买这两件商品。D 和 B^{I} 在重要性上比 A^{I} 次一等，它们的效用是一样的，这个人要用第五角和第六角的钱来买 D 和 B^{I}。至于第七角钱，他用来购买 C^{I} 即 C 商品的第二单位，而第八角、第九角和第十角的钱，他用来购买 E，B^{II} 和 A^{II}。到要买 H 时，他觉得 H 和 B^{III}，C^{II}，D^{I}，E^{I}，F^{I} 对他是同样需要的，他就用他最后的六角钱来买。他一共花了二十一角钱，把他一天所得的可以自由使用的收入都花掉了。

他所买各种商品的最后单位，是决定价格的单位。这些商品所以能够出售，是由于把价格减得很低，他如以用来购买这些商品的钱去买别的商品，便不会得到更高的效用。换句话说，商品价格减低，商品的最后单位，便成为他的购买限度，以及经济情况和他相同的人的购买限度。如果商品的价格高，那么这些消费者中便没有一个人愿意购买这种商品作为最后增加的单位。如果必须售出全部商品，价格就要降低到上述的程度。例如，在我们的图表里，如果商品 H 的价格定得高一些，那么这一等级的购买者宁可购买商品 I 了。照图里所表示的，H 这个商品单位是售出了；它的出售价格，也是这个商品其余的单位的出售价格。

这样说来，商品的最后单位，在商业上占着很重要的地位。在决定价格的时候，要估计到最后单位的效用。前几个单位的效用，超过了最后单位的效用，但是在决定价格方面，并不产生什么影响。A 和 B 的前几个单位的效用，虽然很大，但在决定商品的价格时，却不计算这种效用。即使 A 和 B 这两个单位的价格比现在高，仍有人购买，因而卖主不必为了给这两个效用很高的单位找到销路而把价格降到现有的水平。这就是说，每种商品除它的最后单位以外，其余一切单位都使买主可以得到净利益，都使买主可以得到所谓"消费者的租金"。最后单位的效用，不会使买主得到剩余利益，因为效用和代价是完全相抵的。他花多少钱买这些商品，所得的利益也是这么多。从另一方面说来，前几个单位的额外效用，是无偿地获得的。这种额外的效用，是数量上有差别的个人利益，是一种商品的某些单位对消费者所带来的一定程度的利益，这种利益超过了最后单位所提供的利益。

用右图为例。假定商品 A 的各个单位的效用，是像 AA^{V} 曲线所表示的那样相继降低，又假定 AB 代表第一个单位的效用，$A^{I}B^{I}$ 代表第二个单位的效用，而 $A^{V}B^{V}$ 代表最后单位的效用，那么这个商品的前几个单位给消费者所带来级差利益，是等于 $AC + A^{I}C^{I} + A^{II}C^{II} + A^{III}C^{III} + A^{IV}C^{IV}$。我们假定这些线是互相连接的，是有一定宽度的，那么 CAA^{V} 这个面积便代表买主从商品 A 所

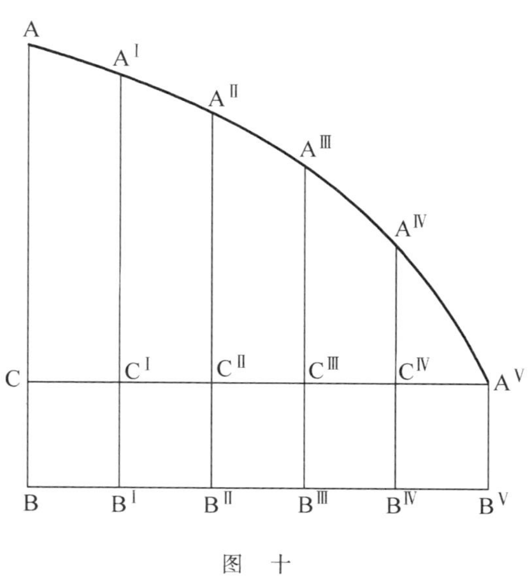

图　十

得到的消费者租金的全部。这种消费者租金、级差利益或无偿地获得的效用,不能成为调整价格的因素。这是一个到处都适用的原则。

因此,各种商品的最后单位,要互相竞争以求得买主的光顾,其结果是:花同样的费用所得到的最后效用是相同的;一系列单位中,前几个单位的效用是不相同的,而且往往大于最后单位的效用;这种超过的效用,对物价不产生什么影响。

如果在调整市场价格时,连最后单位本身也不一定起作用,那怎么办呢?以上对最后效用规律的详细说明,已经显示了这种情况有时是存在的。的确,一种商品的第一个单位和第二个单位的效用,可能有很大的区别,而这件商品的效用曲线,也可能表明有一系列的相当大的差别。这种曲线不是一直向下弯曲的,而是由一系列隔离很远的点连接起来的。在第201页的图中,用A^{I},A^{II},B^{I},B^{II}等字母来表示的点,就是这一系列的点。在这个情况下,某一个人所买的一种商品的最后单位,在调整价值时,也许不起作用。那个人宁愿付出很高的价格,而不愿意舍弃不买。这个消费者所买的许多商品的最后单位,对他来说,有一定程度的效用,这种效用超过了那些用同样价格买来的真正的边际商品的效用。可能到A和G这些商品的价格涨得很高以后,他才不愿意购买;可能这些商品的价格已经跌得很低,而他还不多买。这个图表中B^{III},C^{II},D^{I},E^{I}和F^{I}商品真正是处在很重要的或决定价格的地位。倘若提高这些商品中任何一个的价格,这个等级的消费者便不去购买,而去买其他商品来代替了。

在寻找商品A在现行价格下能够出售的原因时,我们也必须寻找如果价格稍微提高时,一部分存货就不能卖出的原因。在第

201 页的图中所说明的那些消费者，和这种价格的调整不发生什么关系；但是，对别的消费者说来，一个增加的单位的商品 A，是消费资料中真正最后增加的消费资料单位的一部分。在这些消费者看来，这个商品的效用，和他们用收入的最后单位来买的其他商品的效用是相同的。如果提高价格，这些人就不去买商品 A，这样一来，一部分存货便无法卖出了。到这里为止，我们已经说明了大家公认的价值理论的轮廓，我们对于这个理论所包含的内容只是详细地加以说明，而没有做什么补充。某些商品的各个单位，按效用大小的次序排列，并且用效用曲线连接起来。各个单位在效用曲线上所呈现的间隔，是价值理论的一部分。这充分地说明：我们如果明白价值的原理，必须把整个社会看做商品的购买者。如果把一种商品的价格提高，就有一部分消费者不去购买这种商品。提高价格的行为，就把个别处在重要地位的消费者和其他消费者区别开来，这些人的行动能给一切的消费者决定这个商品的价格。对这种商品说来，他们是社会上这种商品的价格的决定者。

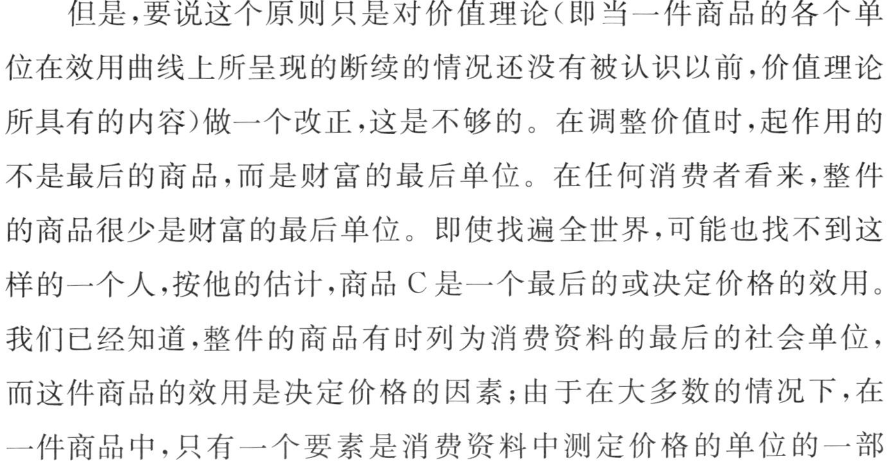

但是，要说这个原则只是对价值理论（即当一件商品的各个单位在效用曲线上所呈现的断续的情况还没有被认识以前，价值理论所具有的内容）做一个改正，这是不够的。在调整价值时，起作用的不是最后的商品，而是财富的最后单位。在任何消费者看来，整件的商品很少是财富的最后单位。即使找遍全世界，可能也找不到这样的一个人，按他的估计，商品 C 是一个最后的或决定价格的效用。我们已经知道，整件的商品有时列为消费资料的最后的社会单位，而这件商品的效用是决定价格的因素；由于在大多数的情况下，在一件商品中，只有一个要素是消费资料中测定价格的单位的一部分，所以只有这个要素才是决定价格的因素。商品C的最后单位对整个社会的各个阶级都有一种剩余效用。C如果是一所房屋，不但可供居住，而且可以满足其他比较奢侈的欲望。这所房屋有几个特性，其中有一个真正的最后效用和其他特性混在一起。最后效用这个特性，对物价起作用，而这所房屋的其他效用对价格不起作用。

说明现行价格的价值理论的要点，都包括在下列各个定理中。我们现在把这些定理列举出来，因为类似这些定理所说的话，对于资本也可以适用，并且它是说明实际上流行的工资标准、利息标准的分配理论的要点。如果要使经济变化的一般规律能够说明价值、工资和利息，那就必须说得正确。

(1) 在调整价格时，消费资料的最后增加的单位可以作为依据，而且只有消费资料的最后单位才可以作为依据。

(2) 消费资料的最后的单位或决定价格的单位很少包括整件的商品。

(3) 消费者所用的商品是给人服务的东西，这个商品的价值，要通过某些检验，看它在社会消费上对消费者有多大效用而定。

(4) 大多数商品同时有几个不同的用途。这种商品应当看做是各种不同的效用结合在一起，成为一个具体的物品。

(5) 实际的市场通过各项检验，分别地测量了这些效用，而商品的价值，是由这一切的测量所产生的。

(6) 一件商品的各个效用中，只有一个效用是一个人的消费资料的边际单位的一部分。这个商品的其他效用，都在边际以内。这些效用是较高的效用；就这个消费者说来，这些效用对这个商品价格的决定没有影响。

(7) 只有把最后效用原则分别地应用到商品的各个效用或各个服务能力上面，最后效用原则才能说明实际市场上商品的价值。

最后效用原则，如果应用到全部商品上面，其结果是大多数商品的价格，比市场交易上所建立的实际价格，要大得好几倍。但是，如果这个原则应用到商品中的价值要素上面，其结果便和市场情况相符合。这里，我们使理论和实际生活相符合。近代的价值理论分析了在市场现象背后的心理作用，就是说，它要从购买者的心理作用中，找出市场现象的原因。在各个市场里，测量的行为不断地发生，测量的对象是个人利益。一件商品，如果具有在几个方面为人服务的能力，就是说，这个商品是具有几个不同效用的复合物，那么要真正地估计它的价值，就不免要找一个方法来单独地估量这个商品的各个效用。

如果我们不想彻底进行这种心理作用的分析，那就不如采取那个比较旧的、比较简单的价值理论，而完全撇开市场交易的心理。约翰·斯图亚特·穆勒(John Stuart Mill)曾经说过，一件商品试定的价格如果太高，存货不能全部售出，那么价格就要降低，一直降到新的购买者能买一些，而旧购买者能买得比从前更多的时候为止。从各方面看来，这句话是正确的。除了我们要了解决定消费者的行动和使消费者在某个时候停止购买商品的心理作用以外，这句话是足够说明价值的。但是我们如果真的要了解这种心理作用，我们就必须找出那复合物(即一般商品里的各个效用)实际上是怎样测量的，以及这种测量怎样支配着市场。因此，我们要观察这些效用在市场交易上怎样受到检验。只有这样，才能看出价值和由于价值而产生的团体分配实际上是怎样进行调整的。

第十六章　怎样衡量消费资料的边际效用

价值规律发生作用的最简单的条件是:每一件消费品,对于使用的人,有一个效用,而且只有一个效用。我们姑且假定这是事实,然后在考虑到一种商品实际上有几个不同效用时,再把这个假设修改一下。

在一个时间内,一个人不能享受两个同样的利益,这句话是有心理学根据的。如果在这个时间里,你能给他一个利益,你就不能在同一时间里,给他和第一个利益完全相同的第二个利益。要使一个消费者接受两个完全相同的利益,就会遇到一种精神上的困难,这种困难,正像一个人想把两个具体的东西同时放在一个空间所遇到的物质上的困难一样。两个完全相同的效用,要同时进到消费者的感官中的同一个地点去,这是不可能做到的。两个完全相同的娱乐,绝不能同时享受。如果要享受,就必须有先后的次序。

如果任何一个供人使用的商品,在一个时间内,只有一个用途,那么这个商品的第一个单位便有一个正的效用,而第二个单位却有一个反的效用。第一个单位以后的任何一个单位,对它的所有者都有妨碍,他必须设法摆脱。例如,某一种外衣,他已经有了一件，就不迫切需要另一件质料相同、式样相同的外衣。如果他有了两件相同的外衣，而且他必须立刻使用这些外衣，可是当时第二件外衣又没有别的用途，这时，如果一个乞丐向他讨，那么，这个乞丐也许就会得到这件外衣。

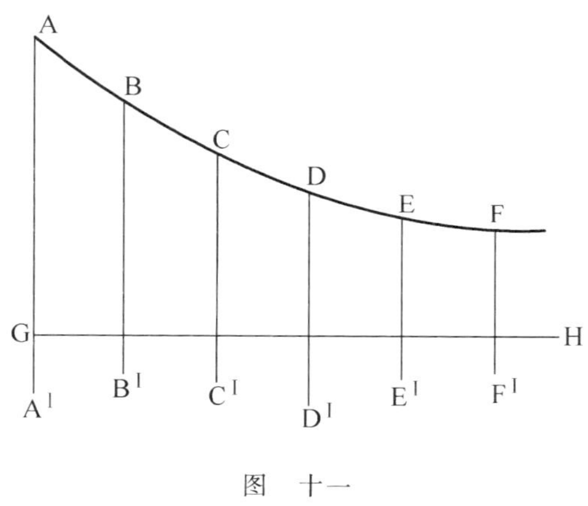

图　十一

在这种情况下，这个商品的效用不能用曲线表示出来。表示这个商品各个单位的效用的线，表明它是从表示正数的一点突然下降到表示负数的一点。假定正的效用是从 GH 线向上来衡量，而负的效用——通常叫做反效用——是从 GH 线往下衡量。那么从 A 往下到 GH 的垂直线，代表商品 A 的第一个单位对消费者的效用，而从 A^I 向上到 GH 的垂直线，代表商品 A 的第二个单位的反效用。同样，从 B，C，D，E，F 往下到 GH 线的垂直线，代表这些商品的第一个单位的效用，而从 B^I，C^I，D^I，E^I，F^I 向上到 GH 线的垂直线，代表这些商品的第二个单位的反效用。在这个图表中，连接 A，B，C，D，E，F 的下斜的曲线，算是唯一的效用曲线。这曲线说明排成一列的**各种**效用程度的递减。从 A，B 等点到 GH

线上的各个垂直线，衡量每一个效用的重要性，消费者只能得到这种效用。

下面是价值的基本规律。在一系列完全相同的效用中，第一个效用等于正数，而第二个以下的各个效用却等于负数。不但如此，相同的效用愈增多，负数就变得愈大：第二个不需要的 A，给所有者所带来的麻烦，大于第一个不需要的 A，而第三个不需要的 A 使所有者更感到累赘。B，C 等等也是如此。

但是，我们时常可以把商品用于非主要的用途而得到次要的效用，这样，我们就可以同时使用两个相同的商品。朋巴卫教授(Prof. von Böhm-Bawerk)所举面包的实例[①]，就是这种例子之一。在这个例子里，一部分面包作为它的所有者自己的粮食，而另一部分用来喂他的狗。在这个例子中，提出了另一个有知觉的生物，一个四脚的消费者。面包的所有者很关心它的福利，这样，由于一个消费者不能同时享受两个同样的利益而产生的心理上的困难便不存在了。

如果我们不限制商品发挥次要效用的时间，也可以经常获得商品的次要效用。例如，一个人的城市住宅和郊外别墅里的家具、装饰品、设备等等可以是完全一样的，这样，便有两套日用品供他轮流使用，其中一套的实际效用，在于它节省了另一套的搬运费用。在这种的情况下，商品的第二个单位和第一个单位，事实上可以说是两种不同的东西。在商业上，这两者是同样的商品，但是作为消费资料来说，却是两件不同的东西。第二个单位满足了另一

---

① 见朋巴卫教授所著《资本实证论》第 146 页。

种的欲望，对于已经享用这种商品的第一个单位的人有一定的用处。

假定我们的商品只有一个用途，这并没有破坏价值所根据的原则，而这样简单的说明，却使我们得到一个好处。我们做这种假设时，没有考虑到商品通常所能提供的次要用途——这时我们暂且不谈朋巴卫教授所举面包可以养人也可以喂狗的例子。我们这样做，是等于把市场中实际上分开来估定的各个效用一个个地分开来。关于这样分开的效用，有一点必须注意：我们在一个时间内只能使用其中的一个效用，而第二个效用却是没有价值的。这样，第 209 页的图表表明了那一种商品对决定市场价格发生作用，换句话说，只有图表中用 F 字母表示的商品才对决定市场价格发生作用。我们可以假定，每一种商品价值一元。除 F 以外，其余各种商品，既然都能产生消费者的盈余或“租金”，所以不在消费的边际上；可以把这些商品中的任何一个商品的价格稍稍提高，而不会失去顾主，但是如果提高了在顾主购买限度内最后一件商品的价格，他便不去购买了。A，B，C，D 和 E，对他说来，都不是决定价格的商品。

那么，A，B，C，D，E 这些商品的市场价格是怎样定出来的呢？如果把这些商品的价格提高，那么，社会上显然有一个地方这些商品卖不出去。实际上这样的地方是很多的。例如，按照一些消费者的消费水平，E 是一个边际商品。E 的价格必须订得使那些人能够购买得来，因为 E 的存货的销路主要依靠着他们。此外，有一些消费者以 D 为边际商品，还有一些消费者以 C 或 B 或 A 作为边际商品。如果分别考察每一种商品，它们都有一群的购买者，假如价格提高，这些购买者便不去购买；因此这一群人是决定这个商品价格的社会阶层。为了求得这一个阶层的光顾，这种商品的生产者应当恰如其分地订定价格。

现在把各种商品按照各种结合的方式，捆在一起，整捆出售。假定第一捆包含所有的效用，第二捆包含 A，B，C，D 和 E，第三捆包含 A，B，C 和 D，第四捆包含 A，B 和 C，第五捆包含 A 和 B。又假定 A 是孤立的，单独出售。这种结合在一起整捆出售的方法，对价值规律产生什么影响呢？A，B，C，D 和 E 本来没有决定价格的能力，现在把它们跟 F 捆在一起出售，是不是能使它们决定价格呢？绝对不能。对购买者来说，F 仍然是价格的决定者。具有消费这一切商品的能力，即消费能力达到 F（包括 F 在内）的人，可以像以前那样购买这一切商品；这些商品中，只有 F 由于它的效用的程度才起着调整价格的作用。

如果 F 的价格提高，这个购买者便不去购买包含 F 的那一捆商品，他要购买不包含 F 的另一捆商品，这时 E 成为他购买的边际商品。和他经济状况相同的人，都要这样做，于是以 E 为界限的一捆捆商品的需求增多，而以 F 为界限的一捆捆商品的需求减少。生产必须和改变了的需求相适应，结果是不包含 F 的商品生产得多，而包含 F 的商品生产得少。如果各种商品单独出售，其实际结果也和上面所说的一样。F 的价格提高以后，那些以 F 作为边际商品的人，就不去购买。如果 F 的价格恢复到原有的水平，那些人便又去购买了。实际上，F 的价格必须和那个等级的购买者需要使用这个商品的程度相适应。

E 的价格的决定，也是一样，不过是由另一批购买者来决定。

有一个等级的消费者，以 E 作为边际商品，如果提高 E 的价格，这个等级的人便不去购买。正如上面所说那样，他们不买包含 E 的商品，而购买以 D 为用处最少的商品或边际的商品的那一捆商品。恢复到原有价格，他们又和平常一样，来买包含 E 的商品。因此这个等级对 E 所估定的价值，确定了 E 的市场价格。同样，又有一个等级的人决定了 D 的价格，因为 D 是他们的边际商品。总之，在经济社会上对于各种商品，都有一个等级的人处于决定价格的主要地位。这一个等级的人，可能也估定了其他商品的效用，但是他们这种估定，对于价格不发生直接的影响①。

现在我们可以看出，价格实际上是怎样调整的。每一种商品（除了最粗劣、最简陋的东西以外）都是一个不同效用的复合体，都能同时有几个不同用途。正因为它具有这些用途，人们才需要它或购买它。我们已经说过，效用是决定市场价格时所必须考虑的唯一的因素。我们这样说，不会过于强调。每一件商品有各种特定的功用，商场中都有衡量这些功用的重要性的方法，并且有一种决定商品价格的方法，使得这些重要性的衡量可以从所规定的商品价格表现出来。每一种商品（除了最粗劣、最简陋的东西以外），

① 如果详尽地研究价值，就会发现我们这里所说的只是一小部分。其中有一点我们没有说到，那就是：在第一捆的商品中，如果提高任何一件商品的价格，而那一个等级的购买者的货币收入仍旧不变，他们就一定不去购买。因此，无论什么地方，非边际商品的价格如果提高，各个等级的购买者对边际商品的需求就受到限制。不但如此，F 或其他任何一个的商品的价格一提高，售货中便没有 F 的地位，而由其他商品——比方说 G——来代替 F 了。但是，尽管这样，我们所说的并不需要修改。我们所说的是：每一个等级的购买者，都有那一个等级的边际商品；那个边际商品对他们的效用，在调整那个商品的价格时，起直接的作用，而其他商品对他们的效用，却不对价格起直接的作用。

像上面所说的，实际上都是由几个效用因素结合在一起。在这些效用因素中，只有边际因素才对价格有直接的影响，而其他因素对价格却没有直接的影响。

例如，假定A，B，C，D，E和F不是代表各有不同用途的六件商品，而是代表包含在一个高级商品里的六种不同效用。那么这件商品对于使用的人，有六个用途；用途既然不相同，所以使用的人可以同时享用这些效用。在这些效用（或服务能力）中，A算是最重要的效用，而F是最不重要的效用。因此，F在这个时间内就成为唯一的决定价格的因素。这一件商品尽管有这些效用，假如提高了价格，购买者就不去购买那含有F效用的商品，而情愿购买低一级的商品。换句话说，这些购买者不去购买包含从A到F的商品，而要购买包含从A到E的商品。这样，F效用的需求便减少了，而那价值因素（即F）的价格便趋于下降。

如果我们观察质量好的商品在市场中的情况，就可以看出上面所说的绝不是纯粹的理想。事实上，我们所举的例子，并没有把理论说得像商场上实际的供求作用那样精细。这种供求作用正确地把价值要素从商品里抽出来，并在任何情况下，估定商品里边际要素的价值，来调整价格。

这里举一个实例：一个人有一只小游船，荡游于荒野的湖中。这只游船是一个复合的商品，如果我们把它的价值因素进行分析，就可以发现它的经济用途实际上是一系列的效用。这一系列的经济效用，按重要性的次序，可以排列如下：

（1）使一个人能够浮在水面上——一棵枯死的树就有这种效用。

(2) 使一个人能够渡过很深的水流——一块平滑的木头就有这种效用。

(3) 使坐船的人能够安逸地坐在那里，不被打湿，并且能运载他的行李——一只小船就有这种效用。

(4) 具有轻快地航行和乘风破浪安全地前进的能力——一只精制的帆船就有这种能力。

(5) 具有满足它的所有者的爱好的能力——一只式样优美并加以适当地装饰的船就有这种能力。

这就是那只小游船五个不同的效用，其中最重要的是第一个效用。那个人要能大胆地在水上航行，他就绝对需要一个能使他浮在水上的工具。因此，使他荡游湖上的能力，是那只游船的主要效用。假如那个人要乘船游湖，那么，他对于使他可以在水上航行的东西的效用，便会无限度地估定它的"主观价值"。即使那个东西只是放在水里的一棵枯树，但是它的在水上航行的效用，却比最好的游船的其他效用来得大。在它的所有者看来，精巧优美的船所有的各个因素中，最重要的是在水上航行的因素，尽管这个因素实际上只等于一棵可以浮在水上的树。第二个重要的效用是走动的能力，一块平滑的木头，就有这种效用。第三个效用是这只船所提供的宽敞的场所。第四个效用是配备有风篷的、样子优美的游船的速度。而最后一个即第五个效用是式样优美和装饰得很漂亮的船所具有的美观。

我们打个比喻可以说：一只很好的游船，同时是一棵枯死的树、一块木头、一只小船、一只安适的帆船和一只精美的帆船，因为游客所购买的游艇，实际上具备了这一切东西的性质。但是，我们

必需明白，在经济意义上，这些性质中，只有最后一个才算是最后效用，而整只船不能算是最后效用。整只船包括了各个等级的效用。购买者为了得到这一切效用，可能要花七十五块钱，但是，他如果按照各个效能的重要性分别付款，他也许要花一千块钱。那只游船使他浮在水上的能力，至少要值五百元，往返行驶的能力要值三百元，运载的能力要值一百元，航行的速度要值七十五元，而装饰要值二十五元。这些就是他对这只船的各种效用所要付的钱。假如他是这整个商品的边际购买者，那么他要付出一千元的代价。

这只船所具有的最后一个性质，才是真正的最后效用。如果这只船的装饰要值三十元，那么捕鱼的人就要买一只装饰得比较差的船。这样，装饰精美的船的需求就减少，而装饰比较差的船的需求便增大了。于是装饰较差的船就生产得多，而装饰较好的船却生产得少。其实际的结果是：那具有第五个效用的产品的数量减少了。船的生产在数量上和从前一样，但是所制造出来的船，便不具备特殊的装饰，这种特殊的修饰，算是精美的游船的最后效用。就价值七十五元的船来说，这个效用显然就是衡量价格的唯一标准。

那么，这只船的其他效用的市场价值是怎样取得的呢？有一个等级的消费者，把这只船的第四个效用（即速度）作为最后效用。他们购买第四级的船，而不购买第五级的船，他们不需要精美的修饰。这些人花一笔钱来购买一只走得较快的船，他们花这笔钱时，感到十分愉快，于是，这只船对他们的价值恰恰等于他们所付出的钱。但是，这只船的浮水能力，以及其他在边际以内的效用，在他们看来，其价值都是大于价格——这些效用产生了“消费者租金”，或是一个比边际购买所能得到的利益更大的利益。因此，对于这一个等级的消费者，只有这只船的第四个效用才是决定价格的效用。由于这一个等级的消费者的需求，这个效用在市场上可以值得二十元。

同样，有一个等级的消费者，把这个复合商品的第三个效用作为边际效用。这些消费者对于这第三个效用的需求，便树立了它的市场价值。他们放弃了这只船的快速的效用，只满足于它的舒适的效用，由于他们的需求，这个效用可以值得十五元。此外，还有一个等级的购买者决定了第二个效用的价格——比方说，把它定为十元——又有一个等级的购买者决定了第一个效用的价格——比方说，把它定为五元。我们例子中的游船，如果有五个不同的用途，就需要五个不同等级的购买者来决定这只船在市场上的价格。最后效用规律在这时所起的作用，正和船的各个效用是不相同商品时，最后效用规律所起的作用一样。实际上，各个效用就是捆在一起的几捆不同的商品，其中有的包含全部五件商品，有的包含四个，有的包含三个，等等。这些实际上不相同的东西，对于任何一个消费者，不能说全部是最后效用。一捆商品，按整体来说，从来不是任何一个消费者的财富的最后单位，但是在这一捆里的每一个因素，对于某个等级消费者说来，是一个最后效用，而这个效用的价格，只是由那个等级的消费者来估定的。这样，这只游船便有五个价格。这些价格表示了这只游船五个不同效用的价格，即二十五元、二十元、十五元、十元和五元。因此整个游船在市场上可以卖七十五元。

如果把表的价格提高，那么本来要花一百元来买一只表的人，绝不会因为这样而不买了。他要买一只从前卖九十元的表，他所放弃不买的只是外表比较好看的表。另一个等级的购买者，要买从前卖八十元的表，他们所放弃不买的只是走得比较准确的表。各个等级的购买者所放弃的，不是整个的表，而是表的某些效用。但是，从前买一元的表的那一个等级的人，只好不买了，因为没有比这种价格更便宜的表了。就这些人来说，一个最低级的表，可以算是最后效用。这个起码的最低级的表的价格，是按照他们的需要来决定的。

上面所说，似乎要把我们带到奥妙的理论中去，但是毫无疑问地实际情况是这样的：市场的动态，正像上面所说那样，把商品的效用因素分解出来，这种分析的结果，就使世界的商业具有现今的性质。如果最后效用规律应用到全部商品上面，以它来决定商品的价格，那么，全世界的工厂所生产出来的商品，就要和现在所生产的不同，轮船、火车所载运的商品，就要和现在所载运的不同，而各处商店的窗口、架子和柜台上所陈列的商品，也要和现在所陈列的不同了。如果我们能够使通常所说的价值理论来支配实际的市场，我们就要完全改变各种商品的价格；而改变各种商品的价格，就要改变社会上所生产、所使用的各种商品的数量——就要根本改变世界的经济生活。这样，品质优良的商品，大体上要比现在贵好几倍。

假如我们要详细地把价值理论说出来，我们必须强调指出这个事实:价值是一个社会现象。是的,商品是按照它的最后效用出售的,但是这个最后效用是对社会的最后效用。在整个社会里,一个贵重商品的每个效用,对社会某一部分来说,都是最后效用。我们以前举过一个例子,一个宫殿所包含有的小屋,对社会的某些成员说来,是一个最后效用;宫殿里的这一个因素的市场价值,正是由于他们的估价而决定的。我们把这个因素,叫做组成宫殿的各个价值因素中的第一个因素。在组成皇宫的各个经济要素中,这是最低最贱的一个,也许只值一百元。那间小屋和一个讲究的房子的效用,可以算是第二个价值因素,它也有边际购买者。如果是先盖小屋,然后把它改为讲究的房子,那么这两个价值因素是在不同的时间内产生的。但是,实际上只盖讲究的房子,而不盖小屋,这所用来代替小屋的讲究的房子,它的价值是由第二级购买者按他们的需要来测定的。因此,宫殿中每个价值因素的实际价格,是由一个特定等级的购买者来决定的。假定有十个等级的表,因此需要通过十个等级的购买者的估量,来决定一个最高级的表的价值,那么,这些等级中的每一个等级的购买者,都可以算是社会上估定和鉴定某一个特定的价值因素的力量。按社会成员的消费来说,那个价值因素是一个最后效用。因此,凡是优良的商品——各种要素合成的东西,即捆在一起的不同的要素——在向社会(即复合的大消费者)求售的时候,每一个要素,在社会有机体的某一部分,便起着决定总价值中一部价值的作用。除此以外,没有其他估定整件商品的价值的方法。这个商品的各个效用,对任何一个人

说来，不可能都是最后的效用[①]。

① 很重要的一点是：许多商品除了主要的用途以外，还有次要的用途，因此，如果这种商品有一件以上，对于一个消费者可能同时都是有用的，只是用途不同而已。在上面引用的朋巴卫教授的例子里，面包可以用来养人，也可以用来喂狗；如果我们不把狗看做是一个消费者，而看做是它主人的消费品，那么喂狗用的面包，便具有和供人食用的面包不同的、次要的用途。再举一个例子：美国阿的伦达克有几个湖，居住在其中一个湖上的猎人，也许在几个湖里都购置了小船，其目的只是避免搬移的麻烦。当然这些小船中，只有最不需要的一只，才是边际的、决定价格的商品。如果小船的所有者，为了节约，要出让一只小船，那么他所出让的一定是边际的小船。他对各只小船所付的代价，一定不会超过那只边际的船对他的价值。这种说法有没有改变了我们以前所说明的原则（即价值所依据的标准，是商品里的边际效用，而不是整个商品）？现在让我们加以考察：

如果提高了小船的价格，原来打算购买几只小船的人，就必须在下面两个情况中，进行选择：或者是少买一只，或者是按原定数目购买，但是要买质量较低的船。假如他原来打算要买五只船在五个湖中使用，他也许买到四只船就满足了。他没有买第五只船，他要时常把所买的四只船中，抽出一只，运到第五个湖上去使用，这虽然对他有些麻烦，但他宁愿这样。假如由于这样做而带来的损失，比购买三只质量较低的船、用于比较不重要的用途时所受的损失来得少，那么我们便得到一个以高级的、整件的边际商品作为决定消费资料价格的单位的实例，这是可以想象的。也许这个购买者要购买在价格未提高以前他所打算购买的那种质量的船，但是他只好少买。最后一只船的效用，只在于给它的所有者省掉搬运的麻烦，但是它能提供购买所有这一种的船的价格标准。这个商品具有次要用途，这是偶然的事实，它使得应用这种方法来调整价格成为可能。

我们必须注意，我们这里所说那些船的所有者要采取的行动方针，并不是一般消费者通常所采取的方针。绝大多数的情况是这样的：由于某一种商品价格的提高，而被人放弃不用的是商品的边际效用，而不是整个商品。就以那个要购买几只完全相同的船的人来说（这种情形不常发生），如果价格提高，他很可能要买一只或几只质地较差的船。假如他要这样做，就是说，假如他要买价格比较便宜的船，供比较不重要的用途，那么我们所说的原则就可以适用了。

是的，最低级的商品，整个说来，可以算是边际商品。如果没有比这种价格更便宜的商品可以购买，人们就必须买这一级的商品或者是不买。他即使不买，无疑地，也要寻找一种多少不相同的商品，作为代用品；他如果这样做，结果就和他所不买的商品还有更低一级的情况大致相同。

我们必须注意，大多数物品经过使用以后，都要耗损。因此，一个人要把他所使用的物品保持完整，或近似于完整的状态，唯一的方法，就是常常购买新的物品。一件外衣，如果你只穿几个星期就更换另一件，你的其他衣服，也都是这样使用，那么你所穿的衣服总是漂亮的，而且没有穿坏的痕迹。不过，要这样做，你就必须购置许多衣服。你这样增加衣服的数量，实际上就等于改善你所穿用的衣服的质量。增加的唯一目的，的确就是这样。消费品的数量，的确可以保证消费品的质量。一件外衣只在一个短时间内穿用，所耗损的只是最后的和最小的效用，正是为了要恢复那个边际效用，那个人才买了另一件外衣。我们上面所说的原则，这里也可以适用。消费资料的数量的增加，等于改善了消费质量，因为财富数量的增加，各个人所使用的物品就全面地增加了新的品质。在世界财富增加的每一阶段，财富的社会效用也都增加了，这就使商品的效用有了巨大的、综合的增加。这些效用是支配市场的主要因素。衡量这些效用，就可以决定价值。衡量这些效用的人，是社会的因素，他们在整个消费品的市场中，分别控制着他们所控制的部分。

第十七章　怎样衡量生产资料最后单位的效用

我们现在可以把所谓分析价值的原则，应用到决定工资和利息上面来。各地的市场都有一个奇妙的能力，能够把具体的东西分解成为各个要素，并分别衡量各个要素的效用。市场对消费资料和生产资料都是这样分析和衡量的。如果我们要了解市场怎样决定价格，那么，一般说来，我们所应当探求和识别的，不是某些整个的商品，而是商品中的某些要素。同样，我们要了解利息怎样调整，就必须找出生产工具中占着重要地位的、支配一切资本获得利益的因素。

资本的收益能力，是由资本最后单位的生产力来决定的；这最后单位，一般地说，不是整个生产工具，而是生产工具中的因素。我们买来供自己使用的物品，如果比以前所使用的好，我们的消费资料便增加了；同样，我们如果得到更好的生产工具，我们的生产资料也就增加了。如果我们用一架效能较大、价格较贵的机器，来代替一个用坏了的机器，那么，我们的资本就增加了一个最后单位。正是这最后单位的生产力，决定利息的标准。对企业家来说，借用资金所付的利息，一定要等于资金最后单位所能生产的东西。这最后单位所能生产的东西，就是我们或其他企业家把房屋造得大一些、或是更结实一些、把机器的速度加快一些、或使机器更接近于自动化、把引擎或水车的能力提高一些、把原料的质量提高一些等等，所能增加的产量。

我们已经知道，在少数的情况下，消费资料的最后单位包括了整件的商品，例如，在我们买来的个人用品中，如果增加一件最简陋、最低廉的商品，这整个商品就是消费资料的最后单位的一部分。在这种情况下，这一整件商品，便有助于树立所有这种商品的价格标准。任何人要购买和我们消费品中的最后一件相同的商品，总不肯付给高于我们付出的代价。因此，整个生产工具是生产资料最后单位的情况，也是有的；在这种情况下，那个生产工具的全部产量，便有助于树立利息的标准。假如我们购买了一件最简陋、最低廉的铁锤、铲子或马车之类的生产工具，那么我们的资本便增加了一个最后单位。

但是这种情况对利息一般的调整，只能起很小的作用。因为产业界向前发展，就表现在资本货物的品质不断提高。构成世界上的生产设备的各种物品越来越好了：房屋盖得更高；轮船造得更快；引擎选得更经济；铁路建得更直、更平坦，火车头更有能力，列车更长等等。由于我们进行这种改善的工作，而获得的具有更多产品形式的利益，正可以决定我们借用最后资本能够付给多少利息。整个社会对于它的一切资本所付的利息，是等于商品中的最后生产因素对社会的价值。

社会的财富越增加，资本货物就越多越好，这是事实，但对上面所说的真理并没有什么影响。不错，在制造更好的机车的同时，我们制造了更多的机车，可是新的机车大约都是质量很好的，不能把整个机车作为生产资料的最后单位。例如：铁路公司购置了一个新的火车头，但是不把它用来代替坏的火车头，而是用来扩大交通量。那么这个火车头是不是一个资本的最后单位呢？除了那个铁路公司在必须削减资本时，把这机车废而不用的情况以外，这个火车头不能算是资本的最后单位。实际上，这个新的火车头的质量究竟怎样，要看使用它的铁路上路基、路轨、桥梁、列车等等的质量而定，因为一个坏的火车头，和好的列车、路轨等等配在一起，是很不经济的。生产资料应当互相配合，这是必须考虑到的一点。如果在一台好的机器设备中，使用一个坏的机器，其结果是减低了整个机械配备中其他部分的生产能力。好的列车等等，如果和一个坏的火车头配在一起，便不能充分发挥生产财富的能力。有一定数目的列车，就必须有一定数量的火车头。为了要得到最好的结果，铁路的整个配备，如列车、火车头、路轨、货仓等等，在质量方面，要保持同一的标准。按商业上的说法，那花费在使一种设备达到现有的圆满的程度的“钱”，算是“投”在铁路上的资本的最后单位。

按照一个更合乎科学的说法，货币是实际资本从甲手转到乙手的一种媒介，而在某些场合，具体表现资本的资本货物，一定是存在的。列车、火车头、路轨、房屋等等都是属于这一类的物品，它们具体表现了铁路的全部资本；但是我们在探求和识别这个资本的“最后的”和决定利息的部分时，不可以从铁路的配备中抽出某一列车、某一火车头或其他，把它叫做最后的部分。我们要从整个配备和构成这个配备的各个工具中，找出最后的生产因素。如果铁路公司在建造和装备铁路的时候，认为它的实际资本——它的具体设备,即载运客货的工具——必须对原定计划加以缩减,那么铁路公司要减掉哪一种支出呢?如果那个铁路公司要是按照通常的方式来进行缩减,它几乎要将原有计划中各项设备的质量都降低一些。它要省掉把列车、火车头、路基、房屋变为最后的、圆满的地步的费用。它也许要完全放弃几个工具,但是这些工具一定是最简陋、最低廉的工具。

当然,必须考虑到可能改变这种做法的某些问题。如果上述例子中的铁路是一个巨大铁路系统中的一个联络枢纽,这个铁路就必须让其他铁路的车辆在这里行驶,因而轨道的宽度和载重能力以及桥梁的牢固程度,必须达到可供其他铁路的车辆行驶的水平,但是这种情况和我们所说的通例不但没有抵触,而且还能证实那个通例:如果将产业设备的一部分,不适当地加以缩减,那是很不经济的。这里所提到的小铁路,并不是产业设备的全部,它只是巨大的铁路系统中的一个组成部分,而那个巨大的铁路系统才是必须考虑到的整个产业设备。假如整个巨大的铁路系统要减少资本,并且可以从降低质量和数量来减少资本,那么,它一定情愿降低整个系统中各个部分的设备,来保持各个组成部分的合作能力,而不愿使整个系统中的大部分保持原样,只把其中的一个环节(即一个铁路)的部分配备抽出来。我们必须记住,我们所要探求的是整个产业机构的资本的最后单位;就一个铁路系统来说,资本的最后单位不是庞大设备中属于一个小公司的细小部分。我们必须考虑到整个铁路系统。

此外,在建造铁路的时候,如果经营者发现他们可以使用的资本比他们所预期的来得多,那么,他们是不是按照原有计划铺轨和

购买车辆，并且另外增购几列列车或几辆火车头呢？是不是仍旧按原有计划的形式和质量，来建造车站（只增盖一两座房屋）呢？很明显地，这些经营者对他们的设备一下子增加了几个东西，就可以改善许多东西的效用，那就是说，在一切方面，他们都可以增加一些我们所谓生产要素。

实际上，这个铁路公司的资本的最后单位，就是两种载运客货设备的差别。一种是利用现有资本的力量，尽可能使全部设备成为完善的铁路，另一种是在资本的力量较差时，所能建造和设置的铁路。现有的铁路和可能建造的另一种铁路，在质量方面的各种差异，实际上就是那条铁路现在所使用的资本的最后单位。这个最后单位的产量等于这条铁路实际上所得到的收益和铁路质量较低时所能获得的收益之间的差额。

很明显，这个产业资本的最后单位，不是一个可以从资本中抽出来的具体的东西。如果这个最后单位是由可以卖给另一个铁路公司的几列列车或几辆火车头所构成的，那便可以抽出来[①]。这个最后单位是在整个设备中，包括司机、乘务员、站长等等在载运客货时所使用全部复杂的工具。如果我们要很好地衡量这一部分资本的生产能力，我们就必须像变戏法一样，突然把整个设备降低一等，才可能衡量出来。

① 从一个产业的各个部分相称的配备里，抽出一整个部分，这便使其余的部分产生了失调的现象，使各个部分的生产力都降低了。从一个铁路里抽出所有的火车头，这就使列车、轨道、仓库等都陷于瘫痪的状态；如果只抽出一部火车头，也会产生同样的结果，不过失调的程度要少一些。但是把整个配备的质量降低一级，却不会产生这样的结果。这种从整个产业中抽出一个资本单位的方法，只是把那个单位的产量从整个产量抽出来，而不会减低其他单位的生产力。

我们可以在长时期中做这种实际的衡量工作。我们可以让铁路的全部设备逐渐变坏，让机车、客车、房屋变成陈旧破损，等等。在这个时期内，如果其他影响铁路生产力的情况完全不变，那么我们就可以对设备损坏以前的收益力和损坏以后的收益力作出对比。不过，进行这种工作时，会遇到两项困难。第一，其他影响资本生产力的情况，不是照旧不变的。第二，生产工具由于磨损所失去的效用，和“少花一些的资本”来制造生产工具时——即所制造的生产工具成本较低、效能较差时——所没有具备的效用，不是相同的。任何人都不愿意为了衡量资本的生产力，而满不在乎地浪费他的一部分财产进行这种试验室式的试验。但是厂主们可以从实际的体验中，断定资本的最后单位的生产力。

但是，一个企业家能不能从在一个时间内降低一件物品的质量，来衡量他的最后单位的资本的生产力呢？这个最后单位的资本，主要体现在他的工作设备中最后的质量要素上。假如这里有两部机器排在一起，这两部机器除了损旧程度不同以外，其余完全相同，那就是说，一部机器是新的、完好的，而另一部机器是旧的、磨损的。机器的所有者对于这两部机器不同的生产力能不能得到一个真实的结论呢？又假定有两部机器都是新的，一部的成本比另一部高些，质量也比另一部好些。那个企业家能不能说出一部的收益力比另一部超过多少呢？假如他能够这样衡量的话，那么他对整个设备的各个部分，为什么不能用同样的方法来衡量呢？他可以把他的设备分成若干部分来衡量，对于每一部分，他可以发现：如果改善这一部分的质量，他可以获得多少利益，如果降低这一部分的质量，他要遭到多少损失。

做这种试验时，会遇到的困难是：降低一个生产工具的性能，可能对全部设备发生有害的影响。不过，如果在改变生产工具的性能时，能够做得很小心，这种影响就可以减少。不但如此，厂主做这种试验时，尽可以避免由于从设备中具体地抽出一个生产工具——整个设备必需有这个生产工具，才成为有效能的整体的资本货物——所产生的一切比较严重的失调的结果。他不必听任他所衡量的机器损坏到影响其他机器的效用的程度。如果他购买和使用一个较低级的机器来做试验，他不必使机器坏到不能和其他机器配合使用的程度。毫无疑问的，一个人可以使用这种方法逐渐地衡量资本的最后单位的生产力。尽管他的计算是很困难的，而又容易发生错误，但是他多少总会判断出体现在一套工具上的一部分资本的收益力，和这一套工具如果是好一些或坏一些的时候，所会有的收益力之间的差异。

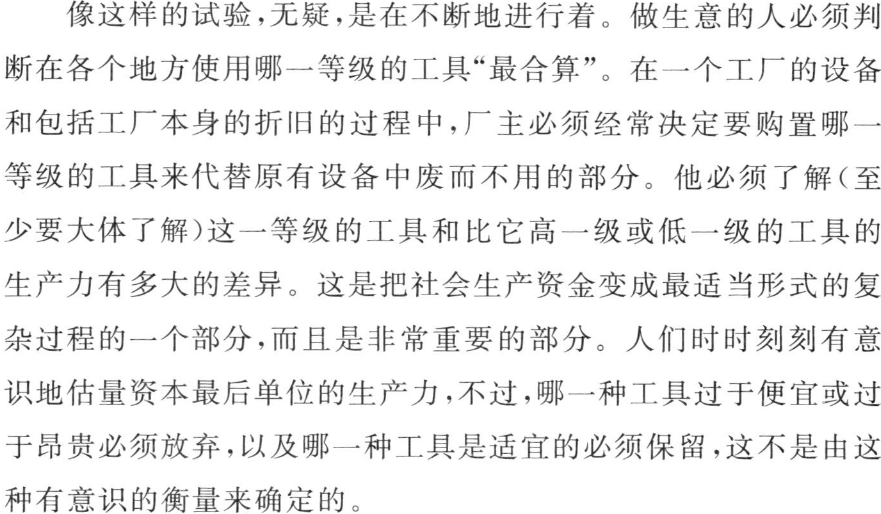

像这样的试验，无疑，是在不断地进行着。做生意的人必须判断在各个地方使用哪一等级的工具“最合算”。在一个工厂的设备和包括工厂本身的折旧的过程中，厂主必须经常决定要购置哪一等级的工具来代替原有设备中废而不用的部分。他必须了解（至少要大体了解）这一等级的工具和比它高一级或低一级的工具的生产力有多大的差异。这是把社会生产资金变成最适当形式的复杂过程的一个部分，而且是非常重要的部分。人们时时刻刻有意识地估量资本最后单位的生产力，不过，哪一种工具过于便宜或过于昂贵必须放弃，以及哪一种工具是适宜的必须保留，这不是由这种有意识的衡量来确定的。

竞争是按另一种方式进行衡量，而且是无情地进行这种衡量。

由于竞争的结果，凡是具有可以使资本获得它所能产生的最大效用的设备的工厂，便能生存，而那些不能使资本得到它所能产生的最大效用的工厂，就被淘汰了。在一个工厂里，如果每一部机器，每一件工具和其他任何一个设备，都经过适当的选择，使每一个工具的最后生产要素所生产的净收入，是等于成本的百分之五，如果这五厘是一般的借贷利息，那么这个工厂的主人就能受得住竞争了。此外，他借用资本的利息率将是五厘，假若设备完整的工厂里资本的最后单位所获得的利益也是五厘，这就是说，一个人所拥有的资本货物，必须适当地选择、配合，使各部分的最后生产要素所产生利益的标准，和他的竞争者所拥有的资本货物里的最后要素所产生利益的标准相同。竞争使各人的资本最后单位的收益力成为均等，因此竞争成为一个平衡者。竞争的结果把资本最后单位（即各个资本货物的最后生产要素）的产量低于标准数量的竞争者排挤出产业界，从而使各人的资本最后单位的收益力成为均等。假如资本最后单位一般的收益是五厘，那么利息率便是五厘。如果利息是五厘，而借款者的资本的最后单位所得的收益只有四厘，那么他每年就必须从他的资本里抽出百分之一来弥补亏损。这是不能长久维持的做法，因此他必须改变资本的形式，把资金收益力提高到一般的标准，否则他一定会陷于绝境。

我们在这里提出一些主张，这些主张比我们以前的主张更经得起仔细的检查。我们说：利息是由社会资本的最后单位的收益力决定的；那最后单位往往是生产工具的性能而不是整个工具；竞争起着平衡者的作用，使资本货物里这种最后生产要素的收益力趋于一定的正常标准；任何一种工具的最后生产要素的收益力如果低于标准数额，就一定被人废弃不用。

在解释这些话的时候，有几点应当加以注意。其中有一点和下面的假设有关，就是，当资本增加时，所增加的资金，具体表现在它带给物品的新性能上面。在这里，我们假设工人的人数仍旧不变，而资本是按人口的比例增加的，因此，企业家们不得不购置越来越好的设备。是的，如果工人的数目增加一倍，资本的数量也增加一倍，那么，我们所说的资本货物可以不必在质的方面加以改善。如果我们能够把和旧的工人所用的完全相同的工具发给新工人，那么资本就会或多或少地按自然的方式增加一倍。自然，这样做会遇到困难，因为土地和其他资本货物是有关系的。我们能够把各部分设备增加一倍，但不能把土地增加一倍。由于我们不能把土地增加一倍，我们在扩大资本时还必须改变那些体现资本的各个商品的性能。我们现在要明白的是：我们所谓资本按自然方式增加，是指资本增加而工人没有随着同样增加。十个工人拥有十个资本单位时，资金具有一定的具体形式，而当十个工人拥有二十个资本单位时，资金就具有不同的形式。可能在改善工具性能的同时，也增加了工具的数目，但是体现和衡量新的资本的主要是工具上质的改善，很少是工具量的增加。资本最后单位主要是以质量体现出来的。

如果是这样，很明显，认为资本是以具体的形式（一堆具体工具）存在于互相竞争的企业家当中，只要一个企业家付出最高的代价，资本便可以提供这个企业家使用，这种看法是不正确的。因此，资本是竞争的主体，而资本货物却不是竞争的主体。企业家所争夺的资本，并不是工具——具体的、看得见的、可以移动的、有许许多多不同用途的东西。没有一种资本货物,能适应于这么多的用途,以致任何企业家都急于获得它的一部分。可是大家都争着要取得资本,其结果便把利息标准决定下来了。在整个社会产业系统里,无论哪一个企业家,都可能是这个系统里所存在的任何资本的需要者。如果他能够比现在使用这一部分资本的人从这资本中得到更多的利益,他当然就愿意付出更高的利息,把这资本拿到手。因此,资本不是固定于一个系统中的某一个使用者或某一个地方。资本本身是可以自由移动的,而具体体现资本的商品,却不能自由地移动。甲的工具,对乙来说,往往是没有用的。假若我们从甲的工厂拿出一个工具,并放在乙的工厂里,这对乙并没有什么帮助。这种做法对甲的工作有妨害,而对其他的人却没有好处。一个火炉对熔矿者很有用处,而对纺织者却丝毫没有用处;一只轮船对运输商很有用处,而对采矿者却丝毫没有用处。总之,就资本货物来说,在不同厂家之间,只有很小的竞争。

如果产业的工具不是十分流动的,那么工具里的生产要素应该是怎样的呢?我们能不能从熔矿者的鼓风炉里抽出最后一个性能,并把这个性能转移到纺织者的纺棉机上去呢?我们能不能像变戏法那样,说个咒语,就把鼓风炉的性能降低,而把纺棉机的性能提高呢?因为,假若熔矿者要放弃他的资本的最后单位,而纺棉者要得到这个最后单位,就必须把鼓风炉的性能降低,而提高纺棉机的性能。

如果关于利息的最后生产力的理论是正确的,那么,似乎在这里把某些看来是对立的,但必须加以协调的论据列举出来是恰当的:

(1) 利息一般要和社会资本的最后单位的收益相符。

(2) 这个最后单位主要是生产工具的性能,而不是整个生产工具。

(3) 工具的生产活动的范围是有限度的。指定为一个产业使用的工具,对于其他产业往往是没有用处的。

(4) 要把工具的性能转移到别的工具上去,那当然是不可能的。

(5) 每一种产业资本的最后单位,实际上是一个和那个产业分不开的要素。

(6) 资本是绝对流动的,它能流到任何地方去。资本能离开任何一个产业,转到别的产业去,因此,它是大家竞争的对象。任何一个资本单位,对于任何正在进行着的生产活动,都值得使用,由于大家争着要使用资本,利息的标准便决定下来了。

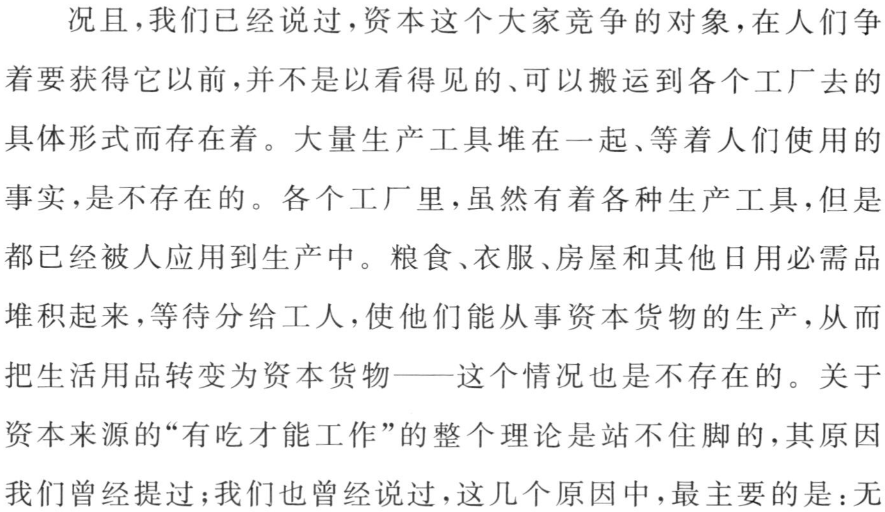

况且,我们已经说过,资本这个大家竞争的对象,在人们争着要获得它以前,并不是以看得见的、可以搬运到各个工厂去的具体形式而存在着。大量生产工具堆在一起、等着人们使用的事实,是不存在的。各个工厂里,虽然有着各种生产工具,但是都已经被人应用到生产中。粮食、衣服、房屋和其他日用必需品堆积起来,等待分给工人,使他们能从事资本货物的生产,从而把生活用品转变为资本货物——这个情况也是不存在的。关于资本来源的“有吃才能工作”的整个理论是站不住脚的,其原因我们曾经提过;我们也曾经说过,这几个原因中,最主要的是:无论什么地方都没有把生活用品那样堆积起来,这些生活用品也不能够那样使用[①]。因此,对资本的竞争不是对已经存在着的资本货物的竞争。

在关于资本和利息的似非而是的言论中,含义最广泛的是:不断地、普遍地进行着的资本竞争,是为要获得将要成为具体的东西而进行的多方面的斗争。社会的资本原来是不存在的,要等到企业家对它加以使用、使它具有某种形式时才存在。资本在没有变成生产者的原料和工具、零售商的商品、运输商的车辆等等以前,并不存在。美国价值一千亿元的资本货物,差不多全部都是作为适合各种用途的工具而加以使用,并且实际上都是使用在适合于它们的用途上。

当企业家在市场中争夺资本的一个额外单位时,实际上就是争夺这样的东西:他的产业有了这种东西,各种设备就必须重新加以整顿。事实上他是这样说:"我每年付出五厘利息,借来一定数额的生产财富,为了获得这些生产财富的收益,只有改变我的设备的形式。我必须把设备加以改善,而这种将要做的设备的改善,可以算是我的流动资本的新单位。此外,任何人为了让给我一个资本单位,他同样也要改变他的设备,他必须降低他的生产设备的水平。"

因此,争取得到资本,就是争取得到原来不是以具体形式存在着的东西。这种东西以具体形式存在的时候,主要表现为工作设

① 参阅第十章。

备上质的改变。当我们付出利息来使用资本时[①]，我们所要获得的实际上是那改变我们工厂和工具的能力。这种改变是可能实现的，因为当我们要借“钱”来扩充我们的事业时，我们所需要的是将要成为具体的东西，代替将要消灭的东西。我们可以用一个新的、质量较好的工具，来代替坏的、将要废弃的工具。这样就能把一个新的资本要素增加到我们的设备中去，而不必增加整个的新工具。我们付出利息来借用新的资本，就等于把一种东西来换取使用新工具代替旧工具的力量，新工具含有比较多的资本要素，而旧工具却含有比较少的资本要素。许多地方都需要头等的机器，因为次等的机器将要废而不用，因此，社会所拥有的资本货物，到处都增加了新的生产力。

在这样改变设备的时候，没有一个厂主是为了对资本的最后单位进行科学的试验，并把资本的最后单位的生产能力记录下来。但是在许许多多改变设备的过程中，实际上是做了这样的试验，而资本的最后单位的生产能力也被记录下来了。当厂主获得一个新的资本要素时，他发见所得的收益，至少可以指导他再借用资本时，要付出什么代价，因为这个收入告诉他对于这个资本可以出多

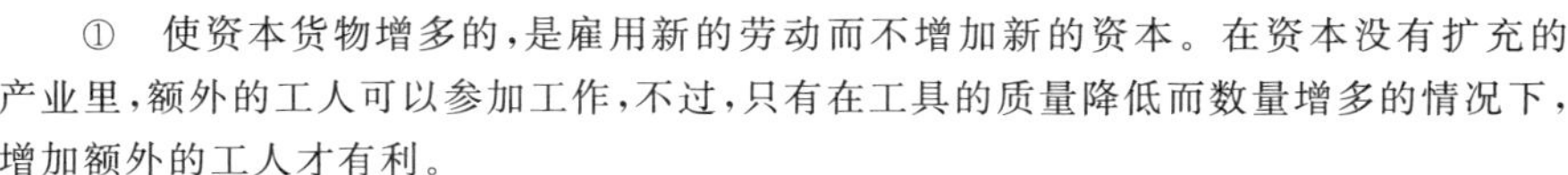

① 使资本货物增多的，是雇用新的劳动而不增加新的资本。在资本没有扩充的产业里，额外的工人可以参加工作，不过，只有在工具的质量降低而数量增多的情况下，增加额外的工人才有利。

我们说：在某些人的工厂里，最后资本要素的收益低于正常的定额，竞争的结果就把这些人排挤出产业界以外，从而可以衡量最后资本要素的生产力。我们说这句话时，并不否认这个事实：那些进行竞争的人，即决定利息标准的人，一定有办法确定他们的设备中最后资本单位的收益究竟是多少。他们用各种对比的办法，确定最后资本要素的产量，他们根据这一点来决定借款时应当付出多少利息。

少利息。其他厂主也根据同样的经验,知道他们出得起多少利息。每当有着新资本可以利用的时候,争得这些新资本的人,一定是那些从他们的经验中发见新的资本可以产生很大利润的厂主,而不是那些从他们的测验判明新的资本要素不能有很大价值的厂主。这一切测验都需要时间,但是在社会的进化过程中,有足够的时间进行这种测验。哪一些价值要素对各个厂主是最有价值的,无疑的这是可以逐渐明白的;此外,那一些厂主根据最有价值的资本要素在他们手中所能得到收益的数额,在竞争要借到贷款时,可以比别人多出利息,从而获得市场上出借的新资本,这无疑的也是可以逐渐明白的。社会的整个资本,无疑的是逐渐安排在可以产生最大利益的地方。资本离开生利较小的人而转到生利较大的人的手里。在完全的静态的情况下,便可以出现一个各地的生产力完全一致,以及总的生产力达到最高水平的状态。

我们已经知道,就劳动来说,有一个可有可无的地带。有一个有限的边际区域,在这个区域里,可以从一个行业里抽出几个人,安置到另一个行业里去,而两方面资本的性质并不产生重要的变化。这个事实,对工资的实际调整有重大的意义。至于资本,也有类似的事实。有些工具可以在不同的产业里使用。我们可以从一个工厂里拿出一个铁槌把它安放在另一个工厂里,我们也可以从一个工厂里拿出若干东西,放在另一个工厂里,而工作的性质或其他配备的性质都不会因而发生变化。这样,资本也有一个类似劳动的可有可无的地带。

但是,这可有可无地带,并不是调整工资、利息的整个边际区域。边际区域比可有可无地带大得多。如果企业家改变他们的机器和配备的形式，把新增加的劳动单位放在一个有利的位置，工资倾向于和一个新增加的劳动单位在产业系统里任何地方所能创造的产量相等。利息倾向于和一个新增加的资本单位在几乎一切地方所能创造的产量相等，而这种新增加的资本单位，具体表现在资本货物产生了有利的变化上面。做好这些比较一般的资本安排以后，在可有可无地带上的资本的产量，就可以作为范围比较广大的边际区域里资本生产力的指标。

我们始终没有忘记资本是具有形式的。资本只存在于可以看见的、可以触摸的、可以使用的商品中，可是现在看来，资本的最后单位却不能这样处置。我们确实没有什么具体的方法，从一部机器中把刚才所说的资本的最后要素抽出来，而不破坏这个机器的其他部分。也没有什么机械方法，可以把头等工具中比次等工具好的要素抽出来，并使这个要素继续发挥作用。在想象上可以把资本的各个单位按照它们的生产效能依次排列出来，使最后单位成为效能最小的单位。但是要把任何一个厂主的工作设备具体地分为这样的资本单位，是绝对不可能做到的。把各种机器分门别类，不能做到这一点，把机器拆散，也不能做到这一点。假如我们使所有的机器逐渐损坏，然后用较劣的机械来替换，并把购买较劣的工具所节省的钱，用来改善另一个规模宏大的设备，这就是间接地把资本的最后单位从其他单位中分开来；但是，最后单位在新的组合里，还是和其他单位不可分割地结合在一起。这一切单位结合起来，便构成可以具体地使用的资本货物或产业设备，但是资本的单位，分别来看都是抽象的，因为这些单位主要是具有形式的东西的性能。事实上，在衡量那些依次运用于农田、矿山或制造厂上

的一个个资本单位的生产力时，我们便已经进入了抽象的境界。为了研究的方便，我们把资本分成为一系列的单位，这样就能把一个具体东西分成为各种性能；但是，这些性能合起来可以构成具体东西，而分开来却只能存在于想象中。

所以，体现资本货物的资本单位是混合单位。“真正分开了的资本单位”这个说法是自相矛盾的说法，因为真正的分开就等于资本货物的销毁和资本的消灭[①]。但是，资本货物的单位是可以单独存在的。我们建造了一只船以后，就可以一个又一个地继续建造起来，直到我们有了一队的船。但是我们资本的各个单位，如果按照它们的生产力依次排列，每只船和一整个系列的资本单位都有联系，并包含各个资本单位（即从第一单位到最后单位）的一部分。当然，我们能够真正地、具体地移动船只，但是按照经济意义来说，除非我们采用质量较差的船只来逐渐替换这个船队的船只，并把别地方的资本货物的质量提高，否则，我们便不能够把资本的最后单位从这个船队移到另一个船队去。

尽管这样，真正资本的最后单位的生产力是可以衡量出来的，这种衡量实际上是完全必要的。企业家如果不能成功地衡量资本最后单位的生产力，就一定要被排挤出产业界以外。在竞争充分开展的静态状况下，整个产业界属于那些能够成功地做到上述的测验，并把使用生产因素的能力发展到最有效的使用程度的人。

---

① 至于所使用的某些最低劣的工具，应当算是例外的情况，不适合于这个原则。这些工具是资本的第一个单位，而不能从整个设备中分开出来的单位，是在第一个单位以后加入设备中的各个单位。

第十八章　资本的增长是由于商品的性能的增长

前面所说的利息和工资规律的基本内容，由于补充了几个要点，已经接近于完备，前面所使用的图表是以最简单的方式来说明这个规律。现在可以明显地看出，在这个图里，沿着AD线增加的资本是永久的资本，这个资本包含各项工具（土地除外）。这些工具个个都会消灭掉，但是实际上又创造了自己的继承者，使整套工具不会减少。AD线的延伸，就是表明资本增加了新的单位，这些新的单位多半都是在原有工作配备的各个资本货物中增加了新的性能。如果我们要想做这样的试验，使原来是很小的资本增长到和使用资本的劳动力数字相适应的分量，那么我们就必须具有魔术般的改变和改良各生产工具的能力，每逢增加生产资金的时候，我们都必须使用这种能力。要像魔术师那样，轻轻一触就把劳动者所使用的物品，都变成好一等的物品。原有的全部设备和新的全部设备在等级上的差异，就算是真正资本的新的单位。这个新的单位是十分

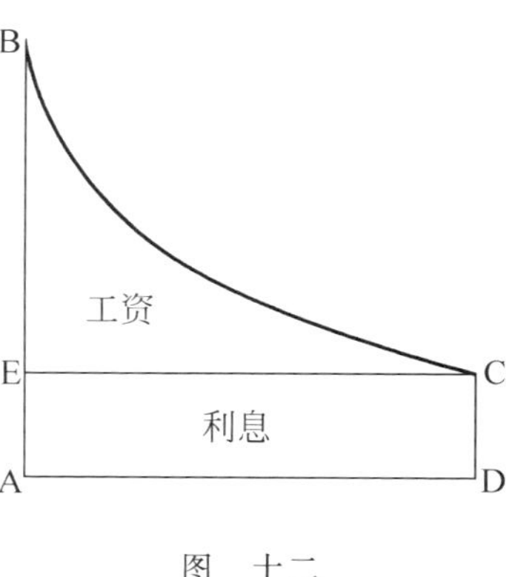

图　十二

复杂的混合单位，它主要是给旧的东西加上新的性能的混合体。现在我们要来看看这是怎样产生的。我们将可以明白，集体的生产制度具有完成这个困难工作的魔力。

这样组成的新的资本，是在集体的支配下。不错，这个新的资本是社会的财产，但是，这就是说：在产业系统中，各企业家一定都能得到这个资本的一部分。有一个社会规律支配着这种分配。如果在这个规律发生作用的时候，没有遇到什么阻力和障碍，它就能毫无差错地进行分配。在这种情况下，假如价值一百万元的资本加入了整个社会的周转资金，那么这个资本的某些部分，就落入社会中各个生产小团体里去了，而这些部分的数额究竟是多少，将由一个规律来决定——这个规律是可以找到的。在这种情况下，这个广泛分布的实际资本单位的产量，便是利息的标准，而这个资本单位主要是在旧工具中增加了新的性能。因此，有一个问题摆在我们的面前，那就是要找出社会是怎样进行这种分配的，怎样使各个生产团体和小团体都能从整个资金中分得一定的部分，并且能得到这个资金的新增加的每一个单位的一部分；这种社会的分配，很明显的不是一个有意识的行动，但是它是集体的或社会的行动。

把资本分配到各个产业小团体中去的规律，也把劳动分配到各个产业小团体中去，因而使每一种产业都拥有一定数量的工人。增加的劳动单位是社会的，而这些增加的劳动单位，通过社会的无意识的行动，被分配到产业大小团体中去。工人的增多，一般说来，并不是质的增长，因为一个劳动队伍并不是由于增强某一批工人的能力而逐渐建立起来的。是的，增强工人的能力，就增强了社会的劳动能力，但是经济学首先所要讨论的工人的增加，是从人口的增加而来的。扩大劳动队伍时所引起质的变化，主要还是资本货物性能的改变，不过这种变化，和工人数目固定不变而资本增加时所发生的变化，在本质上绝不相同。我们已经知道，在资本数量固定不变的情况下，增加人口，就等于增加资本货物的数量，而降低资本货物的质量。如果在从前只有一个人工作的地方，现在有了两个人，那么用于同样用途的工具可能增加一倍，而它的价值却减低一半。在这种情况下，当劳动队伍增加了量的因素时，资本货物便失去了质的因素，并且资本货物数量的增多，使得实际资本完整无损并保持这种状态。

我们记住这个普遍规律的名词解释以后，先来看看资本的质量的增长实际上是怎样产生的，然后再来看看资本是怎样分配到各生产小团体中去的。使资本货物得以改善的因素，正是使资本货物能永久存在的因素。我们已经知道，每一个会毁坏的生产工具，实际上都为它自己创造了继承者。说明集体生产制度的图表，指出了这种新陈代谢是怎样产生的，也表明了：由于实际资本的增大，具体表现资本的商品是怎样变得好些的。

现在让我们把说明产业大小团体的图表补充完全。在形式上仍是非常简单，但是可以充分说明那个影响劳动和资本的分配的规律。

A'''	B'''	C'''	H'''
A''	B''	C''	H''
A'	B'	C'	H'
A	B	C	H

在这个表上，A，A′，A″，A‴代表着一件最必需品从原料到完成品的生产过程。假定A‴是可以吃的食品，而A是制造这个食品的最原始的材料。A可能是还没有收割的小麦，A′是收割了的，并在谷仓里的小麦，A″是面粉，A‴是面包。B代表做衣服用的原料，即在绵羊身上还没剪下来的羊毛；B′代表经过洗刷、整理并藏在仓库里的羊毛；B″代表已经织成的衣料；B‴代表制好的衣服。C，C′，C″，C‴依次代表森林里的树木、锯木、木材和房屋。如果一个社会有了这一系列的物品就感到满足了，那么这个社会的需求未免过于简单。即使在想象上建立这样一个的社会，也是大胆的推论，但是我们前面所说的建立一个理想的静态社会在这里是可以适用的。我们暂时把许多事实撇开不谈，把一些其他事实孤立起来，使我们对这些事实能够清楚的了解。我们可以看到，对一个最简单的社会进行劳动和资本的分配的规律，正是对任何地方最复杂的社会进行劳动和资本的分配的规律。

上面所提到的每一个产业小团体，都有劳动和资本。我们知道，资本的物质结构，即构成资本的具体物品，是处在不断的新陈代谢中，这种新陈代谢是怎样产生的呢？当一个A‴或一个B‴或一个C‴拿去使用时，现有的被动的商品便减少了一个；由于各产业小团体不间断地继续进行生产，那所减少的一个便得到补充。这一切我们已经知道了。现有的主动的资本货物——工具、机器、房屋等等，也会用坏或朽坏，这样耗损的资本货物要怎样来补充呢？很明显，A，A′，A″，A‴各个小团体所组成的A大团体，没有力量来直接修复那些用来制造A‴的主动的资本货物，因为这个团体的全部力量在制造A‴上面都耗尽了。

但是，有另一个大团体 H，它的任务在于制造工具、机器等，这个大团体是由一系列小团体组成的，我们可用 H，H′，H″，H‴来表示。在我们很简单的图表里，以 H 这个团体来补充所有生产团体中固定资本所耗损的部分。现在 H，H′，H″，H‴表示制成主动的生产工具的材料，也表示生产工具在四个发展阶段中的形状。H 是制造工具的最原始的材料，而 H‴是配备齐全的、可以使用的工具。从 H 一直到 H‴的生产，正如别的团体一样，总没有间断：每一个晚上，制成的 H‴拿走以后，第二天早上就补充上来，即把 H 变成 H′、把 H′变成 H″、把 H″变成 H‴并生产新的 H。从 H 到 H‴总是完整地保持着，这就是说，这个制造工具的团体的实际资本，在数量上保持原样不变。

H‴这个制成品要送到什么地方去，它给 H 团体的人们带来什么东西呢？它要送到整个产业系统的各个地方去替换用坏了的工具。有的送到 A，有的送到 B′，有的送到 C″，等等。有的送到 H 团体所属的各个小团体去，补充那些用坏了的制造工具的工具。很明显，H‴小团体的人所得到的，一定是具有 A‴，B‴和 C‴形状的东西。在图表里，所列出的最后一个团体的人，不能够把他们所制造的织布机、打谷机、磨粉机吃下去，但是他们必须吃图表里用 A‴来表示的面包。他们也不能够把机器拿来当衣服，或是把工场当房屋住，但是他们必须有衣服穿、有房子住。他们必须从图表里所列的前面三个团体的产品中，分到一部分这样的东西。

制造工具的人所需要的消费品是由哪一方面来供应呢？是不是从别的团体征来的呢？是不是从别人的工资中取来的呢？是不是确实由前几个团体的劳动或资本生产出来的呢？这里，我们必须十分谨慎，因为在进行分析时，如果我们说：劳动养活了制造资本的人，因而它创造了“资本”，那么，在这里，我们正可以这样说。的确，A团体的工人是为H团体的工人而工作的，并且得到资本货物作为报酬。但是，H团体的工人的食物，实际上并不是A团体中任何工人或任何工具的一部分产品，而是这些团体中各种工具的总产品的一部分。每一个值得购置的工具，都能生产出产品来弥补本身的耗损，同时又能为它的所有者生产红利。织布机所织的布，其中用以弥补本身的耗损的部分，就是交给H‴团体的部分。H‴团体的工人实际上是吃磨粉机，因为他们所吃的面粉，是磨粉机制造出来的面粉，磨粉机在制造过程中逐渐损坏了。不过，他们所吃的只是作为弥补耗损那一部分的面粉。

因此，常常有大量的A‴，B‴和C‴进到H‴团体中去。如果这些数量是从前三个团体工人的工资和利息中扣除的话，那么H‴的制造者便是由其他团体的工人来供养的。事实上，H‴团体的工人也间接地制造自己的商品形式的收入，正像前三个团体的工人间接地制造自己的主动的资本货物那样。H‴团体的工人不是受人供养的人，而是自给自足的人，他们所吃的是自己的工资和利息。他们的收入有着具体的形式，那就是可以养活他们也可养活他人的、出自同一来源的物品。A‴，B‴，C‴等团体制造维持H‴团体工人生活的物品，但是这些产品中归到H‴团体的那一部分的数量，只等于前三个团体的机器等等为了补充设备中损坏的部分而生产的数量。这个数量和劳动的产量绝不相同，和作为实际资本的净产量也不相同。

这样，前三个团体的工人虽然维持着H‴团体工人的生活，但是却不因为这样而有什么负担。工具的首要任务是创造充分的财富，以便当它本身损坏时，足以购置另一个工具来代替它。这种财富是这个工具总产量的一部分，而不是这个工具所体现的资本的净产量的一部分。只有在一系列接连不断的工具都能生产超过弥补本身的耗损的产量的情况下（只有在一系列接连不断的资本货物都能给它的所有者生产净盈余的情况下），资本才具有生产能力。

我们曾经提过，各地方资本的生产力趋于一致。不过，只有实际资本才是这样，而资本货物却不是这样。在 A 小团体里，一系列接连不断的工具的净产量，和在 C″团体或 B‴团体或其他团体里一系列接连不断的工具的净产量，趋于一致。这个趋势要求各地所使用的任何工具，在正常的状态下，都有很大的产量，这个产量足够抵付购置和它一模一样的另一个工具的代价，又能给使用者每年生产出净收入。这种净收入相当于这个工具的成本的一部分，这和其他资本货物所生产的收入是相当于资本货物的成本的一部分，是一样的。这是和划一的利息规律有关的铁一般的具体事实。

这样，分散到 ABC 各团体中去的 H‴这种工具，除了给它们自己准备继承者以外，又生产出数目相同的利息。每一个这样的工具，当它存在的时候，都创造出弥补耗损的准备金，而构成这个准备金的商品，便是养活 H‴团体工人的物品，但是由工具体现出来的实际资本所生出的利息，和这弥补耗损的准备金绝不相同，而这种利息受到静态规律的影响，趋于一致。养活 H‴团体的工人的物品，是组成固定资本的因素所变成的具体形式，而养活 A‴，B‴，C‴

各团体的工人的物品，却是这些团体里工人和资本的真正产物。

因此主动的资本货物，或组成固定资本的因素，是自给的；实际资本，除了自给以外，还能供养它的所有者[①]。这个资本所有者，尽可以把资本所给他的东西全部用光，而绝不会损害具体表现永久资本的一系列资本货物的完整性。

我们曾经指出，更多的资本就意味着更好的资本货物。我们

---

① 上面曾经说过：按实际情况（而不是按字面）说来，资本货物给它们自己创造了继承者，因而使资本保持完整。主动的工具创造继承者的方法，是给要补充这种工具的团体创造专供这种用途的收入。被动的工具或原料（如图表中所列 A，A′，A″等）它们创造继承者方法，是最终使自己变成这一系列小团体的工人的消费品。由于这些团体的活动，A 等才能保持完整。主动的工具，经过使用便消灭了，而被动的工具，当作为资本货物使用的时候，却不会消灭。在这样使用的过程中，它们没有受到任何损失，反而增加了价值。只有当它们变成不是资本货物，而且开始为消费者服务的时候，它们才趋于消灭。只有当它们可以供人消费的时候，它们才能使下面几个小团体的工人补充流动资本的组成因素，从而为自己创造了继承者。

这样说法并不会陷入在本书前章里所批判过的、旧的错误，就是把专供工人食用的那一批食物叫做资本的原始形式。按这里所提出来的意见：(1)这样一批的食物，事实上并不存在；(2)A‴，B‴，C‴类型的商品，当它开始供人消费时，就不是资本货物了；(3)A‴，B‴，C‴等商品，不是“工人的食物”，而是所有工人和资本家的商品形式的收入。此外，这种商品使资本的组成因素保持完整的方法是：用它们自己来代替工人和资本家所生产出来的、构成工人和资本家的收入的原始形式的资本货物。在 A‴，B‴，C‴类型的产品，经过各小团体供其使用时，只是把已经存在的收入变成可以使用的形式。最低级的小团体所生产的 A，全部是那个团体的收入，因为这不是那个团体的资本的组成部分，也不是那个团体所必须保持完整的那一系列物品的组成部分。这相当于那最低级小团体所可以耗用在生活方面的数量。在静态的情况下，这个团体要把这整个数量花费掉。对社会说来，当 A 这种物品传到 A′小团体去的时候，它是资本的一个组成部分，因为社会对 A，A′等整个系列所体现的资本数目不能有所侵蚀。但是社会可以把这一系列生产小团体在最后阶段所生产出来的 A‴消费掉。社会消费 A‴的方式是把 A‴来代替未制成的物品，这些未制成的物品，对现在拥有它们的人来说，只是数目上的收入，而不是可以使用的收入。这些收入，按照它们原来所具有的形式，使社会的资本保持完整。

现在可以看到，这种更好的资本货物是怎样得到的。按照上面的图表，资本货物的改善，就表示 H 团体比以前更大了，因此，便有更大的生产能力，来补充固定资本中耗费掉的组成因素。现在可以生产更多或更好的工具，但由于形势的需要，所生产的大都是更好的工具。在 A，B，C 各团体里，固定数量的工人得到改良了的工具，并且生产比从前更多的 A‴，B‴和 C‴。改良了的工具，像原来的工具那样，都能为自己生产出继承者，而专供 H 团体使用的剩余的消费品，足够维持那个团体扩大以后的需要。

随着资本的增多而产生的一个附带的结果是：工资增高，利息总额增大。这意味着 A‴，B‴，C‴的生产有所增长，不过这种增长不是这些消费品数量的增多，而是这些资本货物质量的改善。我们在研究价值规律时，已经明白了这一点。消费资料和生产资料一样，大体上是由于质的增长而增长起来，由此说来，A，B，C 和 A‴，B‴，C‴的差异，大于从前的差异。工人对原料进行"精益求精的加工"时所产生的每一个变化，是越来越显著的变化，但是现在经过加工的制成品，要比从前的同样成熟的制成品更加精美。在 A，B，C 团体里，不增加工人也能做到这一点，这是因为有更多的资本（即更好的资本货物）为这些工人增大了生产力。

资本的原始积累究竟是怎样发生的，这是动态经济学所研究的问题。当我们探讨社会资本增加的过程时，似乎就超出了静态经济学严格的范围，但是，在本书里，我们却来观察那些直接引起静态调整的各项变化。我们密切地注意着资本从原来的很小的数量发展到现有的数量的过程，我们的目的，仅仅在于把资本的最后单位的产量识别出来。这种资金是由各个团体所组成的复杂社会来使用的。它的总数固定不变，它增长到现有数量的过程，是一个想象的、用以说明现象的过程。这个过程，如果涉及现实生活，使我们注意到各个团体的各种活动，并且这些活动足以说明：第一，组成各种资本的物质因素怎样才能延续；第二，各种资本货物的等级怎样可以提高，那么，它所说明的问题，将有更大的价值。在一个新的、改良了的工具，代替一个旧的工具的时候，看来不过是一个替换，但是，如果从整个一连串的工具看来，这种替换就成为一种变化。当资本的数量增加而工人数目仍旧不变的时候，永久资本就转变为较好的形态（即离开较劣的物品，进到较好的物品中去）。但是，当资本的数量仍旧不变而工人数目增加的时候，资本就转变为较坏的形态。这两种变化，是通过上述图表中 H 团体所表示的产业部门来实现的。

第十九章　劳动和资本分配到各个产业团体中去的方式

我们现在可以说明一个规律，按照这个规律，整个社会资本，在它发展的各个阶段中，都会按一定的、自然的分量分配到各个产业团体中去。我们在整个研究中，对社会资本这个概念所持的见解，就意味着这样的分配，因为除非社会对于所有的资本加以某种方式的管理和处置，使它能得到最好的结果，资本便不算是一个完全社会化的因素。这就需要有一个经济力量，把社会所有的资本恰当地、均匀地分配到产业系统里各个小团体中去，正如自然势力把一池的水分布在各个地方，使池中各个部分都有一定分量的水，使池面平坦那样。

很明显，有一个正常的分配。在静态的情况下，A，A′，B 和这产业系统里的其他团体必定都有一定数量的资本单位。是什么使这些资本单位的数量合于正常呢？我们已经说过，如果劳动和资本在产业系统中各个地方的生产力都是一样——那就是说，一个单位的劳动在一个小团体的产量，和它在另一个小团体的产量相同，而一个单位的资本在各个地方的生产力都是一样，那么劳动和资本的分配，一般说来，是均匀的。工人不断地流动，寻找能够创造和得到最多的财富的地方。资本在各个地方所能得到的收益，对于工人没有吸引力，因为工人所寻找的只是工资。资本和劳动一样，在产业系统中不断地流动，寻找能够得到最大利息的地方。就移动的动机说来，资本和劳动这两个因素是彼此没有关系的。

但是，这两个因素中，一个因素的移动，不能不影响到另一个因素的生产力。任何工人离开A′小团体，那个团体的资本便失掉了一些生产力，即按单位说来，所生产的商品比从前少。到现在为止，我们还没说到价值，虽然价值是我们不久必须加以考虑的第二个要素。首先要考虑的是：一个单位的劳动的生产能力，或一个单位的资本的生产能力，究竟是多大呢？如果工人离开一个团体，那个团体里资本的生产能力就减低了，由于资本的生产能力的减低，资本就有移动的倾向。事实上，这两个生产因素中，无论哪一个因素，从甲团体移到乙团体去，不能不使其他因素受到影响而产生移动的倾向。在实际生活里，这些影响的作用是非常复杂的，因为各个产业的相互关系是非常不同的和复杂的，不过那个支配移动的原则，在本质上是很简单的。要知道A团体从整个社会资本所分得的正常分量，或是要知道B或C团体所分得的正常分量，并不困难。如果这些团体中有一个团体所分得的分量不正常，那么就不难看出有一个力量在发生作用，使资本移进这个团体或是离开这个团体。到底是移进这个团体，还是离开这个团体，要看情况的需要来决定。

使资本从甲团体移到乙团体去的因素，正是使资本发生质变的因素。这两种变化都需要有H团体才能产生。在A团体里，如果有一个工具不需要替换，而这个工具创造了弥补耗损的准备金，即它所生产的 A‴，足够抵付添购一个同样的工具的代价，那么这个 A‴就要用以购置另一个可供另一个团体使用的工具。例如：H 团体的工人生产一个制造衣服的工具，而不生产一个制造食物的工具。因此，A 团体的企业家放弃了一定数量的资本，而 B 团体的企业家获得了一定数量的资本。我们刚找出实现这种移转的办法，这种办法是：把一个工具所创造的用以代替它自己的准备金，用来酬劳制造另一种工具的工人。当然，有时也可以把整个工具从一个产业里抽出来，放到另一个产业里去，但是在大多数的情况下，这样做会导致某种程度的资本的浪费。移动资本而不遭到浪费的普通的方法，是我们所说过的方法。当然，除了这样移动资本以外，还有一种办法，那就是局部地变更原料的分量，这种变更就等于移动了流动资本。

应该注意，劳动也是按同样的方法移动的。工人可以从一个产业里抽出来，放到另一个产业里去。抽出工人比抽出工具来得容易，因为工人更容易适应环境，但是，如果一个工人改变了行业而完全不会引起生产力的浪费，这种情况是少有的。他学成技术以后，便在一个行业里工作，如果要把他调到另一个行业去，就需要一些时间来学习新的技术，才能工作得像从前那样好。一般说来，需要高度技术的行业的老工人，调到新的行业去，总不能发展到他们在原行业里那么熟练的程度。调动工人而不招致浪费的普通的方法是这样的：让工人的儿子学习一种跟他父亲不相同的技术。维持永久的社会劳动队伍的组织的方法，和维持社会资本的组织的方法相似。工人除了谋求自己的生活以外，还必须教养下一代来继承他们在劳动队伍里的职位。因此工人从甲团体向乙团体移动，就意味着某些工人的继承者做了新的种类的工作。作为一个永久的队伍，我们可以说劳动是完全移动的，但是，如果要使这种移动不减少劳动队伍的人数，那就必须不改变工人的位置。

调动劳动和资本，不使其中任何部分有什么损失，这是完全可能的。明确这一点以后，我们就可以想到一种静态的社会。这个社会的各个因素都有完全的流动性，但是却不流动，其情况和池塘一样，丢下一个小石子，看起来似乎会使池中的每一滴水都动起来，但是事实上连一滴的水也没有移动。静态的团体组织是这样一种的组织：任何轻微的变动，似乎都引起劳动和资本在团体与团体间的许多移动，而事实上却没有发生什么移动。换句话说，在一系列大小团体里，每一个团体所有的劳动和资本的分量，是十分均匀的。这种情况是怎样产生的呢？均衡的压力使池面平坦，均衡的吸引力使团体组织中劳动和资本处于静态的状况。

在前一章里，我们曾说到劳动和资本分配到一切产业团体去的规律，并且把这个规律叫做经济变化的普遍规律。这个规律对消费发生作用。在固定人数的条件下，这个规律使得消费品愈增多其特殊效用愈减少。因此这个规律决定价值，商品愈增多，其价格愈降低。这个规律也对生产发生作用，当一个越增越多的生产因素，和另一个固定数量的生产因素一起使用时，每单位的生产力越来越少。在固定数量资本的情况下，工人愈增多，每一个单位的劳动的产量愈减少。这个规律必须对这两方面起作用，才能使劳动和资本在整个产业系统中有均匀的分配。这个普遍规律一方面决定价值，而另一方面决定商品的生产力，因此产生双重的影响，其结果，在竞争充分发展的情况下，一个单位的劳动在一个产业部门中创造价值的能力，和在另一个部门中创造价值的能力趋于一致。一个单位的资本也有着同样的趋向。

假如我们任意地把劳动和资本分配到整个团体组织中去，那么，有些地方，这两个因素的分量，比静态状况下所需要的分量来得多，另一些地方这两个因素的分量却来得少。在某一些小团体里，一个因素的分量，多于正常状态下所应有的分量，而另一个因素的分量，却少于正常状态下所应有的分量。假如在一个团体里劳动和资本分配得很正常，而在这个团体所属的小团体里，这两个因素过多，其结果便表现在这个产业的产品价格低廉。劳动和资本分别所生产的产品，按实物来计算，将是正常的。在这个大团体内，每一个因素所生产的商品的数量，都是恰如其分的。

从另一方面说来，在任何地方，如果一个因素太多，另一个因素太少，那过多的因素每个单位所生产的产品的数量，要少于这个单位应有的产量，而过少的因素每个单位所生产的产品的数量要多于这个单位应有的产量。在这种情况下，商品的价格，可能还是正常的，因为不论这两个因素个别的生产力是怎样的，它们放在一起时，所生产的产量，可能是正常的。我们把劳动和资本分配到各个行业中去，很难使整个团体的生产力能够完全符合静态规律的要求，更难希望分配到各个小团体去的劳动和资本都具有恰如其分地生产实物的能力。这样说来，差不多每一个小团体所生产的产量，不是过多，就是过少，产品的价格，不是过高，就是过低。几乎在各个小团体里，劳动和资本在数量上的对比，不是太多，就是太少。一个因素所特有的生产能力，比静态规律所要求的高，另一个因素的生产能力，却比静态规律所要求的低。在这种情况下，劳动和资本要朝着许多方向移动，正如我们任意地把水放进池塘的各个部分中去，池塘里的水便要朝各个方向移动一样。这样所产生的水流，虽然是过于复杂，难以考察，但是支配着水流的原则却很简单；同样，劳动和资本的移动，虽然是复杂的，但是支配这种移动的原则却很简单。

劳动和资本为了各自的动机而移动，因为每一个因素都只追求本身的利益，而不顾其他的利益。它们的动机彼此没有关系，但是它们的移动却是彼此有关系的，因为它们两者之间，无论哪一个发生移动，另一个的生产力就发生变化，其结果是：各个因素都要到能够生产最多产品的地方去。无论什么时候，如果一个因素改变位置会减低它的生产力，那么它就留在原有的位置。但是，这个因素暂时可以有一个非常大的生产力，不过由于其他因素的移动，这个过大的生产力最终是要消失的。现在我们就可以看到这种情况是怎样产生的。

首先，让我们仅仅注意到各个团体间劳动和资本的移动，这些团体的收入，显然是从售卖制成品而得到的。例如：如果 A‴的价格很高，那么制造 A‴的整个团体就感到宽裕；如果 A‴的价格下落，这整个团体便感到拮据。这种变化影响到这整个团体的产品和收入。但是还有一种变化会影响这个团体里工人的产品和工资，那就是我们说过的这个团体工人人数的减少，或是资本数额的增加。一般说来，一个生产因素所能得到的利润要看：第一，它所在的团体和其他团体的关系怎样；第二，它跟它所属的团体内的其他因素的关系怎样。只有在总产量非常小的团体里，生产因素才有最大的生产力；不但如此，这个生产因素在那个团体中的数量必定是非常小的。如果工人是被雇来制造一种求过于供的商品，那么这商品的价值很高，如果工人是在资本非常充裕的工厂里工作，那么可以归功于一个单位的劳动的产量就很大，这样，工人就具有创造财富的最大的能力。一个工人，由于拥有很多工具，可能在一年中制造许多双皮鞋；可是这些皮鞋的价格还是很高，因为皮鞋的总产量不够供应需要。这就是这种工人具有非常大的生产力的情况。

显然，许多工人要从和这个团体的情况相反的团体拥到这里来，这种蜂拥的行为会产生两种结果。首先，会减低工人所特有的生产能力，因为工厂的工人一增加（假定资本在形式上能适应更多的工人）一个工人所生产的，就要比人手缺乏时所生产的少些。此外，工人蜂拥而来，就意味着这些商品售卖的总数就要增多，于是价格就要降落。这样一来，可以归功于一个单位的劳动所生产的商品，不但在数量上减少了，而且在价格上也降低了。劳动所特有的产品，按价值计算，是从两个方面减低了。每一个工人所生产的商品，要比以前生产的少，每一个单位的商品的价格，要比从前低。

那么，工人拥进这个团体，对于这个团体里的资本的生产力有什么影响呢？一方面减低了资本的生产力，另一方面却增加它的生产力，结果是资本的生产力并没有什么大的变动。这个团体里工人增加越多，其资本所特有的生产能力就越大。从这一方面说来，工人拥到这里来，对资本的确有利；但是从另一方面说来，工人拥到这里来，这个产业的总产量就增多了，其产品的价格也就降低，因此对资本不利。按一个单位的资本说来，可以归功于它的商品虽然是增多了，但是商品的价格却比从前低。资本产品的价格降落，因此资本受到损失，但是按实物计算，资本所特有的产品的数量是增多了，因此资本得到了利益。

工人拥到一个团体以后，这个小团体里的资本的生产力，比其他产业里的资本的生产力可能大一些，也可能小一些。不过这种生产力和通常的生产力的差异，可能不像劳动生产力的差异那么大。我们本来假定这个团体的资本是充裕的，并且假定由于总产量很少因而产品价格很高。在这种假定的情况下，一个单位的资本所生产的商品并不多，但是商品的价格既然很高，因而一个单位的资本创造价值的能力，就可能不是不正常的。新的工人进入这个团体以后，这个团体的资本创造价值的能力不一定有什么大变动，因为有一种势力使这个能力减低，又有一种势力使它增高。因此生产能力的增长，能使一个单位的资本最终所创造的价值，和它最初所创造的价值，几乎相等。

劳动创造价值的能力，由于两种势力一同起作用而减低了，因为一个单位的劳动所生产的商品比从前少，商品的价格比从前低；但是资本所特有的创造价值的能力，从一方面说来是减低了，而从另一方面说来却是增高了。假如在工人移动以后，资本创造价值的能力，像我们所说的那样，或是高于其他地方的资本创造价值的能力，或是低于其他地方的资本创造价值的能力，那么资本的轻微的移动便会产生，或是从其他地方移到这个团体来，或是从这个团体移到其他地方去。这种移动很快地就使资本的生产力趋于正常。如果资本流进这个小团体来，这种移动，就像我们所说那样，从两个方面来减低资本的生产力：减低资本的生产能力，降低商品的价格。不过这种移动对工人没有很大的影响，因为商品总产量虽然稍稍增多，商品价格因而减低，但是由工人所生产的商品在数量上却增加了。

很明显，这种移动能够纠正各个团体内劳动和资本在数量上不相称的现象。我们选择一种的产业来进行研究，在这个团体里，劳动的生产力达到极点，那就是说，工人生产很多的商品，而商品的价格又很高。这一个产业团体对工人有最大的吸引力。工人所要极力避开的是跟上述情况恰恰相反的团体，就是说，在那个团体里，劳动和资本相比，感到人力过多，商品生产得很多，而价格却很低。在这里，每一个工人所生产的商品不多，而且商品价格很低，因此这里的工人受到最大的、使他们向外移动的吸引力。

我们在观察池水被扰动以后池面怎样恢复到平坦的状态时，不妨假定流入最深处的水，就是浪头最高的水。同样，对于被扰动的小团体，我们也可以假定工人从生产力最小的地方，冲到生产力最大的地方去。在这一批移动的工人中，即使有的人由于个别的原因中途停止不前，他们也会使另一批跟他们人数相等的工人移到最缺乏劳动力的地方去，其结果正如生产力最小的团体的工人直接走到生产力最大的团体去一样。

移出工人的团体所受的影响，和移入工人的团体所受的影响，当然是恰恰相反的。我们说过，工人过多的团体，最初生产大量的商品，而商品售价很低。不过，每一个单位的劳动的生产力很低，因为所生产的商品不多，而且不能销售出去。各个单位的劳动离开这个团体以后，其余的工人生产商品的能力增大了，所生产的商品的销路也比较好了。因此，劳动所特有的创造价值的能力，在两方面都增大了。这个团体的资本的生产能力虽然减低，但是所生产的商品的价值却提高了。这两者一得一失，虽然不能恰好相抵，而资本的轻微的移动（或是向这小团体移入，或是从这小团体移出），虽然还可以发生，但是这种资本移动的程度，和工人的移动对比起来，是微不足道的。总之，这个小团体里所发生的变动，和我们上面所说的那个团体里所发生的变动，正是相反。

因此，一个团体里劳动和资本所特有的生产力，是由两个力量决定的。一个是产品的价格，这要看这种产品的总产量是多少。另一个是产品中由一个单位的劳动（或一个单位的资本）所生产的部分，这要看这个团体里劳动和资本在数量上的对比是怎样的。任何一个地方，如果一个生产因素（假定说是劳动）过多，那么两个力量便合在一起，起着减少工人人数的作用；反之，如果另一个因素（即资本）过多，那么两个力量就起着相反的作用。

可能有三种情况使一个生产因素在它所处的团体里生产力较低：(1)这个因素生产商品的能力可能是低的，而所生产的商品的价值却是正常的；(2)这个因素生产商品的能力可能是正常的，而所生产的商品却非常低廉；(3)这个因素生产商品的能力可能是低的，而所生产的商品的价值也是低的。如果变更团体里劳动和资本数量的对比，而不变更商品的总产量，那么第一个情况就可以得到纠正。假如劳动这个因素得不到充分的报酬，那么有些工人便从这个团体移出，有些资本就移到这个团体来。如果变更商品的总产量，而基本上不变更劳动和资本数量的对比，那么第二个情况就可以得到纠正。劳动和资本可能要从这个团体中移出来，而产品的价格可能上升。如果变更劳动和资本数量的对比，以及商品的总产量，那么第三个情况就可以得到纠正。假如劳动这个因素得不到充分的报酬，那么有些工人便从这个产业移到别的产业去，但是没有资本移到这个产业来。这个产业的总产量要比从前少，产品价格要比从前高，而可以归功于一个单位的劳动的产量，和一个单位的资本对比，要比从前大些。

有三个相反的情况，使一个生产因素有非常高的生产力：(1)这个因素生产商品的能力可能很大，但是所生产的商品的价值却是正常的；(2)这个因素生产商品的能力可能是正常的，但是所生产的商品的价格却非常贵；(3)这个因素生产商品的能力可能是非常大的，而所生产的商品非常贵。和刚才所说的相反的移动，就可以纠正这些情况。无论什么时候，如果商品的价格是正常的，而一个因素的生产力非常大，那么另一个因素的生产力一定非常小。因此生产力大的因素要移到这个团体来，同时，生产力小的因素要离开这个团体。上述的两个力量，一个倾向于提高商品的价格，另一个倾向于降低商品的价格。这两种力量后来相互抵消，唯一的实际变化只是这两个因素的生产商品的特殊能力有所改变。这就是在那些情况下所需要进行的调整，其结果是两个因素的生产力恢复正常。如果遇到这样一种的情况：商品的价值必须加以改变，而劳动和资本的生产商品的相反能力，不必加以改变，那么，就可以从劳动和资本一同流入或一同流出来实现调整。如果遇到这样一种的情况：价值和相对生产力都必须加以改变，使劳动和资本创造价值的能力符合于正常的标准，那么，就可以按照我们起初所说的方法来实现调整。由于两个力量起着合力的作用，一个生产因素离开这个团体或是移到这个团体来；但是由于两个力量起着对抗的作用，另一个生产因素受到影响。如果这两个力量共同对劳

动发生作用，那么这两个力量的总和，就可以表示驱使工人离开这个团体或进入这个团体的力量究竟是多大。如果这两个力量对抗着对资本发生作用，那么这两个力量的差额，就可以衡量出对资本这个因素发生作用的合力究竟是多大。

假如我们把劳动和资本任意分配到各个产业中去，那么有些产业可能有劳动和资本流入，所流入的劳动和资本在数量上大约相同；有些产业却有劳动和资本流出，所流出的劳动和资本在数量上也大约相同；有些产业只有流入一个因素，有些产业只有流出一个因素。大多数的产业就需要结合几方面进行调整，就是说，要有一个因素大量地离开这个团体或进入这个团体，而另一个因素只是小量地离开这个团体或进入这个团体。所有这样的移动，都是由于我们所说过的经济变化的普遍规律的作用而产生的。和另一个因素合作的一个因素的数量越大，每个单位的这个因素生产商品的能力就越小；商品的产量越大，商品的价值越小。这些力量起作用的结果，完全流动的生产因素很快就达到这样一种的状态：那就是所有各个产业的生产力趋于一致。

我们说到劳动和资本的移动时，似乎把这种移动看做是自发的移动，例如，似乎把工人看做是自动地从生产力小的地方，移到生产力大的地方去。实际上，这种移动是企业家来掌握的，他们这样做，是由于竞争的缘故。在理论上，我们假定一个厂主和另一个厂主的竞争一定要发生，而且这种竞争是十分活跃地进行着。因此，由于竞争所产生的劳动和资本的移动是必然的。在劳动生产力小的团体里，工人只能得到很低工资，如果别的地方提出比这个工资稍高的报酬，工人就想离开这个团体。在我们的假设下，工人这种移动不会遇到阻碍。如果每天能多赚五分钱，工人就要从一个行业移到另一个行业去；如果利息增加千分之一，资本就会发生移动。

但是，在劳动生产力大的产业里，工人所得到的实际工资，是由整个社会劳动的生产力来决定的，而不是由这个产业团体劳动的生产力来决定的。一般的工资标准是存在的，但是这个团体的雇主，可以按他们从劳动生产力比较小的团体里得到工人时所出的代价来雇用工人，这样，他们便有利润可赚。在一个时间内，他们可以保持一般市场的工资和本产业工人收益力的差额；不过，这个差额越来越小，由于竞争的存在这个差额就趋于消灭。各个厂主急于挣得一部分这样的利润，便争着尽快扩大他们的劳动队伍，并且要继续扩大，直到当地劳动的产量等于工人的工资时，就不再有什么利润可赚了。

同样，资本也是由企业家来移动的。竞争是这一切行为的动力，而促成竞争的原因是利润。全部移动的最终目的是造成一种没有利润的形态。在移动的过程中，企业家的各项利润逐渐减少，最后等于零。静态的社会没有促使再移动的力量，就是说，静态的社会没有利润，而利润始终是促使这种移动的力量①。因此，我们说，一个产业里劳动生产力很高，其他地方的工人就会拥到这个产业

① 很明显的，如果没有获得纯利润的企业家可以任意进入这个团体，那么这个团体便不能够保持盈利的局面。一切企业是否可以同时获得纯利润，而且所得到的纯利润率是一样的呢？普遍获得均等利润的状态，是否可以产生的呢？显然是不可能的。因为，这样一来，资本家都要变成企业家，而作为企业家，他们便相互竞争出价来获取劳动和资本，一直到各个地方的利润完全消灭，全部变为新增加的工资和利息，归工人和资本家所有。因此，在完全自由竞争的条件下，劳动和资本这些生产因素的收益，一定要符合于生产力的标准。

来，这就意味着那个小团体的企业家得到生产力很高的利益。他们有利润可赚，由于其他企业家的竞争，工人便移到这个小团体来，直到这里的工人的收益等于他们的生产，即直到利润消灭为止。

产业团体组织里的任何不平衡的状态，就可以使某些人有利润可赚。这个地方工人太多，而那个地方工人太少，或是存在着我们刚才说过的其他不正常的形态，这就意味着某些地方工人的产品，暂时超过了工人的收益。工人的工资是由劳动的一般生产力或社会生产力来决定的，但是有些地方劳动的生产力超过了一般的标准。这些地方所能获得的利润，就是促使这些地方劳动的生产力移动到一般标准的原因①。

① 个别企业家变更他的企业里工人的人数或资本的数量，这种举动对产品的价值可能引起一些变动，但是对他本人却没有很大的影响，这一点似乎会引起一个难题，其实，在一个小团体里，如果所有雇主的资本同时增加，便会降低这个团体产品的价值，但是只有一个雇主的资本增加，便不会把产品价值降低到可以觉察出来的程度。一个小团体的全部资本，在数量上是正常的，但是在这个团体中，有的雇主资本太少，有的雇主资本太多——这种情况是可能出现的。资本太少的雇主（与他所雇用的工人人数相比而言）也许不会因为考虑到增加资本会使他的产品跌价，而不去借用更多的资本，并保持原有工人的人数；资本太多而工人太少的雇主，也许不会因为考虑同样的问题，而不去雇用更多的工人，并保持原有资本的数量。如果常常发生这种情形，那么整个团体就会受到跌价的损失，并且要全面地消灭它的工人和资本。但是这种情形显然是不会发生的，因为，在正常的价格下，工人比较多的那一个雇主，就会感到他的边际劳动得不偿失，而辞退一部分工人，资本过多的雇主，也由于同样的原因，而抽出一部分资本。按理论说来，第一个雇主所辞退的工人，要到第二个雇主那里去，而第二个雇主所抽出来的资本，要到第一个雇主那里去。像这样小团体内部的调整，比各个大团体或各个小团体之间的调整来得容易，而且是一定可以做到的。实际上，每一个小团体从试验中，就会懂得为了得到最好的结果，它自己产业里的劳动和资本要有怎样的正常的比例。因此，这种比例或多或少地固定起来了。后来产量的增加或减少，是由同时增加或减少工人和资本所造成的，而增加或减少的动机，是物价的高低。假如这个小团体的产品价格昂贵，它的生产设备和常备劳动力就同时加以扩充。

确定在一个大团体里，一定单位的劳动需要若干单位的资本来配合，这种调整，不是所必须进行的唯一的调整，因为每一个小团体应当从它所属的大团体里的劳动和资本中，分得正常的份额。促使产生这个第二次调整的力量，正是促使各个大团体间产生一般分配的力量。每一个制成的商品里，都有一个可以区别出来的因素，这就是帮助制造这个商品的各个小团体中每一个团体所特有的产品。是的，A′小团体的产品是消失在A‴这个成品里面，但是A′是可以从这个成品里区别出来的一个因素，区分的标志就是A和A′的差别。A本身是这一系列小团体中最低一级的产品，而比A高一级的小团体的产品，就给A加上一个效用，使它变成A′。因此A″小团体所特有的产品，不是A″整个商品，而是一个效用，这个效用使A′变成A″。我们明白了各个小团体所特有的产品的性质以后，就可以把上面所说的关于大团体的情况，应用到小团体来。实际上，我们可以用“小团体”来代替上面的论述中所说的“大团体”[①]。

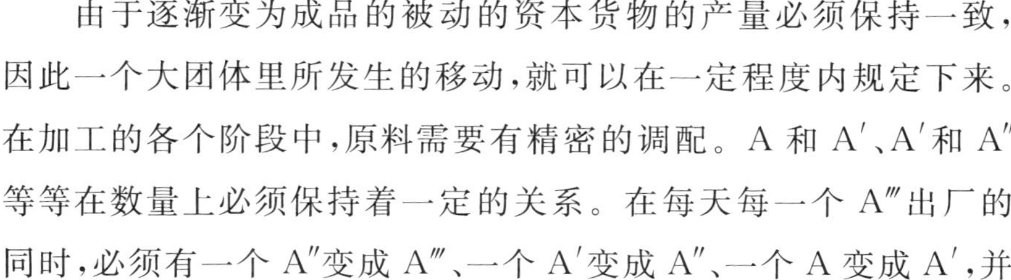

由于逐渐变为成品的被动的资本货物的产量必须保持一致，因此一个大团体里所发生的移动，就可以在一定程度内规定下来。在加工的各个阶段中，原料需要有精密的调配。A和A′、A′和A″等等在数量上必须保持着一定的关系。在每天每一个A‴出厂的同时，必须有一个A″变成A‴、一个A′变成A″、一个A变成A′，并

① 劳动和资本移到一个小团体去，或是从一个小团体移出来，这种移动不一定只限于同一系列的小团体之间。没有什么东西可以阻止劳动或资本，从A′移到B″，或是从A′移到C‴。如果劳动和资本果然发生移动，那就是由于受到上面所说的、决定价格和生产商品的力量的双重影响。

且必须生产一个新的A。这并不是说，在一系列物品中，有若干A′就必须有若干A，有若干A″就必须有若干A′，等等。反之，除非生产A的时数和把A变成A′所需的时数相等，否则，在这一系列里，各种被动的资本货物的单位的数目是不相等的。如果生产A的时间需要十天，而把A变成A′的时间却需要二十天，那么，为了保持一致的生产率，就得把A′的产量经常保持为A的产量的两倍。假定有了十个A的存货，每一天增加一个新的A，又假定把经过十天时间才能将制成的A交给A′的团体，那么，在交给A″团体以前，就需要有二十天的时间，继续制成这个商品。假定经常保持二十个A′的存量，一天就可以交出一个A′给A″团体；但是假如只存有十个A′，而一天要拿出一个，那一定要把在未制成状态下的A′拿走了。

例如，假定森林里的树木需要二十年的时间长大才可以采伐，又假定一年栽种一排树木，砍伐一排树木，那么在这个森林里必须有二十排的树木。假使树木只要十年就可以长大，这个森林只要有十排的树木，就可以每年采伐一排；假使树木只要一年就可以长大，这个森林只要有一排的树木就够了。又如，在一条水流不断的河里，沿河每处每分钟所流过的水量都是一样多；但是，在水流湍急的地方，河道应当是又窄又浅的，在水流缓慢的地方，河道应当是又宽又深的，这样才能保持统一的流速。因此，很明显，如果把A变成A′需要十个星期时间，而把A′变成A″需要二十个星期时间，那么在A″团体里加工的A′单位的数量，要等于A′团体里A单位的数量的两倍，这样，生产才能不断地进行着。

按照严格的逻辑说来，流动资本的存在，或被动的资本货物形式的流动资本的存在，完全是物质变化所需要的时间的结果。如果我们可以想象物质是立刻变化的，这种资本便不存在；如果一个原料经过工人的手立刻就经历了加工的各个阶段，而成为一个制成品，那么被动的资本货物就不可能存在。假如制成的过程不是立刻完成的，而是很快完成的，那么被动的资本货物就生产得不多。可是，如果制成的过程是缓慢地完成的，那么就会有很多的被动的资本货物。

因此要经济地使用资本，必须对每一系列团体里被动的资本货物的相对数量进行精密的调配，而这种调配主要是看各个小团体完成过程的速度的对比来决定的。如果相互的关系是十分恰当的，当一个制成品（比方说是一个 A‴）离开有组织的社会，而落到个人手中供他消费时，所引起的流动资本组成部分的损耗，就会由每一个团体的劳动和资本进行适当的补充，这样就没有为了积蓄而生产商品的浪费劳动的现象，因为所生产的 A‴正好补充了那已经拿走供消费用的 A‴。

上面只说到一个大团体所属的各个小团体里不同数量的流动资本，其实各个地方的固定资本和流动资本必须有同样的精密的调配。用一把刀同时切两块木头，是不经济的，用两把刀同时切一块木头，同样也是不经济的。对一定数量的固定资本，增加所使用流动资本的数量，其结果流动资本每一单位的产品就越少。有很多工具而没有原料，产品便等于零。有大量工具，而只有小量原料，原料很快就制成成品，但是一年中所制成的总数量是很少的。在这种情况下，那小量的原料的每个部分都是重要的。只要原料的数量减少了十分之一，整个产业每天的产品就要减少得很多；只要增加了十分之一，产量就增加很多。这样，有了大量固定资本，而只使用小量流动资本，这小量流动资本所特有的生产力是很大的。显然，一个工厂可能出现这样的情形：它所有的原料太少，不能使它的机器发挥应有的作用；这样，机器生产太少，而原料所特有的生产力相形之下是太大了。

流动资本数量的增多，每一个单位流动资本的产品就变得少些。起初，这正像有十二个工人用斧头把一块木头砍成木材一样，他们在工作时都会感到吃亏，因为他们的工具不能自由地发挥作用。假如有第二块木头，分去六个工人和六个工具，产品就要大大增加。虽然六个人不能够像十二个人那么快地把一块木头砍成木材，但是也差不了多少，所以原料的第二个单位（即第二块木头）到来以后，那整个产业的产品，几乎可以增加一倍。这样增加的产量，可以算是在以一块木头所体现的资本中，增加了很大的部分，就是说，在一年中可以增加几十倍。

在这种情况下，不论总资本增加多少，为了得到最大的效果，就必须采取增加所使用的被动的资本货物的数量的形式。第二次把被动的资本货物增加一倍，虽然不能像第一次增加一倍时会增加那么大的产量，但是也能大大提高总产量。被动的资本货物增加以后，主动的工具就能发挥更大的作用；但是，如果我们继续增加原料，最后总会产生这样的现象：继续增加原料所增大的产量，将不及增加或改善主动的工具时所能增大的产量。这就是说，到那个时候，被动的货物所体现的资本，和主动的货物所体现的资本，它们的特有的生产力达到了均衡的状态。对企业家说来，那个时候，一个流动资本单位的价值，和一个固定资本单位的价值是相等的。左手里的原料恰好可以使右手所持有的工具充分发挥作用；右手里的工具恰好可以顺利地对左手所持有的原料进行加工。这是调配的原则。一个人在决定两种资本分别需要使用多少时，所遵守的通常的原则，也是有组织的劳动者（即社会）所遵守的原则，不过，就社会来说，这是一个精密周详的调配，它牵涉到生产每一种商品的最细致的部分。矿物和采矿机器，羊毛和羊毛制造机，木头和用以采伐木头的锯——这一切在数量上都必须相称；这里所说只是关于调配的几个简单的、肤浅的例子，至于各个行业里调配的详细情况，我们没有时间来说明。在每一系列的小团体里，处在加工的各个阶段中的、具有原料形式的流动资本，必须调剂相称，而固定资本和流动资本也必须保持有一定的关系。A′团体的工厂挤满了工具，而A″团体的工厂只有少数的工具，很明显，这是很不经济的。但是在总的团体内，这种调配是很容易做到的。

土地是主动的货物之一，它和同类的其他货物在数量上必须调剂相称。任何产业的土地，不应该过多，以致和房屋、工具、机器相配合的土地，不能有利地加以使用。例如：假定我们的图表里生产A的小团体的土地，比其他资本货物多，而A′小团体的土地却比较少。这样，A的土地所特有的生产力，比A′的土地所特有的生产力大，这就使生产A的团体要想使用较少的土地，而把A变成A′的团体要想使用较多的土地。

关于土地自行分配到产业系统的各个大小团体中去的方法，有一个自然的、正确的说法，那就是，土地在这个产业系统的各个地方自由地转移，直到它有了均等生产力为止。当我们研究地租的时候，特别要注意均等生产力的含义[1]。均等生产力这句话的意思，并不是说这一亩的生产力和那一亩的生产力相等，也不是说这一个人的生产力和那一个人的生产力相等，因为每个人是各不相同的，而每一亩地也是各不相同的。但是，正如有一个单位的劳动一样，也有一个单位的土地。正如产业社会的各个大小团体中劳动的分配，可以使每个单位劳动的生产力趋于一致那样，土地的分配也可以使每个单位土地的生产力趋于一致。我们以后将明白，这一点对于土地和其他生产因素的正确配合具有什么意义。我们目前要注意的是：从经济意义来说，土地是流动的。这一点是资本货物不能够从一个产业抽出来任意地放到另一个产业去的原则的例外。我们已经知道，资本是绝对流动的，但资本货物通常不是流动的。然而，土地是流动的，我们所说的有关土地的问题，说明了除非土地在各产业之间自由移动，直到各个产业都有适量的土地，否则土地不能充分地发挥它的生产力。只要一个产业的土地比它所应有的多，而另一个产业的土地比它所应有的少，那么具有土地这资本货物形式的永久资本的数量就不够充分、不够正常。真正科学地研究土地和地租，其出发点要把土地这个生产因素作为普遍使用的生产因素看待，要把它作为帮助生产各种商品的东西看待。这种研究要把土地看做是按照精密的安排，而分配到产业社会的一切小团体中的。在研究地租时，有一种狭隘的见解，它只看到土地不可思议地用来生产某一种产品，这种狭隘的见解，是不科学的。地租不是由于小麦的价格而产生的，地租是由于土地

① 参阅第二十二章。

能够生产许许多多各种各样财富的能力而产生的。

我们在前章所提到的级差生产力的一般规律，首先要决定对一定数量的固定资本，应当配上多少流动资本。在一定数量的固定资本的情况下，流动资本的单位越增加，每一个单位的产品就越少；在一定数量的流动资本的情况下，固定资本单位越增多，每一个单位的产品就越少。这个规律的作用，使全部资本在固定资本和流动资本之间进行分配，其结果使一个单位的固定资本的生产力，和一个单位流动资本的生产力成为相等。在固定资本中，也有调配的必要。土地是固定资本的一种形式，因为它含有由主动的工具所体现的整个资本的一部分，而且它所起的作用是给予别的东西以效用，而不是接受别的东西所给予的效用。这一部分资本要受级差的报酬规律的支配。如果在一定数量其他形式的固定资本的条件下，调配给它的土地越多，那么每一个单位土地的产品就越少。如果在一定数量的土地的情况下，调配给它的其他形式的固定资本越多，那么每一个单位其他资本的产品就越少。如果这两个原则充分发生作用，就能把各个地方的土地和其他具体形式的固定资本相对的数量都恰如其分地配合起来。

当我们对一个产业的资本总数和另一个产业的资本总数进行比较研究时，我们就面临了一个需要考虑到价值的、精细的调配问题。任何一种产业所生产的数量，完全根据产品的价格而定。但是，我们刚才提到的级差生产力规律所牵涉的问题，主要不是价值的问题。在讨论这个规律时，我们只说到不同种类资本的生产商品的能力。一个产业有一定数量的总资本，这总资本必须按照生产力规律，在不同种类的资本中进行分配。如果一定数量的流动资本,配上过多的固定资本,那么一个固定资本单位生产商品的能力,就比它所应有的生产力小。例如:一个皮鞋匠如果把他的流动资本安排得不妥当,那么他每年所生产的皮鞋,就比他所可能生产的少;如果他把这种误差改正过来,就可以提高产量。级差生产力规律在一切的应用上,主要都是指这样的意思:一个生产因素和另一个生产因素相配合时,如果第一个因素的数量逐渐增加,那么这一个递增的因素的每一个单位所生产的商品就越少。这样说来,在任何一个小团体里(假定说是 A′),如果一个单位一个单位地增加土地,那么每一亩土地所生产的具体产品就越来越少。到这里为止,还没有考虑到商品价值的问题。

但是,我们说过,土地自行分配到各个大小团体中去,一直到一个团体的生产力和另一个团体的生产力相等为止。土地必须在小团体与小团体之间自由移动,一直到获得均等的生产力以后,才停止移动。至于人为的资本和劳动也是如此。我们研究一个小团体内这些东西是怎样配合的时候,应当注意的只是:这个小团体的产品中那一部分可以归功于那一个生产因素(按实物来计算产品)。例如:一个制鞋业的企业家,首先必须知道,如果在他的工厂里增加几个工人,而不变更资本的数额,他能增产多少双皮鞋?其次,他必须知道,如果他的总资本增加几千元,他能增产多少双皮鞋?他也必须知道,为了增多他的产品,是使用更多的固定资本而不增加流动资本好呢,还是使用更多的流动资本而不增加固定资本好?这里,产品的数量都是用鞋的双数来计算的。在固定资本必须增加时,他必须知道,到底是使用更多的土地,而不扩充房屋、机器等,还是保持现有的土地面积,而扩充制造机,才能生产更多的皮鞋？在小团体或个别产业内，生产因素也要相互配合——每一种的数量必须确定；决定这种配合的最主要的东西，是各个生产因素生产商品的特有的能力。

社会上的几个生产因素，终归要分配到各产业中去，使每一个因素都能恰如其分地进入每一个小团体。此外，价值参与决定这种的调配，因为那可以说是由一个最后土地单位所生产皮鞋的价值，有助于决定那个制鞋业究竟要使用多少土地。每一个生产因素生产商品的能力是一个要素，商品的价值是另一个要素；这两个要素合在一起，就决定在每一个小团体里每一个生产因素要有多少。总之，社会产业的每一个普通的生产因素，无论用在什么地方，都要受一致的最后生产力规律（不仅按实物而且按价值来计算产品）的支配。

第二十章　生产和消费能够同时产生是由于资本的正确分配的结果

上面是用大家熟悉的图表来表示的最后生产力的规律，还没有用具体的、准确的词句来表达。我们知道，如果沿着AD直线逐渐增加的因素是资本，那么这样逐渐增加的是实际资本的生产基金，而不仅仅是资本货物的数量；我们也知道，所增加的主要是总资本质量的提高；我们也知道，在生产资金增长的任何阶段中，全部是按照一定的规律分配到各个小团体中去；最后，我们也知道，每一个小团体里，资金的形式是由一个同样完善的调整和同一规律的作用来决定的。此外，这个图还使我们想起一些概括的说明，必须加以引申，成为关于商业生活现象详尽的、准确的描述。例如：CD表示资本的利息标准，而AECD表示这种收入的总数。在静态的社会里，没有一个人“储蓄金钱”来添增他的资本；因此，作为一个阶级来说，资本家的收入具有已经完成的、可供消费的商品的形式。这些商品是我们常常用来说明产业团体组

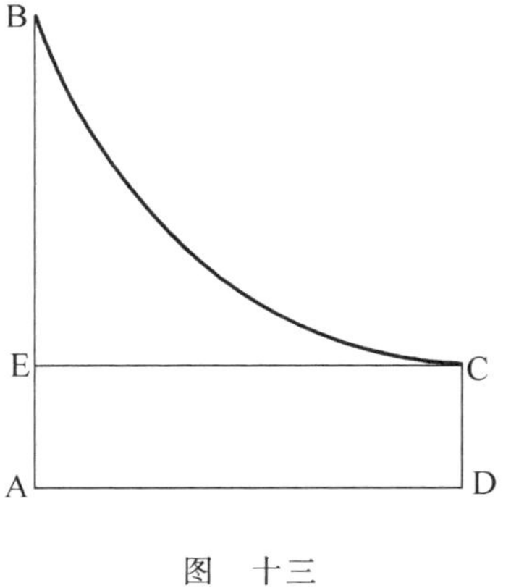

图　十三

织以及创造各种财富的方式的表里的 A‴,B‴,C‴类型的商品。各个小团体里的各个资本家,都按他们各自的资本数量,得到同一比率的收入,而且所得到的收入,是具有同样的完成的状态;可是,A,B,C 三个小团体的资本家,今天所生产的东西,就这些东西本身来说,要经过相当的时间,才可以使用(其实,除了表里的最上层的小团体以外,其他小团体的资本家所生产的都是这样)。现在在 A 团体的资本家那里进行加工的东西,也许要过几个星期或几个月才可以使用,但是在这些东西还没完成的时间以内,他们必须生活。因此他们要不要向 A‴团体的资本家借用商品呢?时间这个要素会不会兴风作浪,打乱这个图中所表示的那个规律的简单作用,使得低层小团体的资本家必须向上层小团体的资本家告贷并付给借贷的代价呢?这样付给代价,会不会打乱产业系统中各个地方资本收益的均衡呢?

对各个小团体的工人来说,这种问题也产生了。A‴,B‴,C‴这些团体的工人制造成品,如果他们能和他们各自的产业的资本家摊分总产品,并且把共同的产品中他们所分得的份额,从工厂里带走,那么他们只要把产品相互交换,就可以使每一个工人所得的收入立刻具有他所需要的形式。不过,A,B,C 团体的工人,显然没有这样有利的条件。他们要不要像低层的资本家向最高层的资本家告贷那样,向最高层的小团体的工人告贷,并且付给借贷的代价呢?

一个阶级的人,向另一个阶级的人告贷,使得后者能够顺利地渡过一个等待的时间,这整个问题所牵涉的,显然不是一般资本家和一般工人的关系,而是一系列生产团体中某些小团体和其他小团体的关系。如果需要借贷，在 A 这系列团体中，一定是 A‴小团体把 A‴这个商品借给各个低层的小团体；但是 A‴这个小团体，实际上有没有预付商品呢？如果按照预付这个名词的正确的意义来使用，那么其意思一定是说，把若干被动性资本货物，在某一天提出来使用，然后在另一天如数补还，在这两者间的时间，被动性资本货物的存量减低了。但是，这种的事情没有产生。A‴，B‴，C‴是一方面提出来使用，一方面进行补充的，正像一个充满着水的水管那样，水从一端流入，从另一端流出。

让我们做一个简单的、切合实际的试验，来检查这种借贷（或是资本家借给工人，或是一个小团体借给另一个小团体）是否必要。有三家需要日常的用水，其中两家有可以利用的资本，而第三家只有劳动。第一家安置一个可以把水抽到很高的水平的抽水机；第二家设置一个澄清水槽和一个滤水器，这种设置用一句比喻的话来说，它能使水“成熟”，或且使水适宜于使用；第三家只出劳动和别人合作，他给大家抽水。抽水机继续抽水，水槽充满着水，清水的供应源源不绝。设置澄清水槽的人，是不是把水借给设置抽水机的人和其他用水的人呢？是的，他今天给予他们的水，是比他们今天所抽出来的水好得多，但是他把水给别人时，并没有把水槽的水放干。如果真正是借给别人，他就必须放干水槽里的水，然后再把它装满，可是，他并没有这样做。显然，贮水只是改良水的质量的一种手段：那个人所设置的水槽，只是给水带来一个效用，可是并没有改变水的数量。

生产是间断的，而使用却是不间断的，这当然就需要贮蓄。如果生产是间歇的，像农业那样，那显然更需要贮存。我们上面例中

所说的抽水，如果只能在大清早才可以进行，那么，除了澄清水槽以外，还需要有一个贮蓄清水的水槽。不过，这种贮蓄所引起的问题，和单纯劳资关系或小团体与小团体间的关系所引起的问题，绝不相同。在生产是不间断的状态下，便需要供养一些工人，便有若干整个小团体仅仅生产原料。他们都得到制成品供他们使用，并且不需要什么人借贷给他们。

在任何一个时间内，A'''的存量和工资率有什么关系呢[①]？A'''的存量对工资的形式有一定的影响。假如这一种成品的需要不是连续的、有规则的，而是断续的、不规则的，那么，在某一个时间里，工人可能把这些成品用完了。如果是这样，他们的工资必须用其他形式来付给。在静态状况下，这种情况只由于季节的变换才会产生。例如，冬衣的生产可能整年进行着，因此，在冬季开始时，有大量冬衣足够满足那时候所发生的需求。如果没有这样的间歇性的需求，那么A'''一完成就拿去使用，但是不能在没有完成以前拿去使用。假如各个小团体是完全均衡的，那么A'''就完成得跟A''，A'，A一样的快。在这一系列团体中，任何一个团体都没有积蓄。如果在一个时间内所生产的A，比A所能改造成为A'的来得多，那么便有这样的结果：A生产过剩，它的价格低落，而A这个团体的劳动和资本很快地转移到其他小团体去。这样，静态规律使各个小团体的大小和生产力保持均衡，使被动性资本货物的生产源源不绝，并且使每一个人的工资按照这个生产率来决定。但是，被

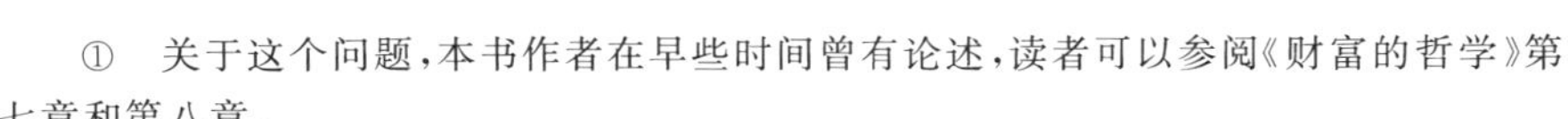

① 关于这个问题，本书作者在早些时间曾有论述，读者可以参阅《财富的哲学》第七章和第八章。

动性资本货物，按这个名词的通常意义说来，绝不是资金。被动性资本货物没有被贮存，除了不规则的需求需要贮存被动性的资本货物以外，这种的贮存是不存在的。收入要看商品制成的速度而定。这完全是速度的问题，即在一定时间内所完成的 A‴的数量问题①。

按照刚才所说的方法来分配资本，这是生产和消费能够同时产生的要素。只有劳动和时间是不受生产和消费必须同时产生的限制的绝对要素。假定原始社会仍然存在，人类有着欲望和能力，那么人类要创造财富，只要一方面工作，一方面等待。但是，有了安排得很恰当的资本以后，劳动和劳动的成果便可以同时产生。因此安排得很恰当的资本，是这样一种的生产要素：一进行生产立刻就有可以使用的、可供消费的收入。如果永久资金是按照上述各种力量所安排的形式进行调整，那么生产和消费就可以同时产生，他们的消费可以紧紧地跟着他们的生产。

按照生产这个名词的通常意义说来，生产的普遍要素是工作，但是仅仅由工作得来的产品，一定要经过一段时间。这一段时间，把开始生产劳动和享受生产劳动的最初成果分隔开来。假如一个人砍伐树干来做木筏，他要有相当的时间，才可以坐上筏子横渡河

① 在一定时间内所完成的 A‴的数量，是数量和速度的产物，因为未完成品的存量以及每一件未完成品达到完成的速度，决定了一定时间内所完成的总量。未完成的商品的数量，直接随着生产这些商品的劳动和资本单位的数目而变化，因此每一单位的劳动和资本的收入的数量，完全由工作的速度来决定。工资和利息的总量，是数量和生产速度这两个因素的产物，但是工资标准和利息标准主要是看速度而定的。A 的生产和 A 变成为 A‴的速度是怎样的呢？如果我们要了解工资标准和利息标准，那么首先就要提出这个问题。

流;假如他是用同样原始的方法来建盖小屋,他就要有更长的时间才可以住在那里①。可是,实际上他一定不会用那么简单的方法来建造小屋。他如果先造一个粗陋的斧头,就可以更好地建造小屋。这样,制造斧头是间接地生产商品的方法,朋巴卫教授曾把这个方法说成是资本主义生产的典型实例。一个人花了一些时间来制造一个工具,并花了更多的时间来使用这个工具,这样,他就能在一个月内盖一间比赤手空拳在同样时间内所能建造的更好更大的房屋。这个工具增加了他的生产,因此花在制造工具的时间,可以说是间接地增加了他的生产。

工具是具有生产能力的,而时间是获得工具的条件(这是简单的、不容置疑的事实)。间接地或多费时间地使用劳动,就能创造出具有较高的效率的资本货物。假定是这样地使用时间,那么我们可以说:"时间是具有生产能力的。"但是,我们必须记住:真正从事生产的,是花费时间制造出来的工具。

当斧头完全用坏,而使用这把斧头所得到的成果,以房屋的形式出现在使用者面前的时候,他也许会回忆一下建盖的过程,回想到他当初赤手空拳地面对着自然的情况,他也许会说:"这一切都

① 未完成的木筏,虽然还不能算是一种消费资料,但它却是财富。它是一个资本货物。放在那里供制造木筏用的第一块木头,就是这种财富的一部分。由此可见,在创造财富的初期,只需要劳动而不需要时间。可是,我们不能忘记那些能够为它的制造者提供效用的成品。要得到这些成品,至少总要一些时间。但是,一个人不能在对原料进行加工的任何时间中,始终没有一点资本货物在他手边供他使用。因此,详细说来,就应该是这样的:起初,只有人类和自然,生产完全由劳动创造出来,最简单的资本货物也是立即创造出来的。经过若干时间的进一步努力,便产生了消费品,但是必须有这时叫做资本货物的材料以供使用,否则消费品就不能产生。资本是创造能够直接满足欲望的各种形式的财富的必要因素。

是由劳动创造出来的。劳动和期待使我得到我的财富。”不错，劳动和期待使他得到斧头，作为这种劳动的一个副产品。不想立即获得劳动成果，而想在将来获得成果的生产方法是：先创造出资本货物，作为直接的结果，不过，劳动和时间足够保证它可以获得最后的结果。如果让一个有才智的人工作一段时间，他一定能够生产出消费资料。因此，归根结底生产的主要因素，还是劳动。但是，如果在劳动和劳动成果的享受这两者之间，夹着一个时间的因素，它使劳动不能立刻享受到劳动成果，那么劳动也许要先花在制造资本货物这一方面，资本货物是提高生产率的一个要素。资本货物使产量增加，但是把生产作为一个过程来看，资本货物却不是生产的一个要素，因为没有它也能创造财富。

从另一方面来说，不想立即获得劳动成果，而想在将来获得成果的生产方法，它的要素究竟是什么呢？应该怎样做，才能使劳动和劳动成果可以同时产生的呢？一个生番满足于徒手拾柴并把它掷在火中，他每次抱柴所花的时间很少。像这样进行生产的产业，是可以想象的。但是即使在这个例子里，当木柴正在从森林运到火边的过程时，木柴并不能使这个生番得到温暖，他的劳动和享受还不是完全同时产生的。这样看来，似乎是用完善的工具进行工作，一定会使工作和享受工作成果不能同时产生。资本货物似乎是延缓享受的因素，但是当享受的时候，它的程度是明显地增加了。如果这种享受程度的增加，是资本货物的效果，那么享受总是要推迟的。不用工具而进行工作，在体力上是可以做得到的，但在实际上是不可能有的。人们可以这样做，但是人们总不肯这样做。人们总要先制造工具，然后用工具来帮助他们进行工作。做出来的第一个工具把工作和工作成果分隔开来，使人要等待他所需要的东西，每一次增加一个工具，就意味着更多的等待。由于劳动日的增加而提高一个工具的成本，就会延长享受工作成果的时间。近代社会所生产的大量原料和机械，可以说是文明在劳动和劳动成果之间造成巨大的间隔。它是时间的结晶，或是长期等待的具体结果。这显著地证明了这一点：某一个人为了得到现在的成果而进行的劳动，是很久以前就已经开始了的。

资本货物含有等待劳动成果的意思，反之，资本所包含的意义恰恰和上述相反，资本是免除一切等待的手段。资本是消除间隔的时间的因素，是使劳动和劳动成果能够同时产生的绝对因素。就时间来说，资本是这样一种的手段，它把文明人放在和那个折断枯树枝并把它放在火里的野蛮的山林人相似的地位。数量众多、性质复杂的机械，从一方面看来，似乎要等待很长的时间，但从另一方面看来，却不需要什么等待，似乎付出一些劳动便能立即得到最后的成果。

那么，没有时间间隔的生产，它的要素究竟是什么呢？那就是劳动、资本和组织。有了这三者，今天付出了力量，其成果就立刻以文明人所需要的各种东西的形式体现出来。社会是一个有机体。假定社会是作为一个有机体而进行工作，并且拥有适当的工具，那么每一天劳动的结果，便是具有各种制成品形式的消费品，这些商品是文明生活中可以立即使用的东西。假定劳动是集体的而不是个体的，那么，当我们把社会看做不同于现实社会时所产生的劳动和劳动成果分隔开来的情况，就不必加以考虑了。工人进入工厂，商品从工厂出来。工作的进行和商品的产生是同时的。

这种时间上的一致(就是每一种劳动和它的实际产品的完成在时间上的一致),是和资本货物有区别的资本的作用。个别的资本货物,比方说,刚从麦沙巴铁矿采来的一堆铁砂。这一堆铁砂要装上轮船,横渡大湖,进入熔矿炉,先变成一块钢,然后成为一口刀。在它开始作为资本货物的时候,和它开始作为消费品的时候,有一段很长的间隔时间。但是,如果对炼钢业和制刀业的整个资本加以观察,就可以看到这一段间隔的时间是不存在的。无论什么时候,矿山和轮船里总有铁砂,而熔铁炉和炼钢厂里总有钢铁。假如社会是处在静态状况下,那么范围广大的产业里,每一部门总有同样数量的钢铁。从一个部门里拿走一些钢铁,就有同样多的钢铁补充上来,"等待完成"的铁,不断地保持固定的数量。当在距离制刀厂最远的产业部门进行劳动时,例如当鹤嘴锄在矿山里挖采铁砂时,可供使用的刀子已经从制刀厂里生产出来了。重要的事实是:这些刀子中,有一些刀子,从表面看来,虽然不算是矿山里所做的工作的成果,但是实际上却是矿山里所做的工作的成果。这一切都是由于保持一笔永久资本而得来的。

让我们举一个最简单的例子,现在正流到一个工厂的蓄水池的水,是一种原始状态的水。最终总要轮到它来转动工厂里的机器,但是这需要经过若干的时间。现在进入池的上端的一滴滴的水,要经过一些时间才流到机轮槽。现在池口附近的一滴原始状态的水,要经过好几天"完成"过程才能转动涡轮。一滴滴的水,分别来看,是有生产的时间的,但是整池的水却没有生产的时间。现在流入池里一端的水,把另一端的水挤出来,于是机轮就转动了。这"未完成"的水,进入水池以后,立即产生一个结果,它所以能够这样，是由于蓄水池里充满着水的缘故。这种永久的水力资源，使今天还处在离开机轮很远的地方的水，实际上起了转动机轮的作用。如果我们不去注意个别点滴的水，及每一滴水通过水池所需要的时间，那么，我们所看到的只是水从这一端流入，就使另一端的水流出来，于是，机轮转动了。以满满的一池水的形式体现出来的资本（其实构成这一池水的一点一滴总在变动着），使水流入和机轮的转动能够同时发生。

再举一个例子。假定有一个二十亩大的树林，足够供应一家人使用的木柴。一棵树要二十年的功夫才能长大，因此这树林在树木的数目和成长的程度方面，必须保持原样，否则木柴的供应就有中断的危险。我们每一年在树林的一边栽种一排树木，而在另一边采伐一排树木。在某种程度上可以说，栽种和采伐是同时进行的。我们今天种的一棵树，今天不能就拿来烧火，可是由于今天我们种了树，所以实际上我们今天可以把一棵树拿来烧火。因此，刚刚栽种的那棵树，使得已经有二十年的一棵树可以砍下来使用。栽种一棵树苗，并且等待它长大，才把它用以生火，那是一个缓慢的方法，但是栽种一棵树，并且由于这样的栽种以及树林的成长，我们立刻就可以采伐另一棵树来生火，这是一个快捷的方法。由于树林的存在，使得劳动和劳动的实际成果能够同时产生。重要的问题是：我们有了永久的树林，就不必等木柴使用。我们所使用的是哪一棵树，这是无关重要的。由于栽了树，我们就可以一面种一棵树，一面使用另一棵树，这样就消除了专靠一棵树所需要的一段等待的时间。要做到今天种树今天就有木柴烧，其关键在于不要过问现在所栽种的和现

在所使用的是不是同一个东西。

假如我们是这样的消费者：只有今天在我们手里制成的东西，才可以满足我们的欲望，那么我们就不能满足现在的欲望。在勤劳工作和勤劳工作的成果之间，就有一段痛苦的等待的时间。假如产业是按这样的计划进行的：这一边所加工的一些原料，不能使那一边在同一时间内制好一个成品，那么我们也必须等待。事实上，我们并没有等待。我们所消费的是这个东西，或是另一个和它一模一样的东西，这对我们实际上是无关紧要的。我们工作的计划，使得使用在未完成品上的劳动，可以得到制成品。在上面所举的水力的例子中，充满着水的水池，是使池口的水实际上可以转动工厂里的机器的条件。充满着水的水管，提供了使远山的水实际上可以满足城市居民需要的条件。在树林的例子中，不同成长程度的树木，保持固定的数目，这就提供了栽种一棵树苗可以提供木柴的条件。在每一个例子中，使消费和生产能够同时产生的是资本。这是这个社会生产因素的主要作用。

在蒙大拿牧场上，繁殖着牛群；在宾夕法尼亚树林里，兽皮正在变为熟皮；在蒲克顿厂里，制造着皮鞋。只要在这一系列进展过程的各个阶段上的物品都保持完整，那么牧童今天就可以获得实际上由他自己所创造出来的皮鞋。其所以能够得到这个结果，是由于有着一整套的资本货物。正在成长的牛、兽皮、熟皮、半制成的皮鞋和制成的皮鞋，必须保持固定的数量，这样每天才可以有一定数目的皮鞋提供人们使用。牧场上有绵羊，工厂里有羊毛，成衣店里有衣料，零售店里有现成的服装，人们的劳动才可以说是立刻能够得到衣服给人穿。一系列适当种类的资本货物一经设置起来，今天的工作就可以得到当天生产出来的、具有衣服形式的成果。

$$A\ A'\ A''\ A'''$$

假定上面的字母代表一系列在不同完成阶段中的商品：A是原料，A′是初步加工的原料，A″是进一步加工而即将成为成品的原料，而A‴是可供消费的成品；这就是一个工作日开始时A这个系列的情况。在工作日结束时，这一系列的情况是这样的：

$$(A)\ A'\ A''\ A'''\ (A''')$$

这一系列的A′就是前一系列的A，由于十小时辛勤劳动的结果，它达到了现有的状态；在同时间内，一个新的A生产出来了（这里是用带括号的A来表示，并把它放在前面）。A″是前一系列的A′，现在已经加工到即将完成的状态。A‴是从前的A″，现在已经达到最后阶段，可供使用了。带括号的A‴是从前的A‴，现在已经被拿走并在工人和资本家之间进行分配，这个商品正是经过这些工人和资本家的手，才能具有消费的效用。

这个A‴能够充分满足这一系列产业团体里所有的工人和资本家的要求，他们个个都得到自己的份额，并且不必等待，就能得到这个份额。他们都极力保持资本货物的存量，使这一系列的商品保持完整。他们都需要有A‴，因此A‴必须拿出来使用，这是必然要发生的事情。单就这个事情本身来说，不能不侵蚀到资本货物的存量——这种侵蚀必须加以抵补。A‴是绝对不可缺少的，而有了这个产业，A‴就绝不能缺少。在一个工作日结束时，由于一个新A的生产和前一系列中各个其他商品的成熟，便产生了一个和前一系列完全相同的新系列。第二个工作日开始时，这个产业的情况和第一个工作日开始时的情况是一样的。A 等待着制成为 A′，A′等待着制成为 A″，A″等待着制成为 A‴，而 A‴可以拿走供消费之用。这一系列的每一个地方都具有一批特殊技能的人，可以对 A，A′，A″，A‴等进行加工，现在所有这些人又来做这种工作。他们做着指定的工作，在第二个工作日结束时，他们都得到工资。

这是一幅有组织的产业的画像。世界上一切农场、铁路、工场和工厂所进行的工作，和我们所说过的完全一样，而且是大规模地工作着。在世界经济组织中，A‴所代表的是人们所使用的大量的各种各样的消费品。这一切消费品，都是按照我们的简单的例子中所提到的方法进行生产。在每一个成品的后面，都有了一系列属于它那种类的未制成品。当这样一个成品拿去使用时，另一个成品就补充上来了。零售店的衣服给顾客买去，同时又有一批衣服补充上来。衣料送到制服厂去，羊毛送到毛织厂去，而在美国西部牧场上，绵羊正在成长着，它的毛正被人剪下来。今天晚上用的面包，是从面包厂买来的，同时又有新的面包，补充了已经买去的面包。面粉是从面粉厂来的，而麦是从谷仓运到面粉厂的，归根结底它是从土地得来的。到处都有处在不同进展阶段的这个系列的资本货物，由于到处都进行着促使这些货物制造完成的劳动，因而使得由于抽去消费品而造成这些货物的损耗得到补充，并且使这个系列的货物保持完整。

因此，为了即时创造消费资料，便需要有：(1)一系列在不同进展阶段中的消费品；(2)在生产的各个阶段上，都配备有工人和工

具;(3)工作同时进行着。消费资料是从这个组织生产出来的,而生产资料的供应也源源不绝。工人们使这个组织的资本货物的存量不至于减少。经常改变形式的资本货物的永久存量(真正的资本)使工人们不必等待就可以消费[①]。

① 关于这些原则,作者在早些时间曾过写一篇论文,题目是“资本的起源”,读者可以参阅1893年11月份的《耶鲁评论报》。

第二十一章　经济因果的理论

假定社会是静态的，资本也不增加，那么，工资和利息就具有图表中 A‴，B‴，C‴商品的形式。这些商品将不断地生产，并且和各个小团体中的劳动和资本的生产活动同时产生。它们同时也就供给这些团体的人们消费。

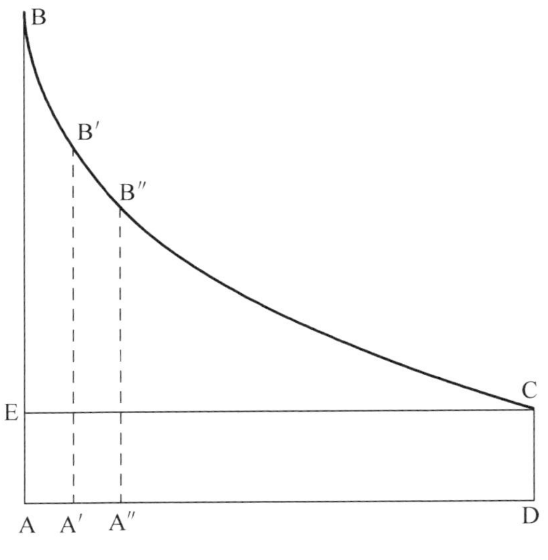

图　十四

体现在这些商品中的利息是由资本赚来的，而资本的收入应当是一致的——就是说，资本使 A 团体的人所获的 A‴，B‴和 C‴，应当和资本使 A‴,B‴等团体的人所获的相等。劳动的产品,也是这样一致的。那么,全部资本的收入,是否恰恰等于它所生产的呢？显然,最后单位资本的收入,是等于它所生产的,而其他单位的资本,也一定要获得这个数目。但是,前面几个单位,有没有被剥削的可能呢？劳动方面,也有这个问题。固然,应当承认,最后单位的劳动确实获得它所生产的,但是,前面几个单位的工人,有没有获到他们的全部产品呢？在自然规律起作用的条件下,全体工人的收入,是不是有和它的生产量相等的趋势呢？如果最后生产力规律充分地发生作用,前面几个单位的工人,岂不是受到剥削吗？

记住这些问题以后,让我们再回到说明最后生产力规律的图表。

假定资本的数量是固定的,并且以 AD 来测量工人的数目,又假定上述工人是一单位一单位地供应的。因此,第一单位的人在他们单独地工作的时候,有大量资本和他们合作。为了方便起见,姑且假定每一单位的工人,都等于全体工人的十分之一,而当第一单位单独地进行工作时,有大量的贵重的工具和他们合作。实际上,他们所使用来进行生产的资本,比以后每个单位多了十倍。如果我们设想在一个实际社会里,工人所拥有的资本,达到过于饱和的程度,我们就必须想象他们使用着贵重的材料、最坚固的建筑物、充分的动力,以及最进步的产业也很难具备的贵重的完善的机器装备。一个单位的工人拥有这么多的机器作为助手,那么他们的产量必然是非常大的。

在我们的图表中,用沿着 AD 这一条直线上的一段距离来测量单位劳动的数量,并且用这个直线的十分之一(即 A A′)来表示一单位的劳动。我们可以用 A B B′A′来测量第一单位劳动的生产量。这个面积也就是测量一个单位的社会劳动在非常多的社会资本的帮助下，所生产的财富。这个财富包含各种各样提供全体人口使用的消费品。

现在加上第二单位的劳动(即 A′A″)，并且用 A′B′B″A″测量它的生产量。在这里，我们必须十分小心。我们说过，第二单位劳动的生产量是由 A′B′B″A″面积来测量的。这句话很容易引起误会，而使整个理论得到一个不正确的结论，即实际上和真实情况完全相反的结论。按照某一种的解释，第二单位劳动比第一单位劳动的生产少，这种说法可能引起这样的推断：只要大家的工资是按照同一的标准来给付的，几乎一切劳动的成果，都有一部分被剥削，而且造成这种情况的是由于竞争规律的作用。在最后生产力规律还不完全时，这种推断是很自然的。假定一个人一天生产出一元半的价值，另一个人一天生产出一元的价值，而两个人的收入都是每天一元，那么，工人受剥削的情况显然是存在的①。

① 德国最著名的初期经济学家屠宁(von Thünen)，曾经提出一个理论，把最后生产力的测验应用在劳动和资本上面，并且使工资和利息以这个测验的结果来决定。在他所著的“孤独的社会”(Derisolirte staat)里面，屠宁说，当一个企业雇用新工人时(例如耕田)，新工人所生产的比旧的工人来得少。农场主付给每个工人的工资，等于他从最后的工人所得来的生产量。屠宁还主张，使用同样的方法测验一个最后单位的资本时，在生产力方面呈现同样的减缩。他又主张，最后使用的单位资本的生产力，决定利息的标准。

奇怪得很，屠宁的理论并没有直接引导到工资和利息问题的解决。有了这样一个正确理论的光辉开端，为什么经济学者们在阐明工资标准时，仍然认为工资标准是由预定的以工资形式分给工人的资本的数目来决定的呢？为什么说明利息标准时，他们也仅仅说利息标准是根据供求关系来决定的呢？固然屠宁对他所提出的最后生产力的公式，远不及另外一个完全不同的公式那样重视，这个公式他看做是表示正确的、有利于社会的工资标准的公式。可是，他对最后生产力原则所说的一切，照理可以把研究者带到正确的途径上去。

(待续)

（续前页）②　其所以如此，是由于屠宁的理论本身是不完全的。它不仅没有揭示出关于工资和利息的最重要的事实，并且似乎和这个事实有矛盾。事实是这样的：在完全自由的竞争的影响下，一切劳动的报酬，趋向于和一切劳动的生产量相等，一切资本的利息，趋向于和一切资本的生产量相等。

屠宁的工资理论，显然是剥削劳动的理论。在他所举的例子中，在一个农场里，已经有了一批工人，现在又加入一个工人，由于他的加入，使农场主能够更加细致地收割谷物。正如屠宁所说的，现在农场主可以来收拾以前所不值得去收拾的小洋薯。如果这个工人是在收获季节里雇来的，那么他的生产量就要体现在他对收获物所增加的数量上面。但是，这个人所生产的，显然是不如以前来的工人所生产的多，因而他们的工资也减低到和他的生产量相等的标准。在屠宁的论文中，有些词句似乎暗示了他认为最后生产力规律是剥削劳动的原则。此外，他的资本最后生产力的理论似乎也包含了以前各个单位的资本受到同样的剥削的意思。

要使屠宁的理论具有一个对于工资有重大关系的原则，首先需要的是所谓"因果"的理论，或上章所说的经济因果的理论。无论在什么时候，任何单位劳动的生产力总是趋于相等。因此，没有任何一种工人因为别的工人比他们生产得少但却决定着他们的工资的标准，以致他们的身价降低，并遭受掠夺。例子中的农场的工人以前所得的超额工资，是由于他们以前所生产的较大的生产量所产生的，而这个较大的生产量，又完全是由于他们以前所拥有的超额资本所得到的。要探索过剩的资本怎样将额外的生产量给予例子中的前几个工人，这个理论就应当从资本方面寻求答案，而不应当从劳动方面寻求答案。此外，在研究由一系列单位的资本所生产的产量时，这个理论也应当应用同样的办法，并指出以前各个单位的资本没有受到剥削。

认为每个单位劳动所得的工资，自然地趋向于和它的全部生产量相等，这种理论和认为由于竞争的关系劳动大众经常被剥夺去他们的一部分生产量的理论，基本上是彼此矛盾的。但是在说明一切劳动的工资是怎样直接地决定的时候，这些理论都可能使用同样的说法。两者都可以把最后估价的商业原则，应用在劳动方面，实际上，同一市场中的同一商品不能有两种价格——最后单位劳动的收入，就是一切劳动的收入，而最后单位的收入，就是它的生产量。假如最后单位的生产量比其他单位的生产量少，那么其他单位当然就因为最后单位的缘故而吃亏，因为他们丧失了一部分生产量。但是，如果在现在的情况下，一切单位的生产量都相等，那么把最后单位的生产量拿来决定一切单位的工资，就没有什么掠夺可言了。屠宁的理论是最后生产力的理论，但是，除这个以外，还应当变成特殊生产力的理论，使每个单位劳动的工资与它自己的特殊生产力相等。

说明怎样调整工资和利息的理论，对于最后一个单位（即决定利息的单位）的资本的性质，应该说明清楚，而这又需要对资本和资本货物加以区别。此外，尤其重要的，是扩大研究的范围，使它包含一个经济社会的团体和小团体的整个系统，　　　　（待续）

(续前页)③ 而不仅仅包含一个产业。最后单位(即决定工资的单位)的劳动,是社会的单位,在各个小团体中都可以发现它的一部分,资本的最后单位的情况也是这样。在进行这种分配中,价值规律起着积极的作用,因此必须把这个规律包括在分配论里面,作为一个社会现象。有了屠宁的学说,任何人都不可以把最后估价的原则应用在劳动和资本上的方法和把生产力作为估价的根据的方法,称为自己的独创。一个探矿家固然可以单独发现并且占领一个被放弃的矿权,一个再发现劳动和资本的最后评价原则的人,他所做的也不过像这个探矿家所做的性质一样,屠宁说到那里,他也只能说到那里。如果更进一步发现了那些倾向于使各个单位劳动的生产量在同一个时候都相等的规律,使各个单位资本的生产量都相等的规律,使工资和劳动的总产量相等的规律,以及使利息和资本的总产量相等的规律——这就获得了工资和利息理论的主要原理,因为他证实这个事实,就是:自然规律只要不受阻碍,就可以排除一切剥削。这个进一步的研究,还可以揭露下述的事实,就是,在表面上看来,似乎是以前各个单位劳动的超额部分的生产量,实际上是资本的生产量。这是遵循屠宁所开辟的研究路线而得来的结果,而这个结果所能得到的权利,正如一个采矿者从一个已被放弃的矿井进入一个新发现的金属矿脉所得到的权利一样。工资的自然规律,竟能提供出可以满足屠宁所要求的合理的结果,这是出乎屠宁的意料之外的。

第一批工人让出一部分资本,这是很重要的事实,这里必须加以考虑。第二批工人出现以后,工具增多了,但是工具便宜了许多,所有的工具只体现原有数量的资本。我们应该怎样计算新增加的工人所特有的生产量呢?现在新旧工人共同使用全部资本,由于这些资本的帮助,他们生产出同等的产量,这是重要的事实。原来的工人让出了以前所用的资本的一半。因此,他们劳动的生产力减少了,这个减少的数量等于以前的额外资本所生产的数量。这个减少的数量,可以测量旧工人所让出的资本的产量。现在由第一批工人和他们所使用的工具及其他的配备所生产的产量,比以前少了,完全是因为拿走了资本,这一点是很重要的事实。过去的生产量比现在的生产量多出来的部分,并不是由于工人劳动的结果。虽然两个单位的工人所获得的,都比从前第一单位所得的少，但是剥削工人这回事是不存在的。

现在这两个事实已经是很明显的了。我们可以提出两个意见来简单地说明这些事实，这两个意见可以说包括了全部经济因果的理论——即阐明应该从什么因素来寻找混合的社会生产量的每一部分的理论。第一个意见是：第一批工人使用全体资本时的生产量，和他们现在的差额，完全是由于从前使用了额外资本的缘故。第二个意见是：一个单位的劳动使用全部资本时的生产量，与两个单位的劳动共同使用相同数量的资本时的生产量之间的差额，完全是由于第二单位的工人劳动的结果。我们已经按照这个办法测验了一定数量的资本的特有的生产力，并且也测验了一个单位的劳动的特有的生产力。

我们现在要注意的是上述的第二个测验。而我们曾经极力避免设想在任何时候不同单位的劳动的生产量有大小的不同。其中的每一单位，使用属于自己的部分的资本，生产出现在的总产量的一半，但是这个总产量的一半，不及单独一个人使用全部资本时的总产量那么多。这个减少的数量可以测量一个单位的劳动所使用的半数资本的生产量。另一方面，现在既然有两个单位的劳动一同工作，因此总产量比只有一个单位进行工作时多，而这个增多的数量，完全是由于工人的增加。增加的数量，可以测量这个工人以及一切工人在现在的条件下的生产量。

假设 C 是产业中所用的资本的数量，L 是一个单位的劳动，那么，C＋L 的生产量和$\frac{C+2L}{2}$的生产量的差额，就是半数资本的生产量，C＋2L 的生产量和 C＋L 的生产量的差额，就是一个单位的劳动的生产量。在第一个公式里,被减数是一个工人单独使用全部资本时所能有的生产量,减数是一个工人使用半数资本时所能有的生产量。在第二个公式里,被减数是两个工人共同使用全部资本时所能有的生产量,减数是一个工人单独使用全部资本时所能有的生产量。

下图没有表示资本的数目,但它是固定的。半数资本的生产量是 $ABB^{\mathrm{I}}A^{\mathrm{I}}$ 减 $ABB^{\mathrm{II}}A^{\mathrm{II}}$ 的一半。完全由一个单位劳动所创造的生产量是 $A^{\mathrm{I}}B^{\mathrm{I}}B^{\mathrm{II}}A^{\mathrm{II}}$,而这个数量现在是可以特别归功于两单位劳动中任何一个单位的生产量。由此可见,在这里,第二个人的生产力,丝毫没有受到什么不自然的限制(无论在农业或其他方面,他的生产量都没有受到限制)。每个人都获得一个单位劳动在一般情况下所生产的产量,而资本也得到它所应得的部分。

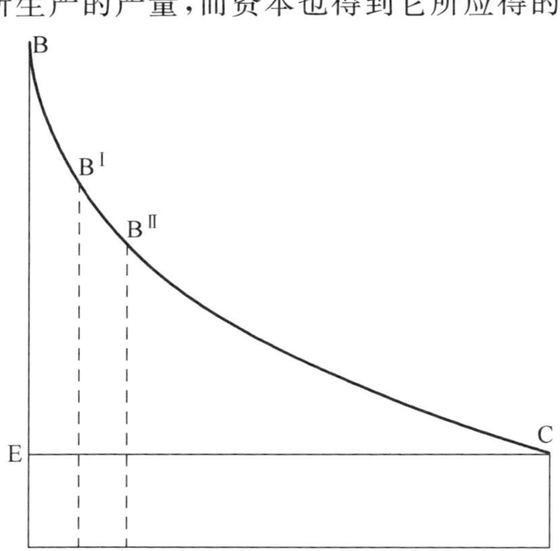

图　十五

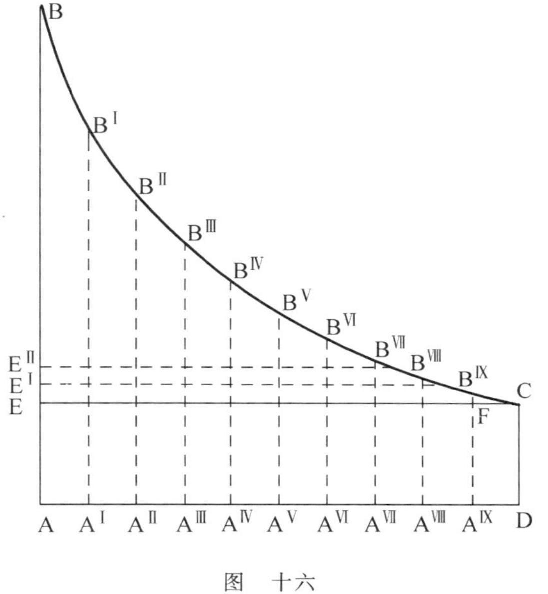

图 十六

现在我们再看看说明特殊生产力规律的图表。我们不变更原有资本的数目，而把它的形式变更一下，然后把第三个单位的劳动加入到工作队伍中来。这个单位劳动的生产量，是下图中的 $A^{II}B^{II}B^{III}A^{III}$ 面积。假使我们这样相继地把工人增加到这个队伍中来，直到这个队伍的人数满额为止，最后单位的劳动的生产量，就将等于 $A^{IX}B^{IX}CD$。这是工资的标准，也就是共有十个单位劳动时，无论其中哪一个单位的特殊生产量。我们上面所说的有关第二个工人当他是最后一个工人时的生产量的一切说法，在这里也适用。当第十个工人未参加工作以前，只有九个人在场工作，他们使用全部的资本，至于资本的形式，当然是适合于九个人使用的形式。他们每个人的生产量，是以长为 $A^{\mathrm{VIII}}A^{\mathrm{IX}}$ 宽为 $A^{\mathrm{IX}}B^{\mathrm{IX}}$ 的长方形来测量的。他们全体的生产量是由 $AE^{\mathrm{I}}B^{\mathrm{IX}}A^{\mathrm{IX}}$ 面积来表示的。EF 和 $E^{\mathrm{I}}B^{\mathrm{IX}}$ 中间的狭窄地带，是用以测量当九个工人使用全部资本时的生产量和使用十分之九资本时的生产量之间的差额。由于十人共用全部资本，所以认为实际上每个人使用十分之一的资本是合理的。$AEFA^{\mathrm{IX}}$ 代表全部工人在获得全部资本和他们合作时所独自生产的数量的十分之九。当然，在劳动和资本的共同生产量中，有一部分的产额是资本所增加上去的。$EE^{\mathrm{I}}B^{\mathrm{IX}}F$ 不是代表一定数量的资本对于产业的生产量所增添的全部数量，而只是代表一个增加的资本单位对于产业的总产量中单独归功于劳动那一部分的产量所增添的数量。

因此，当有八个人工作时，每人的生产量是 $A^{\mathrm{VII}}B^{\mathrm{VII}}B^{\mathrm{VIII}}A^{\mathrm{VIII}}$，而他们全部的产量是 $AE^{\mathrm{II}}B^{\mathrm{VIII}}A^{\mathrm{VIII}}$。在 $E^{\mathrm{II}}B^{\mathrm{VIII}}$ 和 $E^{\mathrm{I}}B^{\mathrm{IX}}$ 二个横线中间的第二个狭窄地带，是用以测量当八个人使用全部资本时的生产量和他们同第九人共同使用资本时的生产量的差额。他们把全部资本的九分之一给予第九个人，因此 $E^{\mathrm{II}}B^{\mathrm{VIII}}$ 与 $E^{\mathrm{I}}B^{\mathrm{IX}}$ 中间的狭窄地带可以用来测量这八个人由于分让了资本，在生产力方面所遭到的损失。同样，当工人人数由七个人增加到八个人时，全部资本也分让出八分之一，其结果是七个人的劳动所特有的生产量也减少了。生产资金每次按人数比例减少都使单纯由于每个人的劳动所生产的产量减少一些①。

第十八图中 $A^{IX}B^{IX}CD$ 的面积，是测量最后单位劳动的生产量，因此我们可以断定，在全体工人中间，没有一个人的产量少于这个数量。关于最后生产力规律的简短的说明，也许会引起这样一个疑问：即这一系列中前面几个单位的劳动，到底有没有比最后单位的劳动多生产一些。但是前面的几个单位中每个单位所生产的也只是和最后单位所生产的那么多，这是不容怀疑的。所以，AECD 是代表单纯由于劳动所生产的最小的数量。

在第十九图中，假定 *AD* 所测量的是资本而不是劳动，假定工人的数量是固定的，资本的各个连续的单位的生产量是随着 *BC* 曲线而下降的，那么，$A^{IX}B^{IX}CD$ 就是最后单位资本的生产量。任何单位资本所生产的，都不会少于这个产量，而由十个单位资本所生产的数量不能比 *AECD* 更少。

现在在第十八图中，全部生产量中，不是由劳动生产出来的只有 EBC 了。假如第十九图中的 *AECD* 同 EBC 一样大，那么，EBC

① 前面各个图表，由于把上端变成一条下斜的曲线，因此就数学上说，有一点不精确的缺陷。严格地说，整个图表应该是长方形的，其上端应该是若干连接着的长方形的顶部。一个人使用十单位的资本时，他生产出右图中第一个长方形所代表的数量。到了让出一半的资本给第二人以后，他就只能生产出图右的较小的长方形所表示的数量。这两个面积之差，或第一个长方形的虚线以上的面积，代表在一个人手中的五个单位的资本的生产量。假如我们继续这样地把图画全，我们就可以避免上面所说的缺陷。但是，当使用文字来说明这个图表时，说明的方法难免要累赘一些。

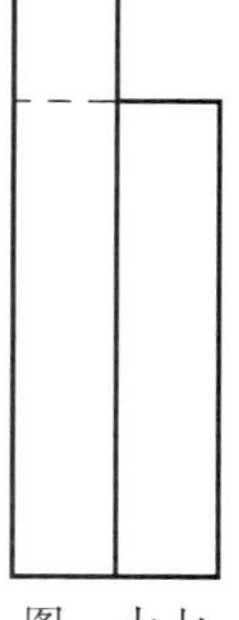

图　十七

就是资本的生产量,因为 *AECD* 无疑的是资本所生产的。我们知道在完全自由竞争和纯粹静态的假设下,企业家是没有利润可得的。ABCD 除工资和利息之外,不可能包含其他东西。因此 EBC 必定和 *AECD* 一样大,而全部 EBC 都是资本的生产量。

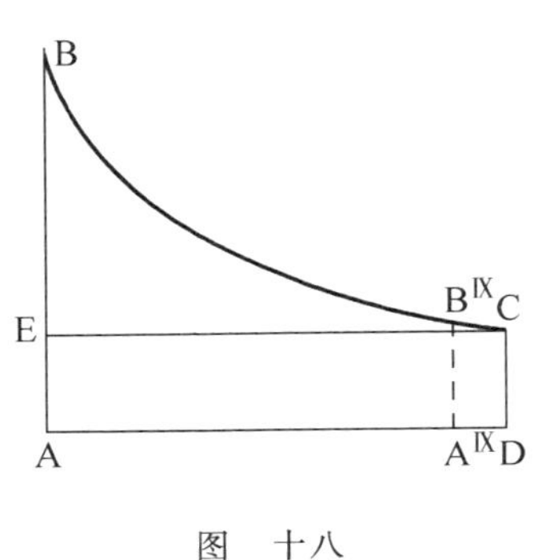

图 十八

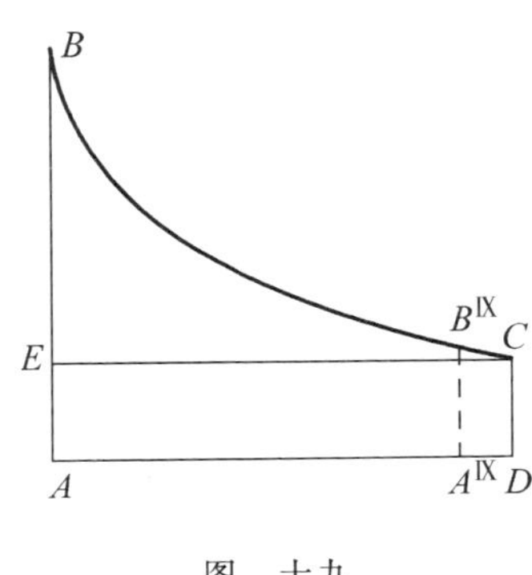

图 十九

再说,按同样的方法,*EBC* 可以表示为劳动的生产量。*EBC* 不比第十八图中的 AECD 大。在静态状况下,*ABCD* 除了工资、利息以外,不可能包含有其他东西。因此 *ABCD* 里面没有什么面积可以代表企业家的利润,而 *EBC* 相等于第十八图中的 AECD,它完全是劳动的生产量,因为 AECD 长方形是测量由劳动所生产的最小的数量。

由于在研究这个问题时,我们始终注意下述的事实:每当一个人加入劳动队伍时,资本的形式就随着变化,以适应新的人数的使用,因此,我们也始终记住另一个事实,就是,劳动的方法也要相应地变化起来。劳动的队伍可能是一单位一单位地增加起来的,因此似乎这个扩张只是数量上的变化。但是,从抽象意义来说,劳动的变化,主要是质量上的变化,随着人数的扩充,花在工作上的力量当然增多了。但是这个力量不是表现在它做了从前所没有做过的事，而是表现在它对每一件工作都做得比以前更好。例如，在农业方面的工作，它就表现在土地的施肥更加普遍，种子的播种更加均匀。这是工人人数增加时，在工作上所发生的一种变化。还有一种变化，是由于工人人数增加，而资本数量不变所引起的，这就是工人所使用的工具和其他设备的性质的变化。每逢工人所使用的工具有了变化，工作的动作形式也必然起着变化。可是，劳动是可以用单位来测量的，它的性质似乎完全是一样的。此外，也有一个实际的方法，可以用来测量全部劳动的生产量。

在前几章里，我们曾经说过一个可有可无的地带，在那里，雇主可以按照他当时所付的工资，多雇用几个人，而不至于受到损失。在大团体中，工人人数方面的伸缩性是很常见的。假如所指的大团体是一个大农场，它常常可以增加一个额外的工人，而不必迫使他去做一定要比别的工人收效得少的工作。正如我们前面所说的，这个工人的生产量，是一般的工资标准。可有可无地带的工人，还有助于工资的调整。在我们整个的研究中，要求一个产业的可有可无地带的工人的生产力，应当和另一个产业的可有可无地带的工人的生产力相等。实际上，我们的研究是要求在整个产业界中，应当有着一片广大的可有可无的地带，而且在这个社会地带各部分的劳动的生产力都是相等的。现在已经非常清楚了，产业界任何部分的劳动的生产力，与边际地带劳动的生产力并没有差异。

这可有可无地带的实际用途，在于它对促进竞争的作用。一个寻找工作的工人，总有若干工作机会供他选择。一个没有特长

的年轻的工人，有许多工作是他可以去做的，无论在这个社会地带的任何角落，他肯定可以找到适当的职业。一个学得了一技之长而要求改业的人，常常可以在这个广阔的地带的某一个地方得到一个新的工作。一个企业家新加入一个小团体，并和这个小团体的其他企业家进行竞争，他也可以从这个广阔的社会的可有可无地带，吸收工人，来组织他的工厂——可以从这个地带雇到工人，而不至于在那一个小团体内部或在各小团体的关系上引起纷乱。但是，这可有可无地带在科学上的重要性，还在于它对一切劳动的生产力提供了衡量的标准。只要刚才所述的调整已经实现，只要劳动和资本已经很正确地分配到各个产业中，这个地带的劳动所得的生产量，就可以作为任何地方由劳动所创造的生产量的指标。

第二十二章 经济因果规律在具体工具的生产量方面的应用

既然资本都是包含在商品里面的，那么，要说明资本的总收入就应当从寻求每个生产工具特有的生产量着手。研究资本时，应当相应地对资本货物进行研究，以便互相证实，这是完全可以做到的。有一个简单方法，表示一切资本和一切资本货物的关系，这就是指出每件资本货物与它的具体产品或租金的详细关系。

正统的租金观念和通俗的观念，有所不同。在实际生活中，几乎一切生产工具，都可以成为租金的获得者，而人们最常提到的可以得到租金的东西就是建筑物。例如，一个人可以"租入"一间写字间，一间公寓，一所住宅，一座堆栈等等。虽然租入这些建筑物都会牵涉到一定数量的土地，但是通常它的数量是非常微小的，出租人与承租人往往都没有考虑到它。按照通俗的用法，"租金"也用以代表出租许多和土地没有关系的东西的收入，如出租一条船、一匹马、一件工具或其他许多具体的东西。

通常使用租金这个名词，实际上是以资本和资本货物的区别为根据的。利息是永久资本所赚得的相当于其本身的一部分。这里所谓资本，虽然没有被人看做是一个空洞的抽象的东西，但是却被看做是永久的财富，而不管这个财富的具体的、时常变换的形式是怎样。利息不是建筑物、船舶、马匹等等物品的一部分，利息是这些时常变换形式的物品所体现的资金的一部分。

反之，关于租金，重要的是具体的形式。构成永久资金的每个工具，在它活跃的时期，都赚得一定数量的财富，而这个财富可以用金额来测量。例如，一把斧头赚得两元，一把铲子赚得四元，一只船赚得五十元，一座建筑物赚得十万元等等。在这里，这些收入，丝毫没有涉及百分比的观念。可是我们可以把一件工具的总产量中完全属于净收入的部分，变成为这件工具价值的百分数。如果我们这样做，我们从总产量减除一定数目以后，就把租金变成为利息的形式。如果从一件工具的总收入中，扣去将来在这件工具用坏时更换一件新的工具所必需的金额，从而区别这件工具的总收入和净收入，那么它所得的净收入，就可以看做是这件工具的价值的利息。如果按照商场的习惯，我们可以用“租金”这个名词来概括全部的总收入。这样，一间房屋的租金，就是房客所付的代价。但是，如果房东在平时修理破漏以及将来屋子毁坏时修建新屋，完全都要使用房客所付的租金，那么他就必须提存一笔基金，供这种用途，而只有所剩下的余额，才可以算是由他自己支配、使用的收入①。如果对一切正在使用中的工具，都这样地进行计算，那么就可以得出一切现有的资本货物的净收入。再把这个净收入和资本货物所体现的资本进行比较，其结果净收入就变成为利息

① 当一所房屋是建筑在一块逐渐增值的土地上时，处理这块土地的增值的简单的计算方法，就是把它用来抵消房屋的减值，所以，没有从房屋的收入项下积累基金，以备将来房屋毁坏后建筑新房屋时使用。在这种情况下，把房客所付的全部租金看做土地和房屋的租金，不能说是极不正确的。

的形式。为了达到这个目的，我们首先要找出各个工具的净收入一共是多少钱，其次估计各个工具的总价值是多少钱，然后算出这两项数额的比例，而且以小数来表示这个比例，这样就得出了利息的标准——即资本在一定时期中所赚得的数目在资本本身中的百分比。反之，如果我们仅仅对一切正在使用中的工具列出一个清单，计算出在一定时期中它们所能赚到的金额，而对它们的价值置之不问，那么，得到的就是以这些工具总租金形式体现出来的总收入。但是，这项总租金包括用以抵偿这个时期中全部工具的损耗的那一笔基金在内。在动态的情况下，土地通常是逐渐增值的，而在静态的情况下，却是不增值的。但是在静态社会里，许多东西也会由于使用而逐渐损坏。假使我们从总租金项下扣除由于损耗所需要的基金，就可以得出净租金，或是属于实际收入性质部分的总租金。工具的所有者可以大胆地毫无顾虑地把这部分的租金用于个人的消费。

而从另一个观点看来，净租金不过是一种利息：净租金是若干金额的总数，这些金额中每一个金额都代表某一个工具的净收入。这些金额和利息的数目完全相等，只要把这些金额化为获得它的工具的一部分价值，它就立刻变成利息了。在静态的状况下，净租金和利息的区别，仅仅在于计算方法的不同。如果说一切资本货物除了修理费和补偿工具本身的损耗的费用以外还赚得多少钱，那么这就说明了一切资本货物的净租金。这个净租金，是和全部的利息相等的，不过这里是把它和资本货物的价值相比较，因而把它化成利息率的形式。

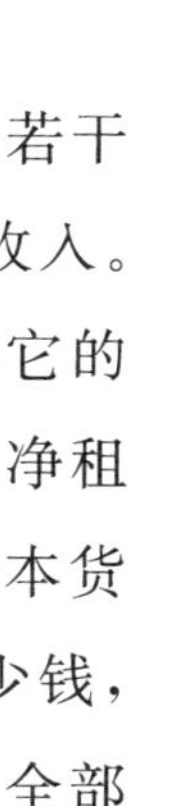

我们以后将把永久资本的生产量看做是利息，把一切资本货

物的总生产量看做是总租金,把总租金减去替换这些商品所需要的费用所剩下的余额看做是净租金。这里我们是根据实际的用法来选择这些名词,并且也说明了商人对于租金和生产租金者,以及利息和生产利息者有怎样的区别。

在科学上,租金和利息的区别,和上述的说法是不相同的。在科学上,企图把租金这个名词只限于使用在土地的产物方面(不管土地价值有何变动),并且把租金解释为租户由于使用土壤"原有的不可毁灭的"特性而付给地主的代价。如果政治经济学是发源于美国,那么就不会产生上述的用法,因为,在美国,土地始终是一种商品,购买土地的人,都要估计到这种投资的收入能不能和其他投资的收入相等。因此,必须了解日常生活中所盛行的用法,到底是否更正确、更科学,这是非常重要的。

土地和工具的区别,通常是根据以下两点:(1)土地的数量是绝对固定的,而工具却可以随意增加。(2)土地的收入在于比较优良的土地和劣等的土地的收入之间的级差的数量。这个定义实际上是说"一块土地的租金,是等于这一块土地的生产量减去用同等数量的劳动和资本耕种或使用最劣等的土地的生产量"。这样,土地数量的绝对固定,和计算土地生产量的级差的方法,这两个事实,就是经济学所根据的、区别土地和资本的经济因素。

现在让我们看看,在静态的研究中,这些区别有什么意义。静态社会的一个条件是,资本的数量应当是固定的。这个假设也表达了在任何一个时候的动态社会的情况。世界上资本的数量,不能在一刹那间,突然变动。任何时候的利息率,都是以当时所有的资本的数量作根据的。如果永远不发生动态的变化,资本的数量将永远固定在现有的状态，于是全部资本的数量也可以看做是固定的，正如土地一样。认为土地数量是固定的，而资本数量则可以随意增加并增加到任何程度的看法，这实际上是由于一种在经济讨论中经常遇到的错误所造成的。假使一种工具拥有巨大的生产力，我们的确可以随意增加它的数目，而且我们必然要增加它的数目，直到这些商品的收入出现下降的现象为止。这种做法，使投资在这种工具的资本的收入下降到和社会资本的一般收入相适应。这样说来，似乎工具的价值是由成本决定的，而数目的多少，是由收入的多少来决定的。另一方面，一块土地所得到的收入，是以李嘉图公式所测量的数量做标准，而土地的价值，却是土地收入的资本化。当然，土地没有成本价值，因为土地是自然给予的。根据这个看法，似乎土地的数量是固定的，它的收入也是固定的，它的价值是以收入为根据的。至于资本货物，似乎它的数量是变化无常的，它的价值也是变化无常的，它的收入是通过它的数量的变化而和它的价值相适应。

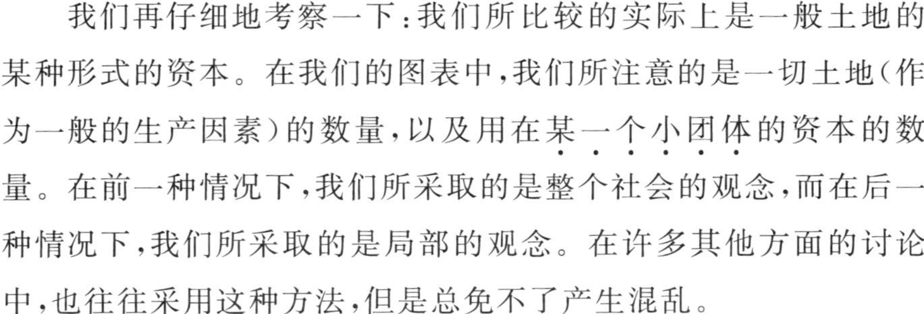

我们再仔细地考察一下：我们所比较的实际上是一般土地的某种形式的资本。在我们的图表中，我们所注意的是一切土地（作为一般的生产因素）的数量，以及用在**某一个小团体**的资本的数量。在前一种情况下，我们所采取的是整个社会的观念，而在后一种情况下，我们所采取的是局部的观念。在许多其他方面的讨论中，也往往采用这种方法，但是总免不了产生混乱。

因此，我们宁可把一切土地和一切其他资本货物进行比较；我们宁可从整个社会的观点出发。在每一个团体和小团体中，都有土地。在每一个团体和小团体中，也都有以工具的形式体现出来的资本。这两种生产因素的总量,都不能随意增加。任何时候,人为资本的数量,都是和土地的数量一样的固定。要想在短期内,把人为的资本增加到足够使社会产业发生显著的变化的状况,那是不可能的事。在任何时候,我们都要注意到一定数量的土地和一定数量的人为资本相结合的事实。并且,在静态的研究中,根据土地无法增加而其他东西可以增加的思想,而提出的土地和资本货物的区别,显然是不正确的,因为在静态的状况下,资本是不可能增加的。

现在我们姑且缩小我们的视界,仅仅从一个小团体的观点出发,来研究上述的区别是否正确。在小团体内土地是否不能增加,而其他形式的资本却可以增加呢?在这里,上述的区别也是不能适用的。我们当然可能从别的小团体中拿出一部分土地,把它加入到这个小团体来。就经济意义说来,土地是可以移动的,因为我们可以使土地停止生产某些东西,而让它生产另一些东西。我们也可以用同样的办法,增加人为资本的数量——我们可以把一个企业中的资本取出来,把它放在另一个企业中去。我们所说的小团体,如果需要更多的工具和机器,我们就可以增加更多的工具和机器。如果这是一个制造皮鞋的企业,我们要添置多少缝纫机、装订机,就可以添置多少缝纫机、装订机。但是要很快地做到这一点,就只能把投资在其他企业的资本挪过来使用。但是,在静态的社会里,我们决不会这样做,因为经济的势力不允许我们这样做。

在这个企业中所使用的土地,是否有一个和经济规律相适应的限额,而资本却没有这种限额呢?从经济方面考虑,有没有这样的主张:"为了获得最好的效果,这个企业只能使用这么多的土地,至于其他形式的资本,却可以自由地增减,而不必限于一定的数

量”？这样的主张是不对的，决定土地的用量，和决定其他形式的资本的用量，是完全一样的。土地是可以转移的，人为资本也是可以转移的，前章所述的变化的规律，决定了每个小团体应当有若干土地，同时也决定了它应当有若干其他形式的资本[①]。如果土地过多，那么，以商品计算的土地的生产量就必然减少，这些商品的价值也必然减少，由于这两个势力同时发生作用，就使人们不得不把多余的土地抽出去。如果其他形式的资本过多，也必然出现同样情况。于是每个单位的资本所生产的商品就太少了，而且它的价格也太便宜，因此资本过多的情况也就消灭了。

由于这个规律的作用，使每个小团体都有正常数量的土地和正常数量的其他形式的资本。如果更动了其中任何一个的数量，就会发生问题，因为土地或资本如果没有妥善地加以分配，收入便会缩减。讲到人为资本对个别产业没有特殊适应性时，我们必须注意土地的一个特性。人为资本能随意变易它的外表，而在各产业之间移来移去。就它的形式来讲，没有什么理由使它必须永远留在一个产业里面。固然，也有某些形式的资本是非常持久的，把资本投在这些形式上面，就不容易把它取出来。这种性质的投资，使我们不能随意地把一切资本抽走，而往往要经过很长的时间，直到工具损坏以后，才能把资本从那里抽出来。但是，大体说来，在每个产业中，损耗得很快、而需要经常更换的资本货物，通常是很多的，以至于资本的形式虽然经常更换，也不至于发生太大的浪费。

另一方面，如果要移动土地，就必须按照它的原形加以移动。

① 参阅第260页至第265页。

我们可能变更土地上的各种建筑物的形式，但是如果变更得太快，就免不了产生浪费。但是土地本身，如果要在各个团体间进行移动，就必须按照它的原状来移动。我们不能静待着一块土地毁灭以后，再用另一块土地来代替它。上面所说的，如果不急迫地移动资本，便可以不招致浪费的情况，对于土壤内不能毁灭的因素是不适用的。当我们把土地从这个团体移到那个团体去的时候，我们必须把它以及它的各种特性，原封不动地移过去。此外，土地有特殊的适应性，不估计到这个适应性，土地就不能完全发挥它的生产力。适合于畜牧或造林的土地，并不同样适合于种麦，适合于园艺的土地，并不同样适合于建筑，适合于建造这种建筑物的土地，未必适合于另一种用途的建筑物。

上述事实，使把土地分配到各个小团体的规律，有修正的必要。凡是特别适合于某种用途的土地，可以专门提供这种用途，而不再把它抽出去。如果需要减少这种用途的土地，那么所抽去的土地应当是不十分适合于这个产业的性质的土地。例如，某些土地十分适合于畜牧，而不适合于耕种，如果把它由前面一种用途移到后面一种用途，那简直等于完全的浪费。另一方面，有不少的边际土地是适合于这两种用途的。当我们调整这两种产业的土地用量时，应当重视土地的特殊适应性，而只移动那种可以两用的土地。有的土地是最适合于建造商店的，我们当然不会考虑把它移作别的用途。但是，有些边际土地是既适合于建造商店，又适合于建筑住宅。当我们减少某种用途的土地而增多另一种用途的土地时，我们所移动的土地应当是可以两用的土地。

当我们求得最后的价值标准时，我们就会知道有所谓具有土地形式的真正资本的单位[①]。在经济学上，我们不用亩或平方公尺来测量土地，而用生产效能的单位来测量土地。例如，在纽约市中心的小小的一块土地上，可能集中着大量的资本，而落基山中的一个镇的土地，却只含有少许的资本。但是，把土地分配到各个小团体的规律，总是把土地安排得非常恰当，每一个单位(即土地所体现的每一个单位的资本)都分配到能够发挥它的最大效力的地方。一块土地非常适合于某一种用途而不适合于另一种用途，当它用在前一种用途时，便代表许多单位的资本，而当它用在后一种用途时，只代表很少单位的资本。假定现在必须从前一种用途中抽出一些土地，用在后一种用途上，我们会不会把现在代表十个单位资本的土地移到只能代表一个单位资本的方面去呢？这种做法简直等于自杀。实际上我们所移动的，一定是现在只代表一个单位的资本，而以后在新的地点也代表一个单位资本的土地。换句话说，我们在小团体之间移动土地时，必须设法使倚靠土地的适应性的生产力不至受到严重的破坏。在一个地方比在任何其他的小团体更有价值的土地，要永远留在原处。移动后不至招致上面所说的浪费的土地，将被随意移动，一直到产生了下列两个结果为止：(1)全部土地都得到适当的安排，能够发挥它的最高的生产力——这就是说，土地将体现出它所能体现出的最多单位的资本。(2)存在于土地中的一切资本单位，都有同样的生产力。

除了对更换用途的土地，必须慎重选择以外，在各个小团体中安排土地的原则，与在各个小团体中安排其他形式的资本的原则，

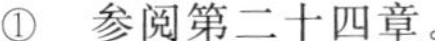

① 参阅第二十四章。

是相同的。各种形式的资本每个单位的生产力必须是一致的:必须使全部的资本达到最高的效能。只要有一种资本安排得不妥当,资金的总效能就会受到损失。按照我们所说的分配规律来安排一切资本,就可以使全部资本得到最大的生产力。在静态的假设中,我们认为存在着这样的安排:每一个小团体所有的土地和其他资本的数量,完全固定不变。

现在我们必须注意,决定土地和其他形式的资本的收益能力的方法,是完全一样的。这里我们要对古典经济学派关于土地的第二个主张提出异议,他们的主张是:土地的收入仅仅是由剩余或级差数量组成的,而资本的收入则不是这样决定的。我们就可以看到,下列两个事实,是完全真实的:(1)可以把每一种资本货物的收入变成剩余或级差数量的形式,而不能说只土地的收入才是这样;(2)任何种类的资本可能为它的所有者赚得的收入,都是直接决定的,而不是由余额决定的。每一块土地绝对的生产财富的能力决定了它的地租,正如每个单位资本的绝对的生产财富的能力决定了它的利息一样。租用土地的企业家,所以付租金给地主并不是因为除了一切开销以外手中还有余款。因为这个事实绝不能使他愿意交出这项余款。是的,他终于交出了余款,但是其所以如此,是因为每块土地都有绝对的生产能力,因此,地主能够使租户偿付土地所特有的生产力的价值。假使这个企业家不肯偿付一块土地所生产的价值,一定有别的企业家愿意偿付。由于竞争的关系,使用生产因素的人,不能不按照这个生产因素所生产的数量偿付给它的所有者。生产因素为它的所有者所赚得的收入,是直接决定的,而不是由余额决定的。

使用着的土地有各种等级，使用着的人为资本也有各种等级。各种最低级的工具，都不能生产出什么东西，因此它也就是无租的物品。等级较高的工具（包括土地在内），能生产一些东西。如果在计算这些东西的产量时，我们说这种产量是等于好工具的产量减去最坏工具的产量，这样说法如果有什么好处，那么它的好处在于那种计算总会产生正确的结果，因为最坏工具的产量是等于零。

这种计算方法，使所有的租金都化为级差的数量。但是租金就是**级差的数量这个事实**，**到底有没有什么重要性**，那要看使用的边际是怎样测定的。使用着的工具的最劣的等级是由什么决定的呢？是什么决定了较差的工具应当放弃不用呢？我们即将看到有一个测定这个边际的原则——这个原则决定哪一个等级的土地值得耕植，哪一个等级的工具值得使用，哪一种质量的工人值得雇用。任何生产因素的生产量，实际上总不过是它对资本和劳动的边际生产量所能增加的数量。如果各个团体的状况是正常的，那么各个团体的边际收入必定是一致的，并且它也就是社会工资和社会利息的标准。任何特定的生产因素的生产量，就是它对和它共同进行生产的劳动和资本的生产量所能增加的数量，同时这些生产量是按照边际标准来计算的。

我们需要一个标准来测量一个单位的劳动，这个标准我们不久便可以获得。我们暂时不妨使用一个普通工人一天的劳动作为单位。当然“普通”这两个字需要有一个定义，这个定义我们将会提出来。资本也要用单位来测量。我们暂时可以把一定日数的标准劳动，或普通的劳动对于任何团体的工作设备所作的改良，作为这种单位。在制造生产工具的工场中增加更多的工人，结果就会制出更多的或更好的工具。前者是增加了资本货物的数量,后者是提高了资本货物的质量。但是无论如何,他们总增加了一些东西。我们现在所必须承认的事实是:完全由于一定数量的工人在一定时间内的工作所增加的生产财富的数量,可以看做是一个单位的资本。

从上面的研究,我们知道这些劳动单位和资本单位都生产一定数量的产品。一个边际单位的生产量,显然是可以确定的。因为,任何组合的工人,如果他所生产的产量还不及边际数量,他一定要被淘汰。同样,任何地方的一个单位的资本,如果它所生产的产量还不及边际数量,它也一定要摆脱这种对它不利的状况,而投到可以使它成为边际资本而获得正常收入的地方去。

现在我们可以来测定使用的边际,不但测定土地的使用边际,而且测定一切工具的使用边际。有的土地是这样的瘦瘠的,它丝毫也不能增加与它相结合的劳动和资本的边际生产量。如果比这种土地更低一等,那么它所生产的就要更少于上述的产量。于是资本和劳动就会向外移动,去寻找其他的边际职业,以获得正常的收入。这块土地就是还不会浪费其他生产因素的、可以使用的、最坏的土地。反之,一块较好的土地,可以增加和它相结合的劳动和资本的边际生产量。这个增加的部分,就是这块土地的真正生产量——这块土地的地租。它就是土地的总生产量减去用在这块土地上的劳动的工资和资本的利息的数量。

综上所述,似乎是由工资和利息来衡量土地的生产量,而不是由一定数量的劳动和资本所耕种的最恶劣的土地的生产量来衡量。实际上,**这个边际**是由工资和利息所确定的。工资和利息决定了那一个等级的土地值得利用。我们继续使用愈来愈低级的土地，一直到一块对劳动和资本的边际生产量不能有所增加的土地，就是说一块仅仅生产工资和利息的土地为止。这样，我们只把土地的使用边际扩展到仅仅供给工资和利息的地方。所谓“由一定数量的劳动和资本耕种的边际土地的总生产量”，就是指“一定数量的劳动和资本的工资和利息”[①]。

其他任何的租金，也同样是它的真正的生产量。没有这种生产量，社会上就不存在有租金。如果用于一只船、一架破烂的机器

---

①　这不是反对使用旧的字句的唯一理由。更重大的理由，在于这些字句可能含有这样的意思，就是，如果我们把土地的边际扩展，就必然把地租提高，而这种提高完全是由于边际的扩展。可是，勉强地或胡乱地扩展土地的边际，并不会提高地租。边际的位置并不是地租的原因，产生地租的原因是土地有着能够对工资和利息增加一定数量的力量。在决定地租时，是以工资和利息作为减数。

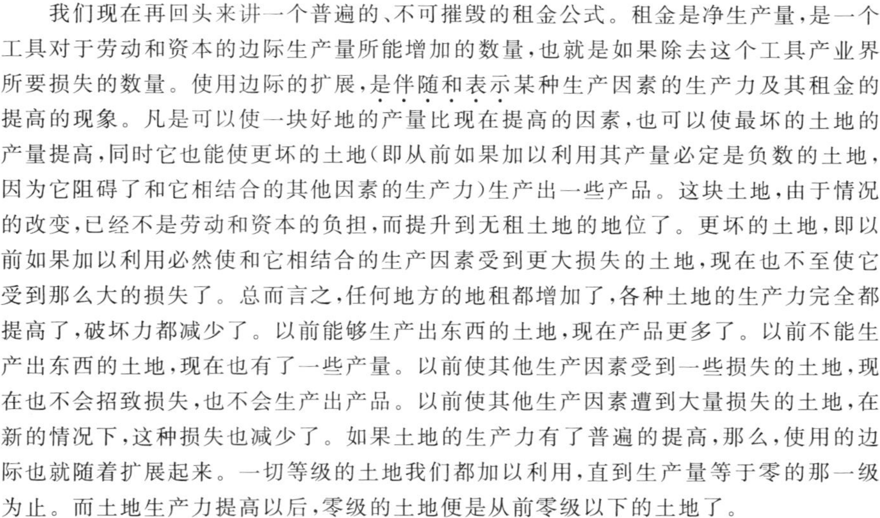

我们现在再回头来讲一个普遍的、不可摧毁的租金公式。租金是净生产量，是一个工具对于劳动和资本的边际生产量所能增加的数量，也就是如果除去这个工具产业界所要损失的数量。使用边际的扩展，是伴随和表示某种生产因素的生产力及其租金的提高的现象。凡是可以使一块好地的产量比现在提高的因素，也可以使最坏的土地的产量提高，同时它也能使更坏的土地（即从前如果加以利用其产量必定是负数的土地，因为它阻碍了和它相结合的其他因素的生产力）生产出一些产品。这块土地，由于情况的改变，已经不是劳动和资本的负担，而提升到无租土地的地位了。更坏的土地，即以前如果加以利用必然使和它相结合的生产因素受到更大损失的土地，现在也不至使它受到那么大的损失了。总而言之，任何地方的地租都增加了，各种土地的生产力完全都提高了，破坏力都减少了。以前能够生产出东西的土地，现在产品更多了。以前不能生产出东西的土地，现在也有了一些产量。以前使其他生产因素受到一些损失的土地，现在也不会招致损失，也不会生产出产品。以前使其他生产因素遭到大量损失的土地，在新的情况下，这种损失也减少了。如果土地的生产力有了普遍的提高，那么，使用的边际也就随着扩展起来。一切等级的土地我们都加以利用，直到生产量等于零的那一级为止。而土地生产力提高以后，零级的土地便是从前零级以下的土地了。

当讲到以工资和利息来测定土地的边际时，我们没有忽视这个事实：在边际土地上的劳动的生产量，对工资和利息的决定有着密切的关系。这一点前面有一章曾经详细讨论过。大体上说，工资是等于一个单位劳动加入其他劳动（包括各种工具和各等土地在内）和资本的队伍时，所能生产的数量。

或一座古老的建筑物的劳动和辅助资本，由于变成了边际劳动和边际资本，可以运用于其他方面，这样，使用这些东西，就没有什么可得，而它们的生产量——即它们的租金——也就等于零。它们已经没有力量与其他因素相结合，它们和劳动或资本相结合，并不能对这些因素的生产量有所增加。

很明显的，要衡量任何种类优良工具的租金，总可以把它的生产量和一个即将摒弃不用的工具的生产量进行对比。租金总是净生产量减零，而生产量等于零的就是最差的工具。但是，这种转弯抹角的说法不仅没有价值，而且，还有危险。不如简单地说，任何工具的租金就是它的净生产量。这个生产量，也就是唯一的、可以说是这个工具所生产的生产量，就是这个工具对和它共同工作的各个生产因素的边际生产量所能增加进去的数量。这个公式可以免除把租金的增加说成是由于使用边际的扩展的危险。事实上，边际的扩展，是由于租金的增加所引起的。

在纯粹的理论上，我们甚至可以把测量工具的生产量的具体方法，用来测量工资，因为我们可以把地租公式应用到优劣不同的工人身上。有的工人这样缺乏生产财富的能力，把任何资本委托他经营都是不值得的。与其把一些土地和耕种所必需的工具和种子等给他们使用，不如把这块土地加入一个已经拥有充分土地、生产效率很高的生产者的地产中去。在这个地方，这块土地便成为加入这个企业家的其他生产因素中的边际单位的土地，它对于他的生产量提供一定数量的净增。这个净增的数量就是单纯由于这块土地所生产的正常的生产量。这个生产量多于这块土地在上述缺乏生产能力的工人的手中所能生产的产量。同样，也不值得把辅助资本留在缺乏生产能力的人们的手中，而宁可把它投在别的地方当作边际资本。这样应用地租公式，便产生了在第十三章中已经提出的四种租金[①]。我们把通常应用在土地方面的原则，首先应用于全部资本，其次应用于全部社会劳动，因而得出了一个利息和工资的一般规律。然后我们又把这个原则具体地应用于各种资本货物方面，同样，我们也可以把它应用于各种工人身上。

事实上，从事实际工作的人们，很少是属于无租的性质的。这个理由是很明显的，因为进行工作总要付出代价，除非所得的收入是一个正数，否则付出这个代价是不值得的。凡是在雇用童工不顾童工的幸福的时代和地方，接近于无租的工人也被雇去做工。但是，当劳动所需要的代价可以由劳动所带来的利益相抵偿时，那些完全没有生产能力的工人，有时也可以加以使用。例如，疯人或犯人有时也用来做工，使他们呼吸一些新鲜空气或从事一些运动，虽然如果把他们所使用的资本抽出来作为边际资本，这个资本也会生产跟它在他们手中时一样多的生产量。在这种情形下，他们的劳动生产量，是等于零。

无租劳动的存在，使我们可以把地租公式看做普遍的公式，把它应用在每种具体的生产因素上。无论人、土地以及其他种类的资本货物的生产量，都可以用这个公式来测量。其中任何一个的生产量，都是等于在它的帮助下所创造出来的生产量，与现在和它合作的生产因素如果降到边际因素的地位时所能创造的生产量之间的差额。这就是说，任何生产因素的生产量，是等于它所生产

① 参阅第169页附注①。

的、作为一个净收入的数量。如果我们愿意，我们可以从这数量减去这一种生产因素的最劣一级的生产量——这生产量等于零。总之，任何因素的生产量，都是等于它对产业的总生产量所贡献的数量。没有必要把这个生产量化成级差数额，因为，所需要的只是找到一个因素对和它相结合的其他因素的边际生产量有多少的贡献。

各个使用边际的位置，是由一个无所不包的规律来决定的。当企业家发觉一种东西不能增加其他因素的边际生产量时，他必然停止使用这种东西。如果一个孩童或残废的人所做的工作，不能增加他手中的资本的利息，企业家必然停止雇用这种劳动，而他这样做，只是为了本人的利益，而不是由于人道主义的问题。如果一种工具丧失了和其他生产因素相结合的力量，即对和它相结合的工人或其他工具的生产量不能有所增加，那么企业家也必然不用这种工具。工人、工具、土地等等的使用边际，都是由同样的方法决定的，使用边际的扩展或缩小都是以同一的普遍规律为根据。虽然这种伸缩是属于动态经济所研究的问题，但是我们这里不妨先注意在任何时候决定使用边际的位置的规律的普遍性。一切都取决于集合在一起的各种生产因素的数量。假定包括土地在内的各种资本都很充足，那就可能利用最低级的劳动。资本的充裕意味着工资标准高，而工资标准高，就会使儿童和老弱残废的人不会被雇用，但是资本的充裕可以使以前由于缺乏必要的知识或技巧而被解雇不用的年富力强的人又被雇用。对这些工人说来，资本越充裕，雇用的边际也就越扩展。

此外，劳动的充足，就其本身来说，可以使恶劣的土地、工具、

建筑物等等都得到使用。事实上这意味着容易损坏的工具将会有较长的生命。我们将把破旧的船只加以修理，使它在海上比在劳动力缺少的情况下多行驶一两年。对于破旧的工具和机器等等，我们也将延长它的使用期。在静态的社会中，在使用中的各种工具，有固定的数量。假使一架机器，从制成时开始，就逐日损耗；同时，我们每年制造一架可以使用六年的机器，那么，我们经常就可以有六架机器使用。但是如果每架机器我们使用它七年，那么，我们经常就有七架机器使用。劳动力增多，工具的需要也增多，而获得更多工具的办法之一，就是延长每一个工具的使用期。在世界人口稠密的情况下，一切资本货物的使用边际，都必须向外面大大地扩展——正如以前所说的土地的耕种边际一样。

就经济的意义说来，凡是边际等级以下的工人所出的力量都不是真正的劳动，凡是应当放弃或早就要放弃的任何种类的工具——土地、用具、建筑物等等——都不是真正的资本。一切真正的劳动力，总是具有生产力的。但力量有时可能是白花的。同样，一切真正的资本（虽然有的土地和工具不能生产出什么东西），也都是具有生产力的。因此，就工人来说，代表真正劳动力的人们，和不代表真正劳动力的人们，是以边际的界线来划分的。就工具来说，体现真正资本的工具，和不代表真正资本的工具，也是以边际界线来划分的。

第二十三章　各种租金和价值及团体分配的关系

关于工资和利息的基本理论，有一极其重要的细节需要加以补充。这就是关于衡量各种形式的财富的单位问题。当资本的数量发生变化时，工资和利息也随着变化，因此，需要有一个单位，能够这样测量资本，使得所产生的结果成为一个绝对的数额。我们即将提供这种单位。但是在撇开租金问题而开始讨论价值的最后单位以前，我们应当确定，不会因为把工资和利息化成租金性质的剩余而产生混乱。例如，现在普遍的意见，都认为“租金不是价值的要素”，而利息却是价值的要素。虽然人们对租金和利息的看法和计算方法有所不同，但是在看到了租金和利息本质上是同样东西的时候，我们就会有这样的感觉，如果利息不是决定价值的要素，那么租金就是决定价值的要素。实际上，租金是决定价值和价格的一般要素。并且，由于价值具有支配团体分配的力量，因此，凡支配价值的东西，就支配在各个特殊产业或团体之间所进行的对于社会收入的分配。

我们已经知道，为了使价值符合于正常标准，绝对需要使各个小团体之间的劳动和资本都分配得恰如其分。在每一个小团体中，不但需要有恰恰像自由竞争所要安排的资本的数量，而且需要恰恰像自由竞争所要安排的各种资本的数量，否则价值即不免陷于混乱和不正常的状态。每一个小团体都必须有适当数量的固定资本和流动资本，土地数量和其他固定资本的比例，也不应当过多或过少。如果把完全自由的竞争所必然安排在一个产业里的土地抽出一部分，安排到其他产业中去，结果，将引起一种产品的产量比自然规律的正确作用所要求的产量多，而另一种产品的产量比自然规律的正确作用所要求的产量少。至于其他生产因素，情况也是如此。当自由竞争充分开展的时候，在每一个小团体中都安排着一定数量的各种生产因素。增加或减少这些数量，就会使产品的数量和价格，变得过大或过小，而与自然规律的作用所要求的不同。什么地方，生产品的数量是不自然的，那么它的价值也是不自然的。

由此可见，一个小团体所使用的一种生产因素的数量是决定产品价值的要素。同样，一个小团体所有的各种生产因素的数量，也是决定价值的经常要素。这些生产因素所以成为决定价值的要素，是由于它们所生产的各种商品的数量的缘故。因为每一个生产因素的产品，都构成市场上这些商品的供应量的一部分。

一个生产因素的这种产物，具体说来，就是这个因素的租金。例如，鞋厂里一个工具的租金，主要就是那些由这个工具所生产出来的鞋子。同样，鞋厂所占的一块 25 平方公尺土地的租金，主要也就是由这块土地所生产的鞋子的生产量。如果把土地看做是边际土地，把鞋厂的面积缩小 25 平方公尺，而其他资本的数量没有变动——虽然资本的形式由于厂址的缩小而发生相应的变化——结果，鞋厂的年产量，必然减少。由于抽去 25 平方公尺土地而减产的鞋量，或由于恢复25平方公尺土地而增产的鞋量，就是这块土地的租金。土地的真正的租金，正如其他物品的租金一样，就是土地所实际生产的产品。这些产品是这种物品全部供应量的一部分，因而也参与决定这种物品的价值。我们应该把租金看做基本上是由于一个具体生产因素的产品，或者看做是供应量中的可以识别出来的一部分。这样，土地的租金，作为由土地所生产出来的具体产品，自然是决定价值的一个要素了。当社会处于自然的静态状况时，全部生产因素的租金构成商品的总供应量，其中每一个生产因素所供给的数量——换句话说，每一个生产因素的租金——当然是决定价值的要素之一。

如果价值是完全相对的，那么，价值就是由小团体中生产因素的分配状况来决定的。把任何生产因素由一个小团体移到另一个小团体，价值必然发生变化，而把各种数量正常的生产因素安排在每一个小团体中，正如上面所说的，会使相对价值低于正常的状态。可是，在某种意义上，价值并不是完全相对的，因为我们可能获得一个绝对价值单位，从而把一切价值加在一起而得到总和。如果A商品的价值是B商品的一半，或C商品的三分之一，这使我们必须用其中两个商品的价值来说明另一个的价值，然而我们却不能求得这三种商品价值的总和。相对的比较绝不能得出价值的总和。但是如果A，B，C的价值是用一件和它们不同的物品来测量，我们就可以获得它们的价值的总和。

现在已有可能求得价值的总和，求得这种总和时，我们必然发现租金就是决定价值的要素。我们已经说过，租金就是产品。在工作中的各种生产因素的产品总数，如果以价值的绝对单位为标准测量，就会得出所生产的一切价值的总数。每个生产因素的产量都必须和它现在所生产的产量相等，否则所生产的价值的总和就和现在不同。抑制或减低一个生产因素的作用——或减少它的租金——，就会减少所生产的价值的总数。改变各个团体间的生产因素的分配状况，它们的总生产力，就是说，如果用绝对单位来测量价值，那么它们所生产的价值的总数必然减少。

因此，租金不仅是决定相对价值的一个要素，而且也决定所创造的各个价值的总和。租金所以成为这样一种的因素，是因为租金本身和供应量是相等的。一个产业内土地的租金，就是这个产业的产品供应量中那由于土地所生产的部分。用在生产上的一切土地的租金，就是一般商品的供应量中那由于土地所生产的部分。租金和可以找出它的来源的供应量（就是可以追溯到是由一个生产因素所生产的部分的供应量）是同义语。相对的供应量决定相对的价值，总供应量决定总价值。

“租金不是价格的要素”，这是古典学派对于这个问题的说法。这种说法甚至也代表现在流行的一种看法。可是，这种说法本身是极其含糊和不明确的。它的意思似乎是说租金对于调整价值不起作用，即使没有租金，各种物品也会完全按照现在的交换比率互相交换。但是，如果根据我们所下的租金的定义，把租金看做是由一个具体因素所生产的产品，那么，上述的主张显然是不能成立的。即使我们限制把租金这个名词应用在土地的生产量方面，那种认为租金不是调整市场价值的一个要素的论调，也是十分错误的，因为这几乎等于说一种产品中的某一个部分，对于这个产品的市场价值没有影响。这个公式中所指的“价格”，当然是指以货币单位表示的市场价值。

古典学派在价格方面所企图证明的，实际上就是什么人获得租金是无关紧要的。他们所提出的论点，只能证明下述的事实，即租金作为分配上的一种收入，或一个份额，它最终归到什么地方，对物价并不发生影响。他们的论据主要如下：小麦之类的供应品中，有一部分是来自无租的土地。人们对于小麦的需求，使麦价大大地提高，使耕种无租的土地也有利可得，于是无租的土地便被使用了。当小麦的价格达到这个水平时，需要有一定数量的麦供应人们消费，而要达到这个数量，就必须利用最差的土地。因此，小麦的价格，是与这块土地上种麦的成本相等的。从这里所得到的小麦，在某种意义上，被看做是小麦的供应量中“最贵”的部分，或在“最不利的条件下”产出的部分。从企业家看来，把劳动和辅助的资本使用在无租的土地上所获得的一斗小麦，到底是否比从较好的土地所获得的一斗的小麦，成本要高些，种植的条件要不利些，这是值得深入研究的问题。这个问题我们以后还会讲到。我们将会了解，只要静态规律正常地发生作用，对企业家来说，每斗不同的小麦的成本，是没有什么差别的，并且这个成本完全和价格相等。现在我们首先要注意的是，不论无租的土地所种的小麦或是其他小麦的成本，可以断定完全是等于小麦的正常价格。

如果拥有较好土地的地主说，“我不要地租”，这个事实并不会使麦价降低一些。供应量丝毫也不会因此而发生变动，因为所种的数量将仍然和过去一样，仍然有人需要，在无租的土地上所种的边际数量，仍然有人出旧价买去，而所有其他部分的小麦也仍然得到同一的价格。耕种较好土地的农民，仍然可以把小麦卖到现在的价格，而把所减去的地租，作为自己的收入的一部分。可是，地租并不因此而消失，并不因此而减少一些。不错，这种状况使地租不是落在地主的手中而是落在农民的手中，但小麦的价格并不因为这种变化而受到影响。上述论点实际上证明了：就价格来说，不论是地主获得所谓地租的收入（即从所收割的小麦中由于土地所生产出来的收入），或是农民获得这项收入，都是不关重要的。

这个论点可以再加以发挥。农场主可能说，我们不愿保留着这个地租，我们要把它送给工人，依照农场中参加工作的人数按比例均分。但是，这也不会减低麦价，因为边际的数量还是需要的，还会按照成本能够抵补的价格卖出。因此，只要土地对小麦的产量有所增加，不管是地主、农民或工人获得地租，地租将依旧存在，并且价格也不会变动。

我们可以把这个论点更加扩展。工人可能也不要农场主所送给的额外工资。工人可能慷慨地决定把它送给民众。但这种举动，也不会影响整个小麦供应的价格。假如农场主是先把小麦卖出，然后把卖价中代表地租的那一部分给予工人，那么工人要把这个部分送给民众，只有采用某些特别的、武断的分配方法，才能完成这个工作。小麦仍然免不了按照平常的价格出售。假如农场主是以实物的形式把地租送给工人，而工人决定不把它据为己有，那么工人就需要设计一种方法以散发这部分的实物。但是尽管存在着这种复杂的情况，所售出的小麦将仍然保持原有的价格。

上述整个论点所牵涉的，不是地租的存在问题，而只是如何把地租作为一种收入加以处理的问题。这些依据传统理论所作的假设，其中没有一个能够消灭地租这个要素；由于土地所生产的产量，仍然是存在的。在谷仓中，有一定数量的小麦是由较好的土地生产出来的。这部分小麦，实际上就是这些土地的地租，而某些人便得到它的价值作为收入。究竟是谁得到这个收入，丝毫也不影响价值，传统论点所证明的就是这些。传统论点证明了这个事实：欧洲的租佃制度，使土地在耕者所有或国有的情况下，保持同样的价值。无论在这两者中的任何一种情况下，地租仍然存在，仍然构成供应量中的一个要素，并且对价值发生影响[①]。

类似的结论可以应用在一切其他因素的产物上面，这是值得注意的（过去往往忽略了这一点）。我们上面所已经看到地租的原则可以应用于一切人为的资本货物的产物上面，甚至可以应用于工人的产物上面。如果说，工具之类的租金，工人本身的租金，或利息和工资，这些都不是价格中的要素，这种说法和地租不是价格的要素的说法是同样不正确的。不论谁得到这些租金，都没有关系。不论我们把这些租金的哪一种由现在的享有者的手中拿走而给予别人，或是听任它留在原来那个人的手中，价格仍然不变。有关地租的论点，我们可以一字不改地、照样地把它应用于工人或人为工具的租金上面，而仍然可以适用。较好的人为工具的级差产量，仍然构成它们所体现的资本的利息，能力较强的工人的级差产

① 一个几乎要消灭地租的假设，把土地作为自由的物品，工人和资本家可以随意利用其任何部分。例如，有十个人要耕种一亩肥沃的土地是可以的。如果又有第十一个人愿意加入，也是可以的。但是这种办法实际上是办不通的。就纯粹理论来说，结果必然使好的土地变得拥挤不堪，从而减少了地租，并且使所剩下的地租按比例分散于工人和资本家的手中。附带说，这个办法还会使各种商品的相对产量变得与现在不同，从而影响到相对价格。此外，价值的绝对生产量也会因而减少。关于这个问题的讨论，请看一篇对于马歇尔的《经济学原理》的书评，载在1891年三月的政治科学季刊。

量，仍然构成工资。

当资本家贷“钱”给人购买或制造人为的生产工具时，他实际上就是出租这些工具。资本家的收入实际上就是这些工具所赚得的收入，不过它是采取资本家所贷出的钱的百分之几的形式，而在人们的心目中，它也就是这个形式，不叫做租金，而叫做利息。假如资本家说“这利息我一点儿都不要”，那么，结果只是工具的收入，留在企业家手中，至于产品的价格，仍然丝毫不受影响。我们已经知道，这些产品中的一部分是由使用无租的工具产生出的，价格足够证明使用这些工具是适当的。民众愿意付出这个价格来购买一定数量的这种产品，如果不使用无租的工具，这个数量的产品就无法得到，除非采用更昂贵的手段。要取得这个数量的产品，就得使用无租的工具。市场上有了上述数量的产品，其价格可以证明使用这些工具是适当的。于是企业家保留着资本家所让给他的租金，而生产出来的商品的价值，却没有变动。

企业家可能不愿意保留这项收入，而把它送给工人。但是这项收入仍然作为具体的生产工具的租金，或作为包含在这些工具里面的资本的利息而存在。上述第二次的转移，对于价格的影响，并不比第一次稍多。商品的价值，仍然足够证明这些边际工具的使用是适当的。如果有些工厂的工人也不接受这项租金，这项租金可能以按原价打折扣出售的方式让给购买这些工厂所制造的商品的购买者。但是这种商品的价格，仍然没有变动，和过去一样。这些工厂所用的较好的工具等等的租金——或包含在工具等等里面的资本的利息——仍然存在，不过这种租金或利息被购买这项资本所制造的商品的人所享受了。不管获得这项利息的是资本家、是企业家、是工人或是受特别优待的顾客，都没有什么影响，价格并不因为获得这项利息的人的不同而受到影响。实际上，利息或资本货物的租金的存在，是一个很重要的事实。利息是商品的供应中的一部分，像供应中的任何其他部分一样，也是决定价格的一个经常要素。

完全相同的原则，也适用于劳动和工资。总有一定数量的无租工人在工作着。虽然他们的人数是不多的，他们所生产的，实际上只占商品供应量的极小部分。如果他们的人数比现有人数多，那么，就可以说，任何一种商品的大部分完全是由在于无租的工人手中的、在最不利的条件下进行工作的资本所制成的。民众需要这一部分商品，他们愿意按照把资本交给边际工人来生产时所要付出的价格来购买这一部分商品。在这些人手中资本所能生产的产量，比它在其他地方所能生产的产量较少，因此企业家要付出代价才能使用资本。因此，就利息来说，这部分产品，可以说是"最贵"的部分，因为企业家使用低级的工人来生产一定数量的商品，这要比使用优秀的工人花费更多的资本。把五千元资本交给一个没有本领的工人使用，所生产出来的商品，可能不比把五百元资本交给一个平常的工人所生产的多。可是，各部分产品的成本都是一致的。付出利息以借入资本，并把这资本交给无租的工人使用，它所生产的物品的成本，完全是利息，但是，从另一方面说，其中大部分产品的成本，却是部分地由工资组成的。但是各部分的成本却是一样的，各部分的价值也是相同的。

这些情况（即资本货物所有者拒绝接受这些货物所提供的收入），虽然都是假定的，但是它揭露了一个事实：谁占有收入，不是

一个决定价格的要素，但一种收入的存在，却是一个决定价格的要素。工资的情况也是如此。正如人为资本的利息和土地的资金不是价格中的要素那样，工资同样也不影响物价。如果能力良好的工人放弃了雇主给他的报酬，愿意白白做工，那么商品的价格，还是要同它的边际效用相等。附带地说，价格还是相等于使用无租的工人从事生产的成本，即使企业家获得了工人所放弃的工资，或是把它让给资本家作为超额利息，或是作为市价的折扣送给购买者。在这些情况下，尽管工资不是归工人所得，但是它仍然存在。价格也还是像分配没有遭到干扰时的价格一样。

由于实际上无租的工人是很少的，上述的假设似乎有些不自然。不生产的人，当然也得不到什么产品，所以实际上这些人很少进行生产工作。他们只有当劳动能够获得某些个人利益为代价时，才肯去工作，这实际上等于说只有当进行劳动不会受到损失时，才去工作。可是，上面的主张，即关于租金的一切主张，也同样适用于工资，这是完全正确的。如果在任何一个意义上可以说土地不是价格中的要素，那么在同一意义上也可以说工资不是价格中的要素。这两句话的主要意思是在于坚持这个事实：是谁获得这些收入，对于价格都没有什么关系。可是这些收入的存在，却不是这样没有关系的。反之，土地的租金，具体工具的租金，工人的租金，这些都是商品供应的组成部分，也就是决定价格的要素。

设使工资不是价格中一个要素，那么租金就也不是价格的一个要素。这种说法是荒谬的。全部工资是全体社会劳动的租金。一个团体的工人的工资，是这个团体的劳动的租金。我们现在可以不把具体的工人或生产力大小不同的人们看做是租金生产者。

我们现在可以转来考察一个以单位来测量的永久的劳动队伍。无租的工人不能算是一个单位的劳动。虽然他能够做些工作,但是却不能生产出什么产品。但是本领最强的人或租金最高的工人代表许多单位的抽象劳动,因为他有力量生产大量的产品。通过以单位来测量劳动队伍的办法,我们可以从说明利息规律的公式得到一个剩余数量或级差数量,这数量就是纯粹劳动的租金。

假定劳动的单位是固定的,而资本是一单位一单位地增加的,资本的数量是沿 AD 线来测量的,各个连续单位的资本的生产力是沿 BC 线而逐渐降低的。这样,AECD 就是利息,EBC 就是剩余或劳动的租金。

依照上述见解,最后单位产品的供应,是最后单位的资本在没有劳动的辅助下所生产出来的。在上面的研究中,我们已经知道这个最后单位以及它的生产量实际上是孤立的。只要增加一个单位的资本,而不必变动工人的人数,便可以使商品的产量有一定数量的增加。减少一个单位的资本而不变动工人的人数,便可以使商品的产量有一定数量的减少。这样所增加和所减少的,就是所增加或所减少的单位的资本的生产量。如果不增加也不减少资本,而让资本维持原数,那么,在产业的产量中,一定有一个完全由于最后单位资本所生产出来的产量——没有劳动的合作而生产出来的产量。

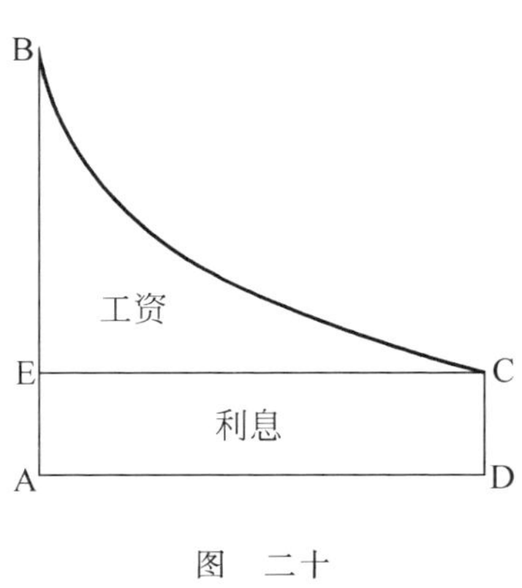

图　二十

如果关于土地及其产物的传统理论是正确的话,那么这种的理论在这里也可以适用。物品的价格，必须高到足够使企业家可以使用这个没有劳动协助的最后单位的资本，来生产这些物品的边际的部分。前几个单位的资本——它们有劳动的协助——是在较有利的条件下进行生产的，这并不影响价格，因为价格等于边际单位的供应品的成本，而这个边际单位就是由边际资本所生产出来的单位。如果我们设想全体工人拒绝接受工资，而继续进行工作，那么我们就必须承认企业家将获得这项利益的结论。企业家显然没有必要把这项利益送给群众，因为，由于价值规律的作用，企业家一定可以向群众索得一种价格，这个价格等于边际单位产品的价值(这种价值是和劳动无关的)。万一企业家居然把这项利益让给资本家，这对价格的影响也是等于零。除了武断地和不必要地减低全部供应品的价格，而把它作为礼物送给群众以外，价格是不会变动的。总之，全部工资或全体社会劳动的租金对于价格的关系和地租对于价格的关系是没有差别的。

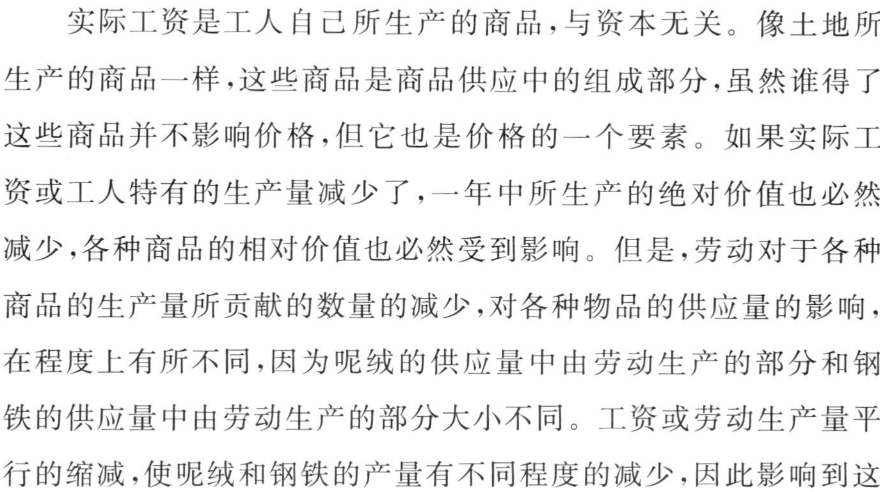

实际工资是工人自己所生产的商品，与资本无关。像土地所生产的商品一样，这些商品是商品供应中的组成部分，虽然谁得了这些商品并不影响价格，但它也是价格的一个要素。如果实际工资或工人特有的生产量减少了，一年中所生产的绝对价值也必然减少，各种商品的相对价值也必然受到影响。但是，劳动对于各种商品的生产量所贡献的数量的减少，对各种物品的供应量的影响，在程度上有所不同，因为呢绒的供应量中由劳动生产的部分和钢铁的供应量中由劳动生产的部分大小不同。工资或劳动生产量平行的缩减，使呢绒和钢铁的产量有不同程度的减少，因此影响到这两个东西的相对价值。

租金没有例外地是生产的成果，就是说，租金是全部产品中一个可以辨别出来的生产因素所生产的部分。因此，把生产品说成不是价值的一个要素，这显然是谬论，正如主张生产品的任何成分不是价值的一个要素的谬论一样。我们刚才说过，劳动生产量一般的缩减，使各种商品的生产量发生不同程度的减少。因为，由于各产业工人人数的比例参差不一，这必然引起相对价值的变化。由于同样的理由，人为资本的生产量的减少，也有这种结果。生产各种商品的人为资本的数量有多有少，比例是不同的。如果人为资本所生产的总产量减少了，那么市场上各种商品的相对数量也必然变更。每种租金的总数，也是相对价值中的一个要素。某个小团体中的一个生产因素所获得的租金，即这个因素对于小团体的生产量所有的贡献，显然也是调整相对价值的一个要素。在这一点上，土地的租金，人为资本的租金，以及工人的租金，情形都是一样的。笼统地硬说工资不是价格中的一个要素，当然是十分可笑的。同样，笼统地说明地租不是这种要素，也是毫无根据的。这些推论都是同一个原则的各种特殊的应用。租金是生产品，生产品支配价值，任何生产品的任何部分的存在，对决定价值都是重要的。但是谁获得这些生产品的问题，却不十分重要。至于租金最终成为谁的收入，也不直接构成价值的要素。有一种看法认为企业家进行一种商品的各部分的生产，有的利益较大，有的利益较小，有的成本较高，有的成本较低，这种看法是不切实际的。企业家的成本，在价值的永久调整或“自然”调整方面居于显要的地位：

在静态社会中，一切商品的价格，最终总是接近于企业家的成本[①]。对企业家来说，雇用这个因素或那个因素，或是同时雇用两个因素，并没有什么区别。因为在所有这些情形下，他所付出的同样是这么多，他所收获的也同样是这么多。当他利用好的土地和少量的工人制造出一定数量的产品时，他就是雇用大量的前一个因素，而雇用少量的后一个因素。但他实际上是按照市场的价值买入土地的生产品，同时也按照市场的价值买入劳动的产品。雇用一种生产因素等于购买这个因素的生产品，而同种的生产品的各个部分，其价值是一致的。当企业家使用最恶劣的土地而不必付出代价时，他等于雇用一种有租的因素而不雇用两种有租的因素，但是每一个单位的产品都是以同等的价格得来的，一文不多，一文不少。在完全静态的社会中，不论任何商品，其成本都是一致的，正和价格的情形一样。

任何生产因素的租金，都是在企业家手中生产出来的，并且是这个因素所生产的商品的组成部分。这些商品售出以后，租金便成为货币，但仍然掌握在企业家手中。当企业家把租金付给生产因素的所有者时，租金就变成为企业家的成本。在静态社会中，企业家所有的成本，完全是工人和资本家向他所索取的租金。因为工场所生产的租金就是产品，而生产因素所有者所得的租金就是收入，因此企业家所付的租金就是成本。所以一切的租金，全是由企业家在租金产生后的适当时期付出的。在这个时期，租金和成

① 最后效用当然是决定价值的要素，但是由于各种物品的相对数量的变化，成本相同的物品，也有同等的最后效用和市场价值。所谓成本，是按照这个定义来说的。

本是同义语。因此成本是决定价值的要素。更广义的说法如下：租金在本质上是生产品，生产品的数量决定价值，而这样决定出来的价值，影响每个产业所能获得的收入①。

附注：关于本章所提出的理论最初的述说，请阅1889年三月美国经济学会出版的《科学的工资规律的可能性》一书中很长的补充注解。同时魏沙教授(Prof. Wieser)所著的《自然价值论》(第十二章)又出现一个论点。这个论点认为凡是租金的普通的部分(而不是差异的部分)都是决定价格的要素，只要赚得这个收入的土地是放在"次等的或从属的"用途，甚至差异的部分也可能是这种要素。马歇尔教授(Prof. Marshall)在《经济学原理》第五章内，指出由于各种农作物对于使用土地的竞争，可供某一种的农作物栽种的土地，可能有限，因此这种农作物的供应可能减少，于是价格也可能由于供应的限制而受到影响。读者可以看出，本书的主张是：一切租金，即使可以化为差异的数量，基本上都是对于商品供应的贡献，同时也是决定价值的要素。此外，上面所列举的一切租金，在这一点上是相同的。

1892年汤普生(Herbert M. Thompson)出版《工资理论》一书，主张租金的总额，像工资、利润和利息各个总额一样，同样是生产费用的要素。此外还说"土地和其他生产因素是十分相似的"。这个理论和本书所提出的主张很接近。

刚顿(George Gunton)在《社会经济学原理》第三章第四章对传统的租金和价格的关系的见解，提出批评。他所根据的是另一种理由。

关于地租问题的早期的讨论，特别是李嘉图的讨论，应该想到当发生这些讨论的时候，还没有人有意识地把这个问题的静态方面和动态方面区别开来。那时候研究地租问题的动机，是由于一个动态的事实而引起的，即人口密度的增加和由于农业报酬递减规律的作用所造成的粮食价格的升涨。可

① 总地租就是总供应量，并且是决定价值的要素。价值是决定团体分配的要素。但是我们已经知道，团体分配自行调整，而且产生消灭利润和保证工资与利息的一致的倾向。劳动和资本的生产力趋于一致的事实，是最基本的事实。

以预料得到，当时的作者们提出在一年内地租所趋向的标准时——这是静态的问题——免不了会涉及动态的领域。为了说明静态调整如何产生，涉及动态的领域是完全许可的。例如，我们在解释那些使水面保持平坦的力量时指出，当水是不规则地注入池中，使水面变得高低不平的状态，这时是由什么力量来使水面变为平坦。像这样引证动态的势力，在解释产业团体、价值、工资和利息的调整上都是需要的，而当地租被单独提出作为一个特殊的产品来讨论时，情形也是一样。但是，必须注意，如果把静态和动态混在一起，而没有有意识地加以区别，结果必然产生一个测量地租的公式，这种公式应用于动态社会时，所得到的将是比使用土地所获得实际收益较大的地租，或是比使用土地所获得实际收益较小的地租。当社会处在发明、移民以及商业界的种种变动所造成的混乱状态时，使用一块土地的实际收入，往往包含理想的静态地租加上企业家的利润或减掉企业家的损失。企业家所以占用完全新的土地，其动机在于未来的利润，因此必须有一个严格的经济上的测验，从而决定在这种混合的利益中，有多少是属真正的地租。此外，动态社会所带来的情况，使李嘉图的公式不适用于分析上述混合的利益，不能从各种混合物中把地租分别提出，因为李嘉图公式只能正确地测量静态社会中的地租。要在动态社会中科学地区分和测量地租，首先需要一个和李嘉图公式相类似的公式，其次需要另一个公式，以说明李嘉图公式所直接提供的理想地租，和另一个实际地租所趋向的静态地租的区别。至于动态的地租，必须留待另一本书来讨论。

第二十四章　衡量产业因素及其产品的单位

现在可以把最后所要讨论的问题提出来，使得工资和利息规律更明白易懂。排在我们面前的是社会劳动和社会资本互相合作的景象。两者都是受报酬递减规律的支配，两者的收入都是取决于它们的最后单位的生产力。在这里，劳动是永久的队伍，资本是永久的资金。它们都是以一系列接连不断的具体形式而存在着，随便哪一个因素发生数量上的变动，这些具体形式也一定变动。个别单位的资本，是包含在具体工具的可以辨别出来的组成部分之中，不是包含在一整个工具之中。资本和劳动都必须通过精密的安排，分配到一切团体和小团体中去，否则价值、工资或利息便不是正常的。每一个单位的劳动和资本都要按照同一的方法进行分配，并且由同一的势力的作用来分配。所以，工资是等于社会劳动的最后单位的生产量，利息是等于社会资本的最后单位的生产量。两者都可改变为具体生产者的租金的形式。像一切生产量一样，两者都是决定价值的要素。我们懂得了怎样衡量劳动、资本和它们的生产量以后，上述的说明便能完全揭示分配中的一般事实和主要事实。但是，很明显的，我们需要一个衡量价值的一般标准。

在说明报酬递减规律在资本方面的应用时，我们说，各个单位的生产量依次递减。我们暂时是以货币来衡量每一笔的资本的[①]，但必需懂得货币究竟代表什么。当我们在例子中，假定在一个社会中资本由一万元增至一百万元时，是不是指资本现在所代表的劳动，比从前多一百倍，或现在所代表的个人所付出的代价，比从前多一百倍呢？如果所指的是这两者中的任何一个，那么，仍然需要寻求一个用以衡量劳动或代价的方法。

再进一步，我们所衡量的如果是社会资本和社会生产量，显然要有一个能求得绝对数目的单位。要衡量一个团体的资本，有时固然可以把这个团体的资本和另一个团体的资本进行比较，但是这种方法绝不能求出全体产业体系的总资本。同样，要衡量一个团体的生产量，固然可以把这个团体的生产量和另一个团体的生产量进行比较，但是这也不能得出生产量的总数。利息是各项资本的生产量的总数与各项资本本身的总数的比率。为了这些用途(即比现在所要列举的更多的用途)，必需有一个衡量经济价值的一般单位，然后最后生产力规律才具有科学的正确性。

的确，如果没有一个衡量财富的单位，财富的研究便完全没有意义，因为所有要解决的问题，完全是属数量方面的问题。全国的财富共有多少呢？为了答复这种的问题，对所研究的东西要用一种单位来衡量，并且要求所得的结果要用绝对数目来表示。仅仅相对的比较，不能求出总数。A 商品可能经常在市场上与 B 商品交换，并且两者合在一起与 C 商品交换，但这个事实不能表示出它们三个的总价值是多少。仅仅交换的比率，不能答复经济学家的

① 在这些场合，资本的产物，显然不能作为衡量资本的根据。如果我们说，凡是能生产一单位消费资料的就是一单位的资本，那么即使再加一句说：无论什么时候，一切单位的资本的生产力都相等，这种说法也未尝不可。反之，假定我们仍然用各单位资本的产物来衡量这些单位的资本，而同时又认为各单位资本的报酬依次递减，那么我们的说法是自相矛盾的。

主要问题。

一个社会的财富，是由各种各样的物品所组成的。这些物品可以加在一起，这是由于它们都具有一个共同要素，并且这个要素是可以绝对地衡量出来的。例如，因为全部物品都受到地心吸力的影响，所以不同物品都可以称出重量，这样，就可以用一个总数来表示它们的总重量。因此，对各种不同的物品可以应用一个重量的单位，来衡量它们所具有的同一的要素。同样，各种社会财富，也有一个共同要素。在每个物品里面，都有一个可以衡量的因素。

财富的数目，通常用货币来表示，譬如说，某人的财富值一百万元等等。但是，这里所指的，不仅是他可以出卖他的财富从而换入一百万枚的笨重的银币。用货币作为价值标准的人们，所注意的是，在银币中所含有的力量。银币可以买到东西或使人工作。每枚银币都具有一定的可以影响人类幸福的力量。上述例子中的富翁就拥有这种力量，他所拥有的力量，比每枚银币所具的力量大一百万倍。这种通俗说法所根据的直觉，比许多的经济分析都较近于真理。这种直觉可以看出物品对人的控制力量，并且把这种力量的单位应用于不同的物品上面，而用一个总数来说明衡量的结果[①]。

我们现在把物品的这种力量叫做实际效用。这种力量是一个

① 本章的材料，曾在1892年十一月的耶鲁评论发表过。那篇文章是在1881年新英格兰人杂志上所发表的文章的续篇，在这个较早期的研究著作中，把存在于一切经济物品中的力量，都称为“实际效用”。这个效用和泽丰兹教授(Prof. Jevons)及奥国经济学派所说的“最后”或“边际”效用很相似，但那时候我还不知道他们的著作。这里研究价值规律所采用的方法，与欧洲经济学者所采用的方法不同，因此，对于这个规律的性质，有着不同的看法，按照这个看法，价值总是主观的和社会的。而且价值是衡量那些社会的物品的力量。

物品的某一单位所具有的能够改变它的所有者的地位，增进他的幸福的力量。例如把一桶面粉送给一个人，就会使他过得更好，虽然不能使他完全免受饥饿，但他有了这些粮食便可以维持生活。如果没有把面粉送给他，他就要付出某种代价来取得面粉，所以把面粉送给他，实际上是使他不必付出这种代价。这个结果便能衡量面粉的价值。如果把这个人现在所有的一桶面粉拿走，然后估计他受了多少损失，这就是另一种衡量实际效用的方法。他需要粮食，他一定要付出某些代价取得粮食。也许他不能完全补足面粉的损失，也许他以玉蜀黍为食。在这种情况下，一桶面粉的效用，就是由玉蜀黍的价钱和没有得到满足的欲望来衡量。

可见，用一种商品来弥补另一种商品的损失的力量，在决定价值上有广泛的作用。很多物品的代用品，和原来的物品完全不同。一个人失了一种享受以后，总想设法弥补，使他能和原来一样地好过。如果他要衡量一匹马对他有多大重要，他可以计算费多少力量，才能获得船、枪或网球等等，来抵偿骑马的享受。在这里，心理的作用，首先是把两种享受进行比较，然后用取得另一种享受的代价来衡量这种享受。通过这两个心理作用，马的主人可以决定马对他的实际价值是多少。最后所衡量的是付出的代价，因为夺去一个人的享受，使他所受到的损失，等于他不得不付出一定的代价，以获得一种有效地代替他所损失的享受的物品。

这种人们所不断经历的过程（就是首先确定要得到一种不相同的东西应当付出多少代价，然后用这种办法断定要得到另一种东西应当付出多少代价），说明了研究实际效用的一个特殊意义。人类所追求的享受，是一般的享受。享受的形式，倒是次要的问题。衡量抽象的幸福，是一种奇妙的事实，但却是交换中的主要问题。一个人可能单独拥有一种增进快乐的方法，但是他却不能决定自己的物品的价格。这个价格的多少，取决于为了得到同量的享受要付出多少代价，而不论所用的方法是什么。求得享受的手段虽然很多，但是使用手段的代价却是有限的。无论实际效用具有怎样的形式，它在市场上完全是用数量来衡量的。

实际效用是由整个社会来衡量的，而“实际社会效用的衡量”这种说法的深刻意义，也就在这里。著者以前曾经把这个名词作为价值的同义语。这里重点是“社会”两个字。一个商品的价格，并不是衡量这个商品对一个人有多大重要性，而是衡量这个商品对整个有组织的人类有多大重要性。一种商品的效用的大小，虽然随着使用者而不同，但是对整个社会来说却是始终固定的。一个文明的人是一个专家，他一单位一单位地生产出某一种商品，然后交给社会。因此，衡量价值的过程，归根结底应当从奥妙的社会心理方面来探索。其实这种衡量过程的性质是很简单的，甚至比前面例子中用获得船、枪、网球等等所必需付出的工作量来决定一匹马的重要性还要简单。

就这一点来说，现在有必要来确定社会这两个字的意义。有一个衡量社会改良的单位，也有一个衡量社会损失的单位。但是，社会损失比社会改良更适合于作为衡量的单位，因此，一定数量的社会劳动所需要的代价，就是价值的最后单位。总之，商品价值是从为了取得这件商品或取得同等的商品要付出多少代价来决定。

最简单的分工形式，就是由一个人单独制成一件物品。一个人单独制造整双的鞋，整架的钟，整张的桌子等等，在这个范围内，他是一个专家。他从自然界获得原料，进行加工，然后交给社会来消费。现在，分工当然已经远远超出一个人单独完成一件物品的阶段了。现在，大部分的工作都是由极复杂的团体来经营，个人的作用，仅仅限于其中的一个极微小、可以辨别出来的部分。但是这个事实，并不影响我们所研究的原则。如果先来研究比较原始的社会，并想象这个社会的各种物品，都是分别由一个人单独制成的,这样,可以使我们得到更明了的概念。这些物品每天不断地从制造者的手传到市场,寻求买主。没有一个人会买得很多,但是全部物品由社会买去。我们甚至可以假定社会中每个人至少买一个,也不至于妨碍所研究的原则。我们应当注意的要点是:每种物品都是由一个人生产出许多个,但是却由许多人一个一个地来消费。

使用物品的人,能够最准确地衡量一个物品对他们有多大好处,而且他们也是不断地进行这样的衡量。我该不该买这个物品呢?买了这个物品会不会损耗我的收入,以致不能购买更重要的物品呢?这种物品和同样价格的其他物品相比,哪一个是更需要的呢?这种对各种物品的效用的对比,经常盘绕在许多消费者的心中。但是这些对比只能给我们一种比率,而不能提供数额,同时,比率是随着不同的人而有所差别的。如果一个人能够用取得一件物品的代价衡量这件物品的效用,如果他有一个固定单位的代价,那么,他就能够使用一个总数来表示若干件不同物品的效用。同样,如果整个社会能像一个人那样,那么,也可以照样衡量一切物品,而免除由于存在着许多衡量物品的人而产生的困难。由于市场的存在,这种做法是可以实现的,因为在市场上,社会是作为一个单位,就像一个单独购买者那样。

在衡量幸福时,人类的感觉受到一种限制,正如眼睛在测量光度时所受的限制一样。我们可以断言两个光度是相等的,但是不可能单靠光对眼睛的作用,而断定这个光比那个光强多少倍。我们可以说两种享受是相等的,但是不可能说这种享受比那种享受大两倍。但是,我们完全可能断定在怎样的情况下一种代价和一种的享受恰恰抵消。如果我们能够把许多种享受和一种代价相比较,我们便可能把各种享受互相比较,而求得许多不同的享受的总数。如果一个人懂得他愿意走一里路来满足一种欲望,也懂得他愿意走两里路来满足另一种欲望，那么，他便有办法理解从第二次走路所获的好处，比第一次所获的好处大两倍，而两次合起来所得的利益，恰恰等于走一里路的三倍代价。社会的情况，类似这样，但是没有这样简单。

当开始衡量劳动所创造的财富时，不论采取什么方法，总不免产生困难，就是财富的创造，要靠劳动和工具。工具意味着资本的存在，而资本又是节约的代价。我们所享受的东西，没有一个是单单依靠工人的力量而没有别的力量的帮助而生产出来的。但是，上述的困难，如果用边际劳动作为成本的测验，便可以迎刃而解。如果一个企业的资本始终不变，但是加入一些额外的劳动，那么，不管这项增加所生产的产量的大小，实际上它完全是劳动的产品。市场上的每一种商品，其中总有一部分是由最后单位的劳动所生产出来的。只要从制造这种商品的工场中，调走一两个工人，而资本仍然照旧不变，那么，上述增加的产量就会停止出现。把这些工人调回，而其他条件没有更动，那么，这个边际产量就会重新出现。只有这种实际上孤立无助的劳动，才能衡量价值。过去要使用劳动标准，其所以没有成功，就是由于没有把生产产品的劳动和资本分别开来。前面几章中已经说过，边际劳动的生产量，实际上是一切劳动的生产量。这个事实，使我们能够把一切劳动从劳动所用的资本中分解出来，从而寻求总产量中单独归功于劳动的部分。

不但如此，工作是由人们的种种具体行动所组成的。这些行动各不相同，正如用它来衡量的各种各样的商品的不相同一样。我们可以把砍柴、弹琴、排字等等工作，加成一个总数吗？要把构成社会劳动的不同行动加起来，就和要把构成社会财富的各种产品加起来一样困难。这些行动需要有一种共同的、可以衡量的要素。我们可以求得这个要素，因为，正如效用是一切物品所共有的要素那样，个人所付出的代价是各种劳动的共同要素。一方面是享受，一方面是负担。为整个社会服务（即人类为供应自己的需要而工作）便是整个的经济过程。人类改造自然使它为自己服务，而在这个过程中受到一种痛苦的反应。然后改良了的自然便对消费者起着抵消他的劳动代价和对他有利的作用。如果我们可以找到代价恰恰和享受相等，并且可以衡量享受的一点，那么我们就可以用所付的代价来衡量所得到的享受。

一个人一天工作的时间愈长，就愈疲劳。前几小时所感到的负担，一般是比较轻松的，后来就越来越难受了。就社会的“下层阶级”的工人说来，每到下午或黄昏的时候，便是非常疲劳的了，至于比较高级的工人，每天的最后几小时的工作，却比较轻松些。但是，无论如何，最后几小时总是使工人感到疲劳和考验工人是否愿意延长工作的时间。一个工人工作两小时可能觉得很快乐，四小时还有兴趣，八小时便感到勉强，十小时简直是不耐烦了。

当然，在组织精密的社会中，实际的劳动时间，并不是由各个人自己选择的。当大家集中在一起工作时，共同作息，便利得多。但是尽管如此，决定正常的工作日长短的原则，却仍然起作用，我们从研究比较简单的情况中就能看到这个原则的作用。因此，我们暂时不必考虑一大批的工人是根据汽笛来决定作息时间的事实。

一个单独的工人，是使用自己的产品的人，他每天一定不停地工作，直到得不偿失的时候才停止下来。如果他延长工作的时间，当然可以增加产量，但是所得到的利益，抵不过所付出的代价。他已经疲倦了，并且感到工作的负担。他想休息，想排除负担。他想离开工场，回到舒适的家里去。于是，他的经常工作日便告终了。当生产所得的报酬等于所付出的代价时，那些使他停止工作的因素便发生作用。

连续几个小时的劳动所得的利益，从第一个小时开始就依次递减。一个人最后所得的产品，是效用最小的产品。如果他只能工作一小时，他所生产的一定是粮食之类的东西，即维持每天的生活的物品。如果他多工作一小时，他一定是利用这个时间来生产生活必需品。如果再延长工作的时间，他就要生产一些使他的生活过得更舒适的物品。他的最后的产品，可能是奢侈品。无论如何，他的最后的费力最多的产品，总是对他用处最小的东西。如果从他的生命和健康出发，他每天一定要花费一部分时间从事工作，用来维持生命，同时也花费一部分时间从事休息。在没有工作他就要挨饿和整天工作他就会疲劳致死这两点之间，还有着付出的代价和所得的收入正好相等的一点。如果他在这一点上停止工作，那么劳动的净利益就最大。

当决定一年中每天工作到十一小时是否合适的时候，总要把两种不同的享受进行对比，并且把每个享受和工作所带来的疲劳相对比。这个工人在一年中每天的最后工作时间里，得到一系列的享受，这些享受的总数能不能和三百多小时的工作的代价相抵，这个问题他必须考虑。这个问题不是可以很容易决定的，但是他最终总要作出决定，而在做出决定的时候，他将得到一个用同等的劳动代价来表示的最后效用单位。现在我们不再深入分析个人心中怎样决定是否值得一天工作十一小时的方法。我们可以肯定，他一定会作出决定。现在我们所要了解的就是社会怎样决定这个问题。个人心理不是我们的研究题目，但是个人心理怎样对社会产生作用，这显然属于本书研究的范围。

如果用横线来衡量一个工作日的长短，而用这条横线上的直线衡量由于工作日的长短而得到的利益和所付的代价，那么，我们就可以画出一个简单的图，来表示一个自由的、孤立的工人的情况。

AB 代表一天的时间，AC 代表最初所付出的劳动代价，BD 代表最后所付出的劳动代价。AE是第一个产品所得到的利益，BD是最后的产品所得到的利益。事实上，BD是两条合在一起的线，其中一条是衡量最后劳动的负担，另一条是衡量最后消费的利益。ACDB衡量整天工作的总的代价，AEDB代表整天工作的总收入。CED是剩余利益，代表一天劳动的净利益。在CD线以下的一切利益都和损失相抵。

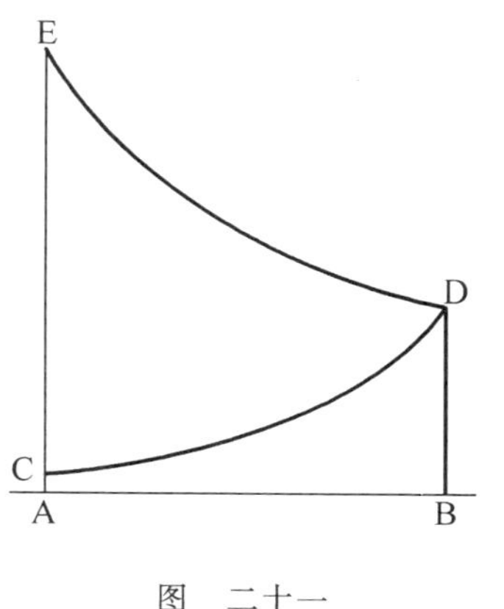

图　二十一

我们所研究的工人，他本身就是一个社会：他制造各种东西，并且由自己单独享受。BD是他的价值单位，衡量他所制造的每件东西的实际效用。虽然AE是衡量用来充饥的面包对他的绝对利益，但是获得这块面包的实际重要性，并没有这么多。如果把这个必需品拿走，这个人一定把最后一小时用来制造面包，而放弃这一个小时所可能生产的其他物品。如果毁坏了他的食物，那么他所放弃的，一定是可以用最后的工作时间制造出来的奢侈品。BD衡量这些奢侈品的效用，因此也衡量用同样的时间生产出来的必需品的实际效用。在ED线上的任何物品的真正价值，都由BD来衡量，因为如果失去这个物品，本来用以制造其他物品的一些工作时间，一定要用来生产代替这种物品的物品。而上述其他物品的价值，是由BD来衡量的。到底得到这些物品中的哪一个，这对工人并不重要，所以BD可以衡量这些物品中任何一个的主观价值。

把社会看做一个单位时，情形也是这样。社会给自己生产各

种物品，它的最后所付出的劳动代价衡量它的最后的产品的效用，而这个最后的产品的效用等于使用同量的工作时间所生产的任何物品的实际效用。如果把一个社会早上的劳动产品拿走——衣、食、住等类的必需品——它一定要用黄昏的时间进行工作来弥补这项损失，而这个时间本来是用来生产奢侈品的。对社会说来，各种不同商品的净价值是相等的：如果把其中的一种商品全部拿走，最后的劳动便会用来补充生产这种商品。所以真正受到损失的，实际上是最后劳动的本来的产品，而这些产品的效用，就是由生产这些产品所付出的代价来衡量的。

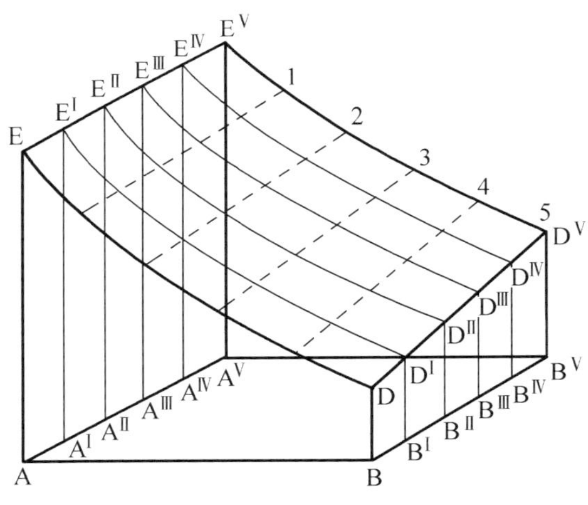

图 二十二

如果上图一系列的向下倾斜的曲线，代表消费品的递减的绝对效用，那么就可得出一张表示社会的价值单位的图，即衡量一切形式的财富数量的图。现在社会的每一分子，都有一条曲线。EE^{V}和虚线1之间的各条曲线的上部所代表的物品，是社会所使用的最重要的物品。这些是社会工作日的最初工作时间的产品，它们对于社会所提供的绝对效用，是由从 EE^{V} 下垂到 AA^{V} 的各条直线来衡量的。这些物品随着不同的消费者而有所不同，但是就整个说来，可以看做是首要的商品。我们现在把它称为第一组的商品，其中包括社会的生活必需品。图中也指明了第二组、第三组、第四组和第五组等商品。组数越多，所代表的商品的种类越复杂。第五组的商品种类最复杂，其中包括奢侈品。有关上述孤独的人的情形，也适用于这里。各组商品的实际效用完全相等，并且由 DD^{V} 和 BB^{V} 之间各条直线来衡量。除最后一组以外，如果毁去其中任何一组，社会就会设法补充，而放弃最后一组。总之，所需要的劳动，总是在最后的劳动时间里所进行的劳动。

如果我们增加 BD，$B^{I}D^{I}$ 等线，使这些线填满 $BDD^{V}B^{V}$ 的面积，那么 $BDD^{V}B^{V}$ 就是衡量最后一组消费资料的绝对效用的标准。此外，它也衡量前几组消费资料的实际效用以及生产最后一组消费资料的劳动的反效用。所以它是代表社会所付出的总代价，而这个总代价就是衡量一切价值的最有用的单位。凡是用一小时（不论早上或晚上）的社会劳动所生产的物品，它所拥有的实际社会效用，都和最后一组物品的绝对效用相等，而最后一组物品的绝对效用，又等于整个社会在最后一小时的工作中所付出的代价，并且是以这个代价来衡量的。

但是前面例子中个别的物品，是由个人来生产的，而消费这些物品的是整个社会。因此，人与社会之间的关系，不能置之不问。关于各组社会物品的规律，是很简单的，因为它们是由整个社会所生产的，而且也是由整个社会来消费的。每组这样的物品，是从各个人中来，又到各个人中去的。社会有机体由于从事劳动得到每组的物品，并且用生产最后一组物品的劳动来衡量每组物品的价值。集体的劳动取得集体的利益，集体的劳动也衡量集体的利益。

我们已经知道，由于各组物品所满足的欲望，大小不同，因此它们的绝对效用，也参差不一。面包和其他必需品，与珠宝等奢侈品相比较，当然重要得多。但是，各组的实际效用，却都相等，因为其中任何一组如果受到毁灭，结果，都会使社会放弃最后一组物品。同样，由于最后一小时的劳动是最令人疲乏的，因此各个劳动时间的绝对代价是不相等的。可是，它们的实际代价，却是一致的，这可以从一个相似的试验显示出来。上面衡量一件物品对于物主的重要性时，我们曾经用这种的方法，即假定把这个物品拿走，看看他会感觉多少的不便。所以现在当我们在估计某一小时的劳动的实际代价时，可以免除这个小时的劳动，看看由于这样做的结果这个人会得到多少好处。如果把一个孤独的人每天第一个工时（即最容易工作的时间）所生产的物品送给他，那么就会使他免做一天中最后的（即最疲倦的时间）工作。给他一小时的工作产品，就为他缩短一小时的工作，而所缩短的一小时，当然是最困难的最后一小时。与此相似，如果我们能够使大自然无代价地供给社会所消费的任何一组物品，结果就可缩短社会的工作日，免去最疲倦的工作时间。这样看来，一天的最后工作的绝对反效用，是衡量一切劳动的实际反效用的标准。

由此可见，就一个孤独的人来说，我们可以用生产时间的长短来衡量物品的主观价值。凡是花一小时制造出来的物品，其实际效用都是相等的。每个小时的劳动，其实际反效用也都是相等的。

销毁一个人的一小时的工作产品，便会使他受到一定数量的损失。如果能够使大自然无代价地供给他一小时的产品，使他不必做这一小时的工作，这就会给他一定数量的利益。产品的单位以及劳动的单位，都是以图中的 BD 直线为代表。两小时的工作产品的主观价值，总是等于一小时的工作产品的主观价值的一倍。

至于整个社会，各组社会物品的价值，也是从生产这些物品的集体劳动的时间来衡量的。劳动所付出的实际代价，直接随着劳动时间的长短而不同，一天中各段时间所生产的物品的实际效用，也是这样。效用和反效用的单位，就是 $BDD^{V}B^{V}$。就有组织的社会的主观估价来说，两小时的工作产品的价值，总是比一小时大一倍。仅仅是劳动时间，就可以作为衡量各组物品的适当的标准。

但是仅仅劳动时间，是否也可以作为每一组物品中各种物品的价值的适当标准呢？这个问题很复杂。劳动的痛苦和劳动时间，在这地方都不适用了。衡量整组物品的价值的特点，在于集体生产和集体消费。但是如果一个人生产一件物品，而把这件物品交给社会，情况就不同了。付出劳动代价的是他，而获得生产的利益的是社会。因此，他的劳动的反效用，与社会物品的最低效用没有关系。虽然整个有组织的社会，必然继续工作，一直到所得的收入和所付的代价相抵。但每个人是否也将不停工作，一直到社会从他所得的利益跟他本人所付出的代价的相抵为止？很明显，当由一些人享受利益，而另一些人遭受损失的时候，得失相抵是不可能的。因此，在这种劳动的反效用与劳动产品的效用之间，没有任何共同点。

但是，在一个人所付出的代价和他自己的享受之间，却有一个共同点。他生产物品所付出的代价，是对别人的产品的报酬，因为这是他个人对于他所获得的东西所付出的代价。同样，任何其他的人为他生产物品时所付出的代价，代表他们为了要从他那里得到物品而付出的代价。所以在代价与利益之间，并不是没有共同点的，而这个共同点，就为我们提供了估计特定物品的价值的单位。

假定 A 生产 W，B 生产 X，C 生产 Y，D 生产 Z，并且每个人都获得和使用每种物品的一部分，那么，这里就形成一个有明确的关系的社会的模型。A 把他的物品卖给 B，C 和 D，所以 W 的实际社会效用，就是把这三人在一天的最后时间为了生产用来换取 W 所付出的代价为标准来衡量的。如果是用货币来交易而且 W 和 X 的价格相等，那么这就是因为当每种物品的最后供应单位交给这个小型社会消费时，对这个社会的贡献是相等的。部分的贡献都

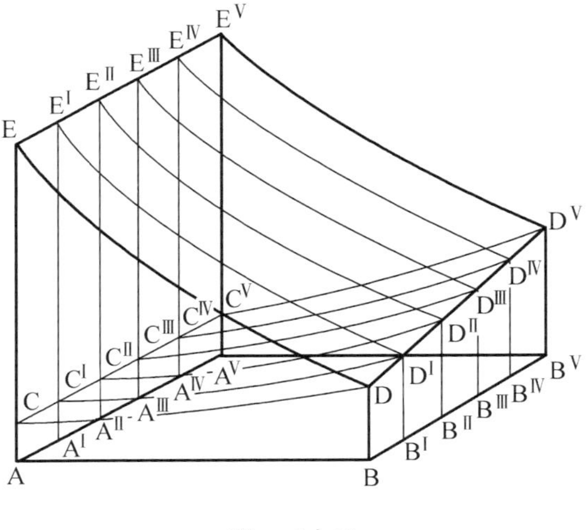

图　二十三

是以取得这个物品而在每天的最后时间进行工作所付出的代价来衡量。因此，价格是获得各种物品的社会代价的指标。

在代表一个工人在一个工作日中所付出的代价、利益和额外利益的ABCDE图的后面，现在再添上一排类似的图，说明一个社会的模型中每个成员的情形。

由C，C^{I}，C^{II}，C^{III}，C^{IV}，C^{V}上升的各条曲线，代表一切工人随着各个工作小时的劳动所付的递增的代价。由E，E^{I}等等下垂的各条曲线，表示所消费的各单位的物品所提供的递减的利益。D，D^{I}，D^{II}等等是所付的代价等于所得的利益的点。从D，D^{I}，D^{II}等等下垂到B，B^{I}，B^{II}等等的直线，衡量整个社会在最后时间的劳动中所付出的代价。

如果把图数增多，并且使每图的线和另一图的同等的线连接起来，那么，随着CD，$C'D'$等线向上倾斜的曲面，就表示一天的工作时间越长，整个社会的工作的代价越大，ED，$E'D'$等等向下倾斜的曲面，表示一切消费品递减的效用。在这些曲面与$CC^{\text{V}}EE^{\text{V}}$直立平面中间的体积，衡量整个社会从工作中所得到的总剩余。$BDD^{\text{V}}B^{\text{V}}$直立平面的面积，表示整个社会在每天最后时间的工作中所付出的代价。这个代价就是价值的最后单位。只要一件物品的售价和任何一种的劳动相等，这些东西的售价，就和消费者为了取得这个东西所从事的最后劳动相等。如果社会对甲物品的需要和对乙物品的需要是同样迫切的，那么为要获得甲物品，他一定情愿每天多做一分钟的工作，正像为要获得乙物品而愿意每天多做一分钟工作那样。由于我们所熟悉的规律的作用，这两种物品一定以同等的价格出售，而这个价格，就是用来衡量社会为了取得它们在每天的最后时间所做的劳动所付出的同量的代价。

因此，一件物品的价值，就是衡量这件物品对于整个社会所贡献的实际效用的标准。这种实际效用是凭主观估定的。这里衡量所用的标准，就是社会为要取得这个效用，在最后工作时间的劳动中所付出的代价。所以如果能够使各种物品所满足的需求和制造物品所付出的代价相等，那么社会便可以把各种物品所满足的需求加以比较。物品的价格，等于取得这个物品所付出的代价，而代价的单位，就是社会在每天的最后时间的工作所付出的代价。这种最后时间的集体劳动的代价，与另一个最后时间的集体劳动的代价，完全相等。

一个人生产一件物品所付出的劳动代价，和这件物品的市场价格没有固定的关系。一个著名的律师、艺术家或公司经理，一小时的工作成果的价值，可以等于一个烧火工人、裁缝或石匠的整天的工作成果。一个“穷汉”花尽精力所生产的物品，一个红歌星只要唱一首歌，就可以得到许多这样的物品。无论在什么地方，当异常的个人势力或个人地位使得一个生产者有了垄断的可能时，成本和价值便发生差异（这里，成本是指生产者的成本，价值是指市场的价值），经营电话的劳动和电话所收的费用，这两者的差异就是一个例子。可是，我们的规律，同样适用于专利品和普通物品——它们的价格，完全以取得它们所费的最后社会劳动的反效用为根据。由于各个生产者贫富不均，因此同一种物品的各个供应单位的成本，高低不一，和市场价值不完全相等。较富裕的工人较早停止工作，代价较小，但他的产品的售价却和花费较大代价的物品相似①。

如果我们说，商品的价格，等于生产商品的劳动的数量和效能，那么就等于说明上述的原理。这里所指的效能，是指能够生产一定效果的力量和愿望，而愿望的重要性，不下于力量。一个已经很有钱而不愿意努力工作的人，尽管很有本领，也不能算是有效能的工人。此外，衡量工人的效能的标准，是他所创造的财富，而财富必须用我们刚才所指的单位来衡量。一个工人的效能，事实上是能够促使社会进行工作的力量，也就是能够对社会提供一些东西，使社会为要获得这些东西而愿意工作的力量，由此可见，商品的售价，一定和生产商品所进行的工作的数量和效能相一致。

所以，我们有一个衡量每个工人的效能的方法。把各个衡量的结果进行比较，就可以知道这个工人比那个工人强多少。织工A和木匠B所生产的东西，在性质上是完全不同的，即使我们能够知道前者对一块布贡献多少，后者对一所房屋贡献多少，仍然不能直接比较这两个不同的东西的数量，从而衡量这两个工人的相对效能。但一切不同的物品都有一个共同的要素，即满足社会的需要的力量。这个满足社会的需要的力量，是由它所能吸引的社会劳动的量来衡量的。每个工人的个人力量，都表现在他所能吸引的这个混合劳动的数量上。譬如工作一年以后，A能使社会为他工作两分钟，B能使社会为他工作三分钟，那么，A的效能，便等于B的效能的三分之二。一千个从事一千种不同职业的工人的劳

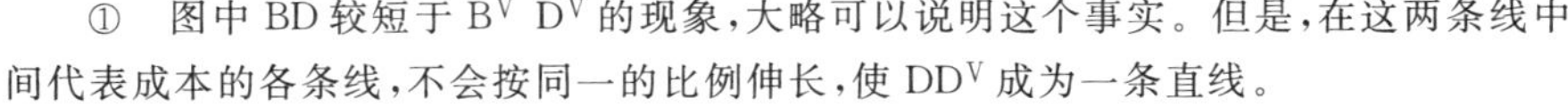

① 图中BD较短于$B^V D^V$的现象，大略可以说明这个事实。但是，在这两条线中间代表成本的各条线，不会按同一的比例伸长，使DD^V成为一条直线。

动，都可以这样衡量。衡量的结果，可以相加，可以对比，可以平均。如果这些工人组成一个产业社会，那么，凡是能够使全体工人每天愿意工作千分之一的时间以报酬他的劳动的工人，就是普通的工人。

上述最后价值标准，够能衡量三种东西，即消费资料、资本和劳动。消费品可以吸引社会劳动，它们价值的大小，是按照它们所能吸引的社会劳动的数量为比例的。资本创造消费资料，因此也间接地吸引社会劳动。资本本身可以用它的产品所吸引的社会劳动来衡量。每个工人的工作，能够生产消费资料，并吸引社会劳动，而且用它所控制的社会劳动的数量来表示它的效能。虽然我们的研究把我们引导到抽象的领域，但是没有把我们带出现实的社会。因为每个有职业的工人，事实上都拥有上述控制社会的力量，并且工人手中的工具和商人柜台上的制成品，都是这样。它们的力量，完全由被它们所吸引的社会劳动来衡量①。

① 303页内曾说过有一个衡量“土地形式的真正资本的单位”。这个衡量是以每块土地所吸收的、作为生产因素的社会劳动来衡量它的生产效能。

要使最后价值单位的理论完整无缺，必须先答复几个细致的问题。其中有一个问题是：个别生产者的劳动，怎样能够间接地发展成为控制整个社会的力量。个别生产者所生产的，也许只是社会的一小部分人所用的东西，可是，他简直能够吸引整个社会的劳动，以酬答他所特有的产品，因为这个劳动按比例地包括社会的每一个分子。他能使每个人都用一天中的一定部分替他工作。假使我们认为他能够使每个人都为他工作一定的时间（例如一分钟），那就过于简单，而且是不正确的，因为每一个人对社会劳动（社会劳动衡量各种价值）所提供的贡献，只能占他自己劳动中的适当的部分，而一分钟对一个人来说，也许是太多，而对另一个人来说又太少。但是如果说社会劳动是由每个人的一天劳动的一个固定部分所组成的，这样说法就是正确的了。每个生产者间接地或直接地都能吸引上述的混合劳动。

（待续）

（续前页）　试举一个简单例子。假定二十个人组成一个孤立的社会，又假定其中第一个人生产着只有五个人直接消费的物品，在这样的情况下，他便只能依靠一系列的中间交易来吸引其余十四个人的劳动。支配这些交易的原则，非常重要。A是第一个生产者，他能直接吸引B，C，D，E和F等人的劳动。但要使G为他工作，他就必须把所直接服务的五个人中的一个人的产品拿给G。他如果替B多做些工，从B得到第二份的产品，再把这份产品拿给G，他便可以使G为他工作。利用同样的方法，他也能使其余的人为他工作。但有的社会成员，也许不消费A所直接服务的B，C，D，E和F等人所生产的物品，那么，A和这些人的关系，便更为间接了。于是A必须为B再多做些工作，以便把一些B的产品拿给G，把一些G的产品拿给H，以使H为他工作。通过一系列的主要属于间接性质的关系，一个工人总能对全体工人施展我们所述的控制力量。

这里必须注意的是：对提供这一系列关系的人起作用的势力的性质。这些势力是心理的势力。A替B效劳，对B来说，就成为一种动机。我们应当密切注意这个动机的性质，A的产品里面，有一些东西对B说来是最后效用。A所生产的物品，其中有一个要素是B所消耗的财富中最后和最不重要的单位的一部分。可是，虽然这样，这个最后的消费，对B是十分重要的，它使B愿意在一天的最后的（也就是最疲倦的）时间里做工。前面已经说过，和付出最大代价的工作相抵消的是最不重要的消费。当B的产品先传到A的手而后又转入G的手时，这个产品存在着对G说来是最后效用的要素，因而使G进行工作。这种工作抵消和衡量G所得的利益。通过一系列的关系（其中每一环都是由一个人的主观经验所造成的），社会的第一个人和其余的人完全发生了接触并影响他们。A给B一个边际的需要，而从B得到一个边际的代价。A把B的产品给G时，上述互相抵消的现象又产生了，并且结果也是一样。

我们注意这些事实，因为这样可以免除使用劳动来衡量价值所造成的一个巨大困难。如果我们说，一件商品的价值，等于用以生产这个商品的“平均质量”的劳动的数量，我们就必须找出一个方法来平均各种的劳动。平均的方法，只有利用各种劳动的产品的价值。可是，这使我们又要用平均的劳动来衡量这些价值，这样我们就陷于循环论之中。但实际上一件商品的价值，是由这件商品所提供的社会效用所决定的。通过上述的一系列的纯粹主观关系的作用，整个社会都可以得到它的利益。在每个关系中，一个人一方面得到了边际的享受，一方面付出了边际的代价。结果，整个社会付出了一个边际代价，而这个边际代价便衡量这种商品的价值。生产商品的个别劳动，在经济上是等于它所吸引的和衡量它们价值的社会劳动，所以，生产一个商品的个别劳动等于和表示这个商品的价值。但一件商品的价值，不是来自生产这件商品的劳动，而是从这件商品的社会效用得来的。生产商品的劳动的价值是派生的，是从劳动的产品和这项产品所有的社会效果所产生的。

前几章中所举的静态的定义，并不是由上述的劳动单位的定义所决定的。如果劳动和资本能够在各个不同团体之间自由地流转，即使它们由于缺乏动机而　　（待续）

（续前页） 实际上没有这样做，社会还可以说是静态的。它们没有移动，不过是意味着工人没有变更职业，新工人加入任何团体，只是补充退休工人的缺额。我们不需要使用可以衡量个别工人的工作的科学单位，来衡量这些工人。一个正在选择职业的青年，他所包含的劳动单位，可能很多，也可能很少。但静态社会的本质是：只要他能胜任，从事这个职业，或是那个职业，他是同样愿意的。假定在叙述静态社会时，我们说到劳动单位，这句话的意思，就是指生产物品的力量。一个人在沟中工作时，如果一天所掘的土，达到平均的数量，那么他大体上可以说体现了一个单位的劳动。当他是在织布厂工作时，如果他所织的布，能够达到普通工人的水平，那么他同样也可以说体现了一个单位的劳动。这一种衡量，并不使用价值和价值单位。

但是，现在在解释静态的时候，可以使用真正的劳动单位，不过这样做又给静态提供了一个新的定义。一个工人的潜在的劳动力量，可以用当一切劳动和资本都按常态（或静态）分配到各团体时，他所能吸引的社会劳动来衡量。如果生产因素分配得不恰当，它们一定生产出不同的数量，并且几乎总是比在静态情况下所生产的来得少。在这种情况下，一个人实际上所做的工作、所体现的劳动单位总比他的潜在劳动单位少。所以，静态可以看做是这样的情况：每个人的实际工作按照科学的单位来衡量，是相当于他的潜在工作能力的。

每种商品的产量中，总有一部分是由资本生产出来的，因此也就是所谓节约的代价。由于节约而付出的个人的代价，也可以用劳动所付出的代价来衡量。关于这一点，登在1890年1月的经济季刊中的季丁斯教授（Prof. F. H. Giddings）的一篇文章，很值得一读。但是，创造一些的资本既然可以获得一个永久的收入，那么由于节约所产生的社会劳动当然也是永久性的，例如我现在节省一千元，我就有一些服务社会的力量，同时从社会得到永远不断的报酬。但用现在社会劳动的代价来衡量的节约的代价，和五十年后用那时的社会劳动来衡量的资本的收入的价值，这两者的关系是不可能预测的。但是这一点我们不打算仔细讨论，因为恐怕费时过多。

第二十五章　动态社会中的静态标准

本书的范围，如果严格地绝对限于讲述静态的社会经济，那么到这里就应当结束，因为再讨论下去就会涉及动态经济的领域。我们已经知道，政治经济学专门讨论静态社会经济的第二个自然分部，包括了由于交换所引起的各种现象，就是由于社会作为一个生产有机体来生产财富中所产生的现象。但是，这个分部并不包括任何由于社会的不断进化而引起的现象。在叙述由于使用有组织的方法创造财富而产生的各种分配方面，我们所要说的都已经说完了，并且没有超出第二分部的范围。对于分配的静态规律，我们已经做了全面的讲述。关于这些规律在没有根本的变动以及在没有这种变动所引起的阻力和骚乱时怎样发生作用的问题，我们都已经说过了①。

这是静态社会的产业情况——不是死沉沉的社会，而是生气勃勃的人类社会。它生产财富，消耗财富，但所生产的和所消费的财富的种类以及它的数量，都固定不变。它的生产方法和工具也不变，生产中所用的劳动和资本的数量与性质也不变。这个社会

① 现有的计划如能实现，分配的动态规律将在随后出版的一本书里加以叙述；如果那本书现在可以出版，本书就到这里结束。

在活动着、生活着，但活动的形式始终不变。为了进行生产，这个社会组成了团体和小团体，但是各个团体规模的大小都不变动。劳动和资本在各个团体中没有移动，这是静态情况很明显的表面特点。

按照李嘉图的定义，在这种情形下的价值是自然的，因为一切商品的售价都等于生产成本，而没有一个企业家能得到利润。此外，一个商品无论在哪一个工厂制造它的成本都是一样的。在同样的意义上，工资和利息也是自然的，因为不论在什么地方，工人所得的等于自己的产品，资本家所得的等于资本本身的产品。不但如此，在整个团体和小团体中，每个单位劳动的生产量都是一样的，因此工人如果由这个团体移到那个团体，结果不能得到任何利益。资本的生产力，到处也是一样的。如果把静态势力孤立起来（就是使社会绝对不受到变动和扰乱的影响），那么社会的状况就是这样的。

上述的状况当然完全是想象的。静态的社会是完全不可能存在的，因为使人类聚集在一起的势力，具有改变社会面貌的作用。事实上，社会的组织是日益发达的，日益进步的。正是由于这种社会的进步，才使人们走到这种社会还能过得去，还有着令人兴奋的前途。

我们起初已经说过，社会中有五个不断变化的现象：人口不断增加着，资本不断增加着，生产方法不断变更着，劳动和资本的生产组织形式不断改变着，人类的欲望不断增长和提高着。这些变化的发生，都是由于完全正常的原因。这些变化的同时进行，也完全是合于自然的。由此可见，不变的社会是不自然的，因为它与自然所要求的社会，没有什么共同之处。

价值也是永远变化的，而这种变化也符合于正常趋势。同样的，工资越来越高，利息越来越低，这样变化也是自然的。某一个小团体或其中的某一个工厂的利润是不断出现并且逐渐消失的，这种情况也完全合于自然的规律。广义地说，凡搅乱社会静态的，都是自然的，因为这是符合社会的规律，并且是由于人类和人类环境固有的势力所产生的。但是狭义地说，我们把静态的价值、工资和利息叫做自然的标准，这样说法是正确的。

事实上，叙述纯粹静态的情况，就等于叙述实际的情况。所谓理想的静态，只是把实际社会的某些情况略去不讲，因为它只讲到在实际的动态社会起作用的一部分主要势力。上面所说的那些引起团体的调整的势力，以及调整的一切情形，都不是想象的，而是完全真实的。在动态势力所产生的最猛烈的扰乱中，这些势力总是不断地发生作用。我们曾经以海为例，指出，平静的、没有波涛的海完全是想象的，因为世界上就没有这样的海。可是即使在波涛最大的海中，每时每刻都是由那些在不受其他力量干扰的情况下一定能把海水变为静态的势力所控制。使海平静下来的是重力、流动力和压力，而不是其他。尽管有了风浪的扰乱，这些力量仍然是主要的势力。海不改变它的位置，海的深度也不大改变。就它的广大的面积看来，海面仅仅只有一些细微的凹凸不平。如果我们只是皮毛地观察海水，那么，就会认为只要静态的原理就能说明海水了，并且会把波浪和潮水看做是由干扰的势力所引起的小变动。

可是，这种看法永远是不能解决问题的。即使是一个保持着

接近于静态形式的物体，我们也不能不估计到它的变化。如果社会科学不研究进化，也是不能令人满意的，因为变化是非常重要的事实。可是，要明了引起变化的势力，就必需先懂得静止的势力。如果不知道流动力和压力的作用，就不能了解风力对于海的作用。如果不懂得仅仅是竞争会使社会变成什么样子，就不能了解动态的变化的作用。

上面所说的静态的情形，就是社会在竞争的影响下每时每刻所趋向的情形。因此，我们应该把团体和小团体的静态制度，看做一种理想的安排，这个安排是从实际社会不稳定的、变化着的团体制度中产生出的，正如想象的平静的海面是从澎湃的波浪中产生出来的一样。我们首先应该知道，静态社会究竟是怎样的。静态社会并不是和实际社会无关的畸形的社会；它是实际社会中的一个形式，实际社会中的一种活动的方式。我们要知道静态社会的实际情况，至少应该概括地叙述在它内部所进行的变化，以及静态势力和这些变化的关系。因为只有明了这些势力实际上是在活动着，人们才不能斥责我们的科学是纯粹的理论。我们所应该知道的是静态的规律在动态的情形下发生作用的情况。在激烈的变动中，价值、工资和利息标准（按照李嘉图的定义，这些标准是自然的）怎样发生作用呢？如果我们要知道静态理论的重要性，就必须了解这一点。

上面所说的五种动态的变化中，每一种变化都使静态的安排产生变动：经过任何一种变化后，静态的规律又发生作用进行新的部署。在现实社会里，这种重新的部署，常常不能在一个新的变化到来以前完成。所以社会的实际状态，总是和静态势力所单独促成的状态不同。只要有一种不断的变化，就能使价值、工资和利息永远离开静态的价值、工资和利息。可是世界上有着五种典型的变化，这些变化不断地同时出现：人口不断增长着，资本不断增加着，生产方法不断改良着，产业不断地集中着，人们的欲望不断增长着。

有了静态的理论，我们可以开始研究动态的情形了。第一个步骤是对每种变化分别加以研究，从而了解下列两点：（一）它怎样使实际的价值、工资和利息，离开静态的标准。（二）怎样使标准本身也发生变化。至于这些变化同时发生时的情形是怎样的，要留给动态的理论来叙述。为要达到这个目的，我们必需确定这五种不同的、进行不息的社会变化，会产生怎样的总结果。显然，这些变化有两个总结果：第一，价值、工资和利息变成和静态的标准不同。第二，静态标准的本身不断地变动着。这些变化的趋向和速度就是动态理论最终所要说明的问题。

因此，我们的研究应该说出（很概括地而不是详细地说出）这五种变化中每一种变化所产生的结果。应该指出每种变化怎样搅乱了社会的静态情形，会引起哪一种变动。它还应该同样概括地说明这五种变化同时发生时对社会有怎样的影响。事实上，就团体的安排来说，这些变化的影响，大部分是互相抵消的，并且使社会的实际形式，比这些势力分别起作用时所产生的形式，更接近于理论上的静态形式。价值、工资和利息也是接近于在只有竞争势力起作用的情况下所可能有的价值、工资和利息。如果只有几个扰乱势力同时起作用，就不能这样接近了。

我们所要说明的，不仅仅是那些离开静态标准的变化，因为这

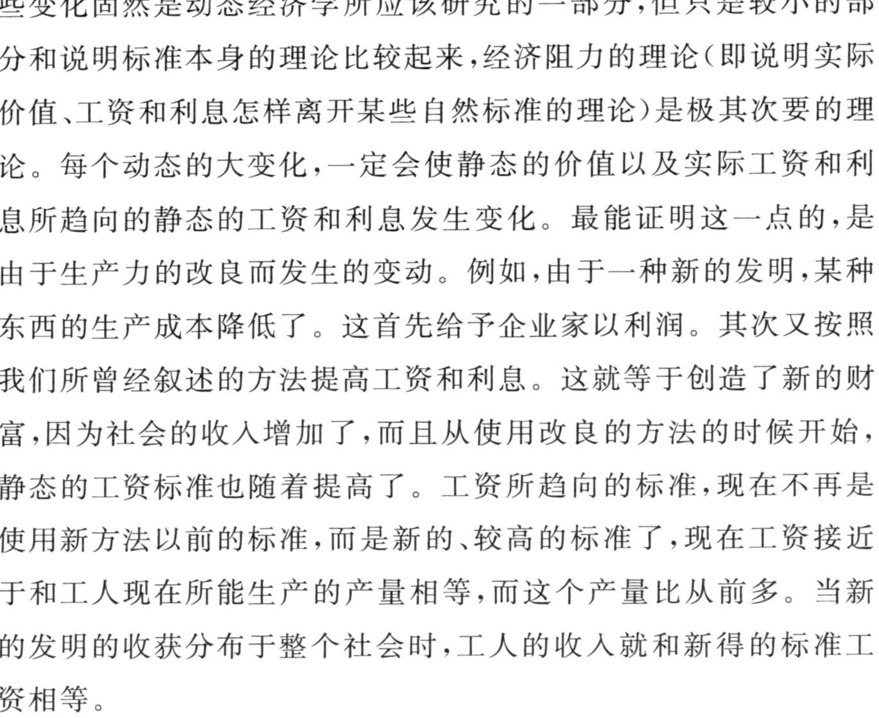

些变化固然是动态经济学所应该研究的一部分，但只是较小的部分和说明标准本身的理论比较起来，经济阻力的理论（即说明实际价值、工资和利息怎样离开某些自然标准的理论）是极其次要的理论。每个动态的大变化，一定会使静态的价值以及实际工资和利息所趋向的静态的工资和利息发生变化。最能证明这一点的，是由于生产力的改良而发生的变动。例如，由于一种新的发明，某种东西的生产成本降低了。这首先给予企业家以利润。其次又按照我们所曾经叙述的方法提高工资和利息。这就等于创造了新的财富，因为社会的收入增加了，而且从使用改良的方法的时候开始，静态的工资标准也随着提高了。工资所趋向的标准，现在不再是使用新方法以前的标准，而是新的、较高的标准了，现在工资接近于和工人现在所能生产的产量相等，而这个产量比从前多。当新的发明的收获分布于整个社会时，工人的收入就和新得的标准工资相等。

假定又有一个节省生产费用的发明。这个发明也产生利润，这种利润和前面一个利润一样，也是不能经常保持的，企业家只能暂时占有它，而不能长久保持它，同前一个收入一样，过了一些时候，这个收入也必然离开企业家的手，而分布到社会的全体成员中去。所以，在应用第二个发明时，便又发生一个新的和更高的工资标准，实际工资将一直随着这个标准上升，直到赶上这个标准为止，而在还没有赶上以前，一个更新的和更高的标准又摆在它的面前了。

如果改进生产方法的每个发明之间相隔的时间，足够使每个改良的效果完全分布于整个社会，那么结果就简单了。每一个时候必然有一个静态的工资标准，而由于竞争的影响，使工人的实际报酬也必然符合于这个标准。接着，出现一个较高的静态标准，而在后面一个发明未出现的间隔时期中，工资逐渐地趋向于这个水平。再后，由于又一个新的发明，于是又出现一个更高的工资标准，实际工资又趋向于这个标准，并终于赶上这个标准。总之，工资的标准是一个一个相继的，而且后一个总比前一个较高。实际工资也越来越高，赶上一个标准又一个标准。每隔很久的时间，就会出现实际工资和静态标准相符的现象，但这只是暂时的现象。

如果生产方法的改良不是每隔若干时间发生一次，而是连续不断地出现，就是说，每个改良紧密相连，第二个改良发生时，第一个改良的成果才开始影响工资，那么，工资标准必然不断上涨，而实际工资也不断地随着增高，但是总要比标准落后一些。

上述过程说明了产业的实际情形。实际上改良的出现是极其迅速的，一个紧接着一个。在社会的各个团体和小团体中都发生改良，而每一个改良都对工资的提高有所影响。按照竞争的规律，实际工资受到改良的影响，会随着上升的标准而增长，但实际工资总赶不上标准。没有任何时刻，实际工资等于最新改良的全部效果达到最终形式（即达到工人和资本家新增的收入的形式）时所应有的工资。每一个时刻，都有一个静态的标准（这是很重要的一点），就是由上述原则所说明的标准。一个最活跃的和最有变动的社会，或者说最有积极性的社会，是处在最激烈的变化中。但是，无论哪一天，我们都可以说，这个社会是受静态规律的支配，静态规律为工人建立一个高于实际工资的工资标准，虽然要经过一段时间，实际工资才能赶上这个标准，而在这一段时间以内，只能由动态规律来说明。这个社会所以受静态规律的支配，是由于这时候的工资标准是等于一切动态的变化停止下来，并且把变化所得的结果转化为增加的工资和增加的利息时所应有的实际工资。动态经济学研究目前实际工资与静态标准不同的原因，以及使实际工资和目前的正常标准相等所必须经过的时间。动态经济学还研究工资标准上升的速度和实际工资赶上这个标准的速度，以及利息标准的下降速度和实际利息赶上这个标准的速度。

前面用海为例说明产业界的静态和动态的情况。这个例子现在仍然适用。即使在波浪汹涌的海上，也有一个理想的平静的海面，如果海面上风平浪静，那么海面的平坦，就和上述理想的海面一样。这个情形，和在社会的动态变化停止下来并让竞争发挥作用把利润分散给整个社会而使一般收入成为正常的情况下所发生的情形一样。但是，如果有一个势力不断地提高静止的海面，以致明天平静的海面比今天平静的海面高些，这种情况和产业界的情况相似。

不断发生的改良，使社会的全体收入得到提高。它们固然搅乱了当前的静态安排(在这点上正像掀起波浪的狂风一样)，但它们的作用不仅仅是这样，因为它们使海面的高度得到提高(包括波浪等等)。关于这一点，也可举海为例。假定把许多水像山一般地堆在海面的某个地方，然后又让它奔流而下，把一圈圈的巨浪推向四周，直到海的最外围。这当然会引起动荡，因为它使静态规律所造成平静的海面变成波涛澎湃的状态。但是，它也在海中增加了新的水，到海面恢复平坦时，海的水平线就比以前高一些。这些山一般地堆在海上的水，说明了在静态规律单独处理一个生产改良的成果时所发生的情形。生产的改良对社会所增加的财富，就像增加到海中的水一样，因为这个改良使人们的实际收入和理论的标准有所不同，并且也提高了理论的标准。海面上波浪的起伏，就像每隔很久才相继出现的产业改良。每个波浪一定会扰乱原有的海面，并且产生一个比从前较高的新的海面。

现在假定波浪流得很快，一波既平，一波又起。又假定这些海水奔流四散，向外推送一圈圈的波浪，到处互相交错。每时每刻，这些水都趋向于一个静态的水平，但是不能在两个相连的时间中趋向于一个相同的水平，因为这些海水是追随一个不断上升的理想的水平。这就是社会的实际状况——工资的运动总是围绕着一个静态标准而不断地上升，但是不能在两个相连的时间内围绕着一个相同的标准。

这些变化和它的结果，完全是动态经济学所讨论的问题。静态经济学在一个时间内只承认一个自然的工资标准，但在实际的动态社会中起作用的静态规律，从来不能在不同的时间内提供相同的标准，它所提供的是许多不同的静态标准。由于动态势力的作用，今天产生一个静态标准，明天产生另一个较高的标准，后天又产生一个更高的标准。以上就是静态规律在实际社会中起作用的基本事实。

动态经济学讨论原始状态的利润，就是由产业的改良所产生的，其中有一部分属于企业家的利润，而静态经济学却是讨论这些利润后来的和永久的形式，就是变成为工资和利息形式的利润。我们从动态经济学中可以知道有的雇主怎样变成富翁，而从静态经济学中可以知道工人怎样得到生产改良的利益。应该注意，利润当作是增加了的工资和利息时，比原来作为企业家的收入的形式时来得大，因为利润离开雇主的手以后，就渐渐增大。而当利润分散到整个社会时，它的总数变得更大了。所以把利润最后分给工人和资本家的竞争规律，所给予工人和资本家的利润的数目，比给予企业家的数目来得大。当劳动和资本在各个团体之间分摊得完全恰当的时候（也就是劳动和资本不断移入能够获得利润的团体，直到利润完全消失，而全部社会的收入却被工资和利息所吸收的时候），产业的总产量就达到最高峰。

实际工资与静态标准的不同，是由于阻力的影响。因为在自由竞争的情况下，纯粹的商业利润一产生出来就被消灭了，企业家永远不能保有任何收入。所谓商业利润的消灭，就是把利润变成另一种形式的收入，并且使利润在这个转变过程中变为更大。动态的理论，应该说明一切使企业家获得利润的阻力，而静态的规律则决定在完全克服这阻力以后工资应当怎样，以及当阻力消灭时工资应当怎样。

动态的理论说明实际工资和静态标准的不同，以及它和工资的上升率的因果关系。如果没有这个不同，无论企业家对社会生产力有多少贡献，他将一无所得。这样，就没有动力去鼓励企业家进行改良。很明显的，所有困难的和代价较大的改良将会绝迹。利润是改良的动机，而改良又是工资增大的永久的泉源。使产业进步的动机，必须足以促使人类去克服阻碍和冒险。在某一个时候实际工资所趋向的标准不同，可以衡量改良者将得到多少报酬去从事改良。由于工人今天还没有得到昨天所实现的生产改良的成果，雇主才能得到收入。由于雇主们暂时能够得到收入，他们才使工资能够不断地提高。

动态的理论，应该说明工资与静态标准要有多大的距离，才能保证最大的进步，就是要说明企业家要得到多大的利润才愿意尽他的能力来维持工资的上涨。这个问题和其他动态的问题一样，是很复杂的问题。但是说明无论利润多大，劳动最后一定得到它的最大部分的静态理论，却是很简单的。领导产业的大富翁今天所得到的大笔金钱，在静态的规律下，最终要增加到工资和利息方面来，并且主要是增加到工资方面来。不错，在这些利润并到工资和利息方面来以后，产业界的巨头又有新的利润来源，因此他们总是有利润收入的。但是任何利润来源都不能长久保存，因为，我们如果能够辨别出今天的利润，那么静态规律就占有这部分利润，并且明天把它移给工人和工具所有者（大部分是移给工人）。因此，动态势力说明了明天即将归于静态势力支配的今天的收入。

各种标准变化的速度，是属于分配论的下半部的主题。速度变动的方向、阻力、距离等等，——这些都是动态理论所必须讨论的，其中没有一个与静态理论有关。可是静态理论讨论近的目标。静态理论说明如果变化停止下来，工资会发生怎样的变化。所以静态势力在各种形式的社会变化中有极大的重要性。我们这里仅仅选出一种的典型动态变化（就是生产方法的改变）进行研究。我们考察生产方法的改变如何影响作为分配的各个部分之一的工资。但四种动态变化的任何一种，同样也改变社会，改变价值、工资和利息。

很明显的，静态规律在动态状况下仍然能够完全起作用。静态规律的效能，并不受新发明、新组织以及人口增加等等任何的影响。现在以人口的增加为例,人口无论怎样增加,绝不能使每个团体和小团体不经过任何调整而自然地得到正常数量的新工人。工人的增加,多少总是限于局部性的。一个地方多一些,一个地方少一些。在人口最密的地方,产业系统中的各小团体所有的工人,绝不能恰好适合于需要。如果新工人纷纷流入纺织业中,纺织业所得的新工人就超过其应得的份额。

在这些情形下,局部的过剩人口一定要迁散到别的地方去。一切产业既然都使用土地,某个地方人口过剩,虽然这里不是以农业为主,但也可以说这里的土地是过度拥挤的。现在,前几章中所说的永久静态规律之一,要求在各个小团体中重新分配土地。实际上,这种重新分配的结果,就是劳动和资本分散到可以由它们自由处置的大片地区去。我们已经知道,只有土地和劳动资本构成一定的组合,地租才能达到最高峰,并且每块土地还必须有一定的正常份额的其他生产因素和它相结合。但是,如果某些地方人口聚集过多,这种情形就不可能达到。因此,静态规律必须把这个地方的过剩人口分散开来。使这些过剩人口进行移动的势力之一,就是这些人口必须分散到各个团体和各个小团体中去的趋势。因为在人口拥挤的区域,团体和小团体中人口分配不平均,为了使它平均,工人一定要移动。一定数量的工人应当属于鞋业的,另一些数量的工人应当属于铁业的,等等。在静态规律下,每一个职业都有权利要求拥有一部分新的工人,而通过上述分散的办法,它会得到这部分工人。土地过分拥挤是另一个势力,它的作用也和上述势力一样。

如果人口突然流入,而不久就停止流入,那么就必然有一个时

候，价值、工资和利息完全变成不自然，就是说完全离开了静态的标准。接着，它们又逐渐趋向于这些标准，最后又赶上标准。只要任何一个团体中发现工人过多，价值就不能符合静态意义上的自然状态。并且，如果各个团体的情形不均衡，所生产的总财富，一定比较所应该生产的来得少，工资和利息也不能达到静态的最高峰。所以，使新的工人平均地分配到各个小团体中去的势力，可以使有些价值提高，有些价值降低，因而对价值进行了调整。其次，这种势力还使劳动和资本扩大它的总产量，从而不断地提高工资和利息。

如果人口呈现第二次的增加（也属于局部的性质），那么，上述的扰乱和调整将再一次出现。如果人口不断增加，单就它的影响来说，一定会使价值、工资和利息首先离开静态的标准，接着又逐渐趋向于这些标准，最后又离开标准。

如果人口的增加是连续的而不是间断的，那么，正常的标准一定和实际的情形永远有所差异。有的团体和小团体可以说是新工人的接收站，他们一方面接收新工人，一方面把他们分配到其他团体去，以后这些新工人就永远留在那里。接收站必然是非常拥挤的，虽然有时一接收到新工人就立刻分配出去，但是拥挤的影响总是长期存在的。这个动态势力（即人口的增加）使工人首先进入的团体和小团体产品的价值，变为非常低（所谓非常，就是指低于静态状况下所决定的价值）。同时这个势力，在同样的意义上，还使其他商品的价值变为非常高。

上面所说的工人增加的情况，同样可以应用于资本的增加。我们简直可以把“工人”两个字改为“资本”就可以用上述的情况说明资本增加的情况了。资本的增加,开始时一定是带有地方性的。各个小团体或各个地方的资本,开始时绝不能正如静态规律最后所安排的比例而增加。因此资本一定要移动。土地和辅助资本一定要按照地租的规律重新组织、结合。要等到静态规律已经在这些方面发挥作用以后,价值才成为自然。在这时候,作为新资本的接收站的小团体,它的产品必然而且必须用较低的价格出售。

资本间断的增加,可以使价值变为不正常,然后又变为正常,然后再变为不正常。但资本不断的增加,一定会使价值在一定程度内永远有些不正常(就狭义来说),因为它一定会使价值总是和静态标准有所差异。更精确些说,价值与静态标准的不同,是很自然的事,因为资本的不断的增加,资本的增加多少带有地方性,这些都是完全符合自然的。在动态社会中的价值是和自然相符合的,更确切些说,这个价值就是和静态标准有一个自然的距离的价值。局部的资本的增加和局部的工人的增加一样,使一般的工资和利息比静态标准降低了一些。如果实际工资和利息,与标准之间的距离是正常的,这些较低的实际工资和利息就也可以说是自然的了。

现在让我们把这些原则应用到上述第三种动态变化(就是由于发明或生产方法的改良所产生的变化)方面。这个变化对于价值的影响,不像人口或资本的增加的影响那样稳定。发明的出现有时是在这一方面,有时是在那一方面。它起初降低一种物品的价格,然后又降低另一种物品的价格。自从节省劳动力的机器开始生产某一种商品的时候起,这种商品以及一切其他商品就有一个新的静态价值的标准。等到这机器发挥它的最大效能以后,它所生产的商品便源源不断地送到市场，于是价格更低落了。这个很低的价格一开始就成为静态的或自然的价格。实际价格起初比这个价格高，但是后来渐渐地趋向这个标准。

如果发明只在一个团体内出现，而这种出现是间断的，那么，这个团体所生产的物品的标准价值，开始时一定突然下跌，然后就稳定一段时间，再后由于第二个的发明的出现又重新下跌。如果这个标准能够继续稳定很久，那么实际价值可能也跌到与它相等的水平，并且在一个时间内停留于这个水平。静态价值下降了一段时间，接着又稳定下来，实际价值渐渐下跌，但有时又赶上下跌中的标准，这就是在突然出现新发明的情况下产业的情况。

如果只有一个产业不断地改良，而其他产业却没有改良，那么，这个产业的产品的实际价值，一定永远追随一个不断下跌的价值标准。这两个价值都是下跌的，但其中有一个距离。如果这个距离是正常的，实际价值就可以说是自然的，就是符合于自然。动态的价值标准总是时常变化的。如果实际价值也向同一的方向变动，并且是在这个标准后面和它维持适当的距离，那么这个实际价值就是合于静态规律所要求的价值。当只有一个商品的价值是这样地下跌时，其他商品的价值就都是上升的。一切没有发明节省劳动的改良的团体，它的价值总是上升的，并且总是趋向于在它前面的不断上升的标准。如果生产改良完全限于前表的团体 A‴以内，那么 B‴，C‴和 D‴的价值，任何时候总不能达到在 A‴产量变大时那么高。静态规律一定会使 A‴的生产量增大。A‴小团体内不断发明节省劳动力的改良，一定会使 A‴的实际价值趋向于一个不断下降的标准，并且使 B‴，C‴和 D‴的价值趋向于不断上升的标准，但总赶不上这些标准。

如果一个新的愿望要一个完全新的产品来满足，这对于团体组织就有很大的扰乱作用。这样就需要增设一个新的生产团体，并要到旧的团体去吸取劳动和资本。但消费者的欲望的变换，所需要的大体上是已有的产品质量上的改进，而不是完全新的产品。这种的变化，对于价值、工资和利息都有影响。每产生一个新的欲望，各种价值就需要进行新的调整，而随着价值的调整，工资和利息也必须调整。如果新的欲望接连不断地产生，价值、工资和利息的标准，一定不断地变动。实际市场由于需要不断努力来适应各种变化的要求，也一定不停地变动。一般地说，新的欲望的产生，将使满足旧欲望的商品的价值降低。

就劳动和资本在产业系统中的各部分的分配来说，动态的势力大部分是互相抵消的。各个动态势力合在一起使价值、工资和利息比较接近静态的标准。这一点是关于动态势力的一个基本事实。动态势力使价值不断变化，工资不断地上升，利息不断地下降。此外还使实际工资和利息比没有这么多的动态势力和动态势力不这样活跃时更接近于理论上的静态标准。因此，在实际社会中，静态规律要依靠动态势力才能发生准确的作用。例如，一种有黏性的液体，它的表面是不容易平坦的。但是如果在各方面加以搅动，反而更容易平坦了。又如，一斗的麦平放在地上时，表面往往凹凸不平，如果加以摇动，就可以使它变成平坦。同样，静态规律一定要遭到阻力，这些阻力使实际价值、工资和利息不能很快地和理论的标准相符，但是搅乱的结果有助于克服阻力。因为各个动态运动彼此互相抵消，就使标准的本身很少变化。

如果工人的增加只限于一个地方，比如说只限于前表中的A团体，那么一定会发生很大的扰乱作用，使价值、工资、利息和静态标准有很大不同。但是，事实上B，C，D等团体以及它们所附属小团体的工人也都有增加。因此，工人只要稍为加以调整，因为新的工人可以很容易地到静态规律所要安插他们的地方去。如果人口普遍地增加而资本没有增加，一般工资就必然不断地下降，而利息却不断地上升。但是，事实上资本也在增加着，并且比人口增加得更快，这就抵消了人口增加所引起的对工资的不利影响。是的，新的资本过剩，必然引起工资和利息的扰乱，因为影响分配的唯一原因，就是一个经济因素比另一个经济因素增加得快。由于两个因素的增加有所不同而引起的变动，比只有一个因素增加所引起的变动，要小得多。

如果生产的改良只限于一个团体或小团体，那么结果一定很纷乱。但是，改良都是不断地普及到一切小团体中去的。如果只有A‴的产量不断增多，那么A‴的相对价值一定永远下跌，工资和利息也一定不断调整。但是，由于B，C，D，也有改良，因此，所必须进行的价值调整并不大。虽然时常改良，工资就会较快地上升，但是经常地、普遍地改良，工资反而比局部的改良更接近于静态标准。显然，如果A‴，B‴，C‴以及H‴等的产量都不断增加，那么工人和资本就不需要像在只有一个产量增加而其余都没有增加时，那么需要移动了。因此，广泛的生产改良，使社会更接近于静态规律所要求的形式。

同样的概念，也适用于消费方面的变化。如果新的欲望又多又复杂，那么工人的移动与价值的变化一定比只有一种新的欲望出现时少得多。如果社会忽然只制造和使用一种完全新的物品，那么资本和劳动就必须迅速地从一个地方向另一个地方移动。但是，由于欲望是不断增长的，商品的质量是不断改进的，资本和劳动便不必这样激烈地移动。劳动和资本仍旧可以留在原来的工厂里，不过必须制造品质更好的物品。

新的欲望的增长，就是这样地抵消产量增加的一切影响。如果没有新的欲望来为工厂的产品开辟新的市场，消费品就会充满市场，找不到销路。固然，要求空前未有的物品的欲望，有时会出现，但要求改良和要求提高已有消费品的质量，却是永恒的事实，而这个事实便开辟了非常普遍的市场。人类所用的物品，几乎都是可以改进的，并且生产改良了的物品，一般都可以由原来的生产者来进行。

因此，我们可以得到这样的结论：由于欲望越来越多，要求越来越高，整个产业系统就会用它所有的生产能力进行生产，来扩大一切团体的产量，但主要是提高产品的质量，而不是增加产品的数量。这样并不会使产业系统发生能够引起重大损失的移动，也不会引起产品过剩。

欲望越来越多，要求越来越高（换句话说，就是消费的动态）提供了必要的、有伸缩性的市场。如果这个变化是仅仅和生产的动态同时产生，那么便可以避免许多恶果，而经济界大体上也可以稳步地提高生产。但是由于动态变动不是完全稳定的、均衡的和彼此互相补偿的，所以在团体之间呈现了不规则的劳动和资本的移动。可是，在另一方面也可以看到比较规则的劳动和资本的流动。这些因素经常是向一定的方向移动的。例如，人口的增加，通常使劳动和资本不断移入小团体系统的基层部分。单由人口增加的影响，矿业各小团体的人力和设备，将会有不相称的增加，因为这些小团体所生产的是我们所谓原始效用。人口增多就需要更多的粮食和原料，为了获取这两者而进行的工作，就会显露出报酬递减规律的作用。此外，还需要全人口中越来越大的部分来养活全部人口。这样，工资一定会降低，这一点我们早就知道了。工资的降低就意味着工人不得不接受较粗劣的、较便宜的物品作为报酬。在产业的一般产品中，形式的效用将处于不重要的地位，原始效用却在社会的消费上占主要的地位。并且，生产原始效用的既是最基层的小团体，因此劳动和资本必然移到这些团体来。

但是资本的增加，抵消了这个影响。资本的增加虽然使利息减低，但却使利息的总数增大了，因此也使过着豪华富贵的生活的阶级成员增加收入。这件事情本身，足以增加形式效用的需求，因为它会促使商品质量的改进大于数量的增多。但资本的增加也提高了工资，这意味着工人的消费品在质量上的改善。生产形式效用的既然是上层的各小团体，所以单就资本的增加来说，它必然影响劳动和资本由基层的小团体向上层的小团体移动。

如果生产方法的改良，或新的生产力的获得，只能节省劳动，那么它一定会使劳动和资本向基层的小团体移动，即由 A‴移到 A，由 B‴移到 B 等等。这是因为实行改良的是上层小团体而不是下层小团体。在短期内，农业机器的发明和应用非常迅速，但是除非化学工业以显著的方法来帮助农业，否则产业的其他部门可能改良得比农业更大。机器的效能如果仅仅是在于使用机器的产业可以节省一些人力，那么由于发明的进展，就会使工人集中于劳动力节省得较慢和较少的产业中。

机械改良的全面的结果可以叙述如下：首先假定没有新的产品，而从前的产品也不增多。不管发明是多么快，A‴，B‴，C‴等等物品的产量都照旧没有增减。现在，机器和生产方法完全改进了，但都是集中在各列的上层小团体中。如果A‴，A″，B‴，B″等等团体原有的工人仍然全部留着不动，他们每天一定只有短时间的工作。在这种情形下，他们的收入必然减少。但A的工人的收入必然比他们的收入多得多，于是竞争的结果一定会使A‴和A″的一部分工人向A移动。这会使上下层各个小团体的工人的生产力全部趋于一致。最后的结果是每个产业的工作日一定都会减短。

现在，假定改良方法的作用，不在于节省劳动，而在于增多产品。那么结果便和上述相反了。A‴和A″团体的工人，可能仍旧留在原地，而继续发挥它的新的生产力。但生产的扩大是指商品质量的提高，不是数量的增多。生产原料的A团体需要较小的生产力，改造原料的A′，A″和A‴等团体需要较大的生产力。总之，在社会的消费中，形式效用占了较大的数量，原始效用只占较小的数量。

事实上，在生产最粗糙的物品的基层小团体中，有一些生产方法的改良。这便使工人移入生产较精巧的效用的小团体中去。这是由于粗糙原料的需求，比较固定，缺乏伸缩性，而形式效用的需求则有很大的伸缩性。我们比较奢侈的生活是表现在我们在制造商品上所费的精力，而不是表现在商品数量的增加，结果我们对于原料消费的增加不及对于较精巧形式的物品的消费增加那么快。因此大体上劳动和资本是不断向上层小团体移动的，因为只有这样，新的力量才有发挥作用的余地。

在这些方面，组织的影响，也和生产方法的改良相似。事实上，组织往往是出现在上层的小团体，很少出现在最基层的小团体。在农业方面没有大规模的合并。如果组织的作用仅仅在于节省劳动，而不增大生产，结果一定会使劳动和资本集中于农矿业方面，因为各工厂解雇的工人不得不去从事耕植及其他类似的职业。但是由于组织所起的作用以及它使物品生产的增多，就会导致生产品质较好的物品，并且使生产因素不断地向上层小团体移动。

在讨论产业方法和组织这两个使产品增加的大势力时，我们实际上已经提出了我们所说的五大动态变化的最后的一个（即欲望的提高）。因为形式效用的需求层出不穷，而基本效用的需求比较固定，所以各种变动的结果使劳动和资本不断地向上层小团体移动。此外，有的大团体所生产的物品，无论在质量上怎样改善，它所满足的需求总不及其他物品那样有伸缩性。劳动和资本不断地从基层小团体向上层小团体移动时，它们同时也从满足比较固定的需求的小团体向满足较有伸缩性的需求的小团体移动。

这些不断的流水似的变动，本身没有扰乱和破坏的作用，并且不至于使工人受苦，或者使资本遭到浪费。使工人受苦或使资本遭到浪费的是不规则的变动。只要产业系统中有一个地方实现节省劳动的措施，便会使工人的位置发生移动。通常 A‴，B‴，C‴等等并不同时创作和应用新的发明，但是除非它们同时创作和应用新的发明，工人就不在小团体中移来移去。一般说来，一个有效能的机器多少总会节省一点劳动。如果 A‴用了新的机器，A‴的出产量一定会增大。但市场对于这个增大的产量所吸收的部分，不够使原来的工人全部都留在 A‴团体内工作。但是这会引起别的地方需要这些工人，所以从整个产业界来看，绝不能说机器排挤了工人。A‴所采用的发明并不代替各个小团体中的工人，A‴，B‴和 C‴所用的工人的总数，可能仍像过去那么多。但 A‴所用的机器使 B‴和 C‴需要较多的工人，使 A‴需要较少的工人。当 B‴有了发明以后，工人的移动便由 B‴流向 A‴和 C‴。因此工人在平行的一系列小团体之间不规则地移动是不可避免的。虽然在团体的系统中工人是逐渐向上移动的，但也有在同一系列的小团体之间向这边或那边不规则的和突然的移动，而这种移动便使工人受到痛苦。

我们现在只能最迅速地、最概括地叙述这些动态变化。它们是经济理论结论中的一部分论题。此外还有某种资本移动，不能在这里加以叙述。但我们必须注意下述两个重要事实：(1)在团体系统中，劳动和资本不断向上层小团体移动。(2)在每列同等的小团体中，还有不规则的、扰乱性的劳动和资本的来回移动。

如果我们对动态部分作进一步的研究，就可以看到只要改良普及到同一列的小团体中去，这些改良彼此间的扰乱作用便会抵消。如果 A‴，B‴和 C‴几乎同时都有发明，工人便不要有大规模的移动。此外，还可以看到，工人不断向上的移动，可以减轻那不可避免的平行移动的激烈性。由于新的工人总是投入最高层的小团体中去，所以即使 A‴采用了新的机器，也许不需要有工人离开 A‴而到 B‴去。B‴要扩充人数，可以由较下层的小团体向上移动的工人中来吸收。

如果我们再深入一步地研究，又可以看到资本的移动在很大程度上减小发明所引起的工人移动的激烈性。动态经济的结果，并不使工人越来越痛苦，而是使世界的痛苦越来越轻，收入越来越多。

我们如果继续进入动态的领域进行研究，就可以明了这一切。但是目前的问题是来解释在五大动态势力并进的情况下的价值、工资和利息的标准。在小团体系统中，随时都有静态势力所促成的劳动和资本的调整。静态势力需要 A‴，B‴，C‴等各有一定数量的劳动和资本。如果这种静态调整能够立刻完成，各种物品的产量便可以保证符合当时情况下的“自然”数量，因而使一切物品的价值也符合自然。工资也可以保证符合自然，或使各地的工资都与劳动的产量相等。利息也可以得到同样的调整，使各地的利息与资本的产量相同。各地的纯粹利润一定减少为零。在任何时候，只要动态变化和一切阻力都停止下来，这些情形就必然会发生。

上述当然是重复的，我们已经看见了完全静态的调整是怎样的，但还没有看到这个事实：有的静态调整需要很长的时间，有的静态调整需要较短的时间，并且在工资和利息的自然调整上不止只有一个标准。一年之中工资也许迅速地趋向某一个标准，而这个标准也许在十年或一百年内才慢慢地移向另一个标准。

劳动和资本移到静态势力所安排的小团体，工人甚至资本家自然就要移动。为了要迁移地点，他们之中有些人也许要搬家，这就会遇到阻力，并且还需要时间。但是新方法的推广可能进行得较快。一个企业家发明了一种良好的新的生产方法，也许他的竞争者能够在几年以内也得到这个方法，虽然由于专利的特权，有时要经过较久的时间。但是一般说来，工人的移动较慢而资本家的移动较快。而放弃不好的生产方法，并使一个行业中的一切互相竞争者具有同一程度的效能，要做到这样，快慢却是不一定的。

有一个方法说明动态社会时时刻刻所趋向的静态标准，这就是假定一切动态势力立刻停止作用，而静态规律永远不断发生作用。根据这个假定，在未达到静态状态以前，我们要等候很久，让最缓的调整能够完成。如果按照静态规律的要求而进行的劳动在地理上的分布，要经过五十年才能完成，即使只要五年就可以统一生产方法，我们也要等候五十年，静态状况才能完全实现。这样，我们就要使新的生产方法的发展立即停止，而不是等到四十五年以后才停止下来。如果在 1900 年我们就把一切动态的变化停止下来，而等到 1950 年人口才完成自然安排，那么上面例中的各小团体的生产方法在 1905 年便可以统一，但是要不加改变地继续使用四十五年。

这是一个说明社会完全处在静态势力下所趋向的情形的科学方法。如果我们立刻停止动态的势力，直到进行得最慢的静态安排完全实现，那么，就能达到静态的状况①。现在社会所趋向的情形，就是在这个长期的过程开始时所不能达到的情形，这种情形是

① 如果我们立刻停止一切动态变化，那么就可能让机械的发明以及其他改良继续到 1945 年，因为，如果它们在 1945 年停止下来，剩下的五年足够把生产方法统一起来。到了 1950 年，如果不是因为后半期的生产方法的改进而需要一些住所的小移动，那么 1900 年的情况所要求的地理上的人口移动便一定可以完成，而社会也就可以成为静态的状况。由于这些小移动又需要相当的时间，所以完全的静态安排到 1950 年还不能实现。并且，即使我们不管这些小移动，在 1950 年所实现的静态安排，也还不能说是由于完全静态势力对于社会的作用结果，正像 1900 年一样。这个静态安排是由于在四十五年中不断起作用的某些动态势力的部分结果。

只有在静态规律所要求的、进行得最慢的静态安排完全实现以后才能达到的静态状况。这个安排在我们的例子中就是人口的移动。这个移动既然需要五十年，那么，自然价值、工资以及利息等也必须经过这样长的时间才能实现。这些自然标准，在人口已经适当分配以后便一定会实现，但不能在以前实现。

在完全静态的情况下，实际上社会就趋向于这样的安排。假使一切阻力能够立刻消灭，社会便能立刻达到这种情况。但是，阻力有这样的影响：它使迅速的动态变化，在进行得很慢的静态安排过程的长时期中不断地发生。迁移一部分稠密的东部人口到人口稀疏的西部需要五十年，在这五十年中，也许发明了数百种机器，并且价值也每次调整到与每种机器所要求的水平。因此，那些与最后标准不同的价值等标准，我们必须加以承认。

第二十六章　接近静态的标准

如果在竞争的影响下，工人能在五十年内去到正需要工人的地方，资本能在二十五年内去到正需要资本的地方，而生产某些商品的最好方法能在十年内普遍应用，那么，要使价值、工资或利息完全和静态规律所决定的标准相符，就必须停止一切动态变化并等候整整五十年。但是，工人所以需要五十年的时间在团体系统中进行调整，这也许是由于工人由一个地方迁到另一个地方要遭到阻碍的缘故。例如，一个采矿者的儿子，如果不想继承父亲的职业，而要做一个机械师，这是很容易的事。如果很多青年都要这样，那么矿业小团体中便有大量工人迁移出来，而机器业的团体中便有大量工人流入。但是，人们从一个地区迁往另一个地区的移动，是一个浪费和缓慢的过程。在一个小国家内，在十年中，工人可能按静态规律所需要的状态进行安排，资本可能在更短的时间安排好。这些局部的调整，以及其他能够迅速完成的调整，就能使这个小国家中的价值、工资和利息达到半静态的水平。如果我们严格地控制这个小区域中的动态变化，并听任静态势力继续起作用，那时候的水平，将接近于这些半静态的水平。

当移民纷纷从爱尔兰、德意志和意大利迁入美国时，这个移动就是使全世界人口在地理上的分配成为自然的一般运动的一部分。这个移动，如果从全世界范围来进行研究，应当在研究动态经济时加以讨论。这个移动，就像印度洋蓄水过多而过剩的部分冲入大西洋使全体海洋的水势变成均衡一样。可是，在大西洋方面看来，这个移动完全是动态的。它使整个洋面上涨，使整个海洋波浪汹涌。移民自亚洲涌入美洲，是一个使全世界人口的分配趋于均衡的移动。但是仅就美洲说来，这个移动却是巨大的、典型的动态变化。

许多其他变动，情形也是这样。亚洲采用或仿效美洲的工厂和机器，这实际上就是统一世界的产业方法的一部分工作。这个过程使世界产业趋于均衡，所以从这一点来看，可以说是静态的过程。可是，从亚洲本身看来，这却是显著的动态过程，因为这就像是亚洲的各种机械都有飞跃的发明一样。同时，美洲所得到的反应，一定也是动态的。类似这种的情况，无疑的即将摆在这两个地方人民的面前。就全世界说来，是一个静态的调整，而在世界的某一部分地区可能引起动态的变化。

但是，我们目前所注意的，是世界的小部分地区的工资和利息的自然标准，我们要知道现在决定英、美和意大利国内工资围绕着它而上下波动的标准是什么。这个问题是可以解决的。如果美国国内的动态变化立刻停止下来，而竞争自由地开展，那么就产生一个工资标准。这个标准一定不同于全世界已经达到静态的均衡时所有的标准。在全世界的劳动和资本还没有分配得使任何地方都不能再移动以前，在全世界生产方法还没有统一以前，在消费者的需求还没有正常以前，劳动大众的报酬，绝不能是自然的。在一个国家已经达到静态的情况以后，上面所说的普遍的调整还要进行。

这一个国家所实现的工资标准，虽然已经接近于静态水准，但是和最后标准还有一段的距离。

只对世界上一部分地区的活动进行研究，而又不至于陷入不科学的境地，这是完全可能的。我们在整个研究中，当提到社会时，始终没有指定它的界限。我们假定在这个社会中竞争是普遍的，我们也假定一切像机械上的发明之类的势力，不论开始于社会的哪一部分，都会影响到其他的部分。这个社会有机体是包括全人类吗？在某种意义上，这个社会可以说是包括全人类的。因为除非有一个国家可以连同它的人民全部沉没在海中，而不会使其他国家发生经济上的变化，此外就没有任何国家能够超然于世界有机体以外。这个有机体是经济学者终究要加以讨论的。可是，如果我们假定全世界是这样密切地联系着，甚至在理论上假定只有一个工资标准、一个利息标准，而每种商品只有一个价值标准，那么这一个假定不仅仅是大胆的假定，而且是不自然的推论。

世界各部分的相互关系的研究，是动态经济理论中的最困难和最有收获的部分。因为现在欧美的情况不久将在亚洲出现，所以这个研究对实事求是的人是重要的、对理论家是很有兴趣的。经济社会已经包括了整个世界，因为贸易已经把整个世界联系起来，只要有一个部分发生变化，其余部分或多或少地都要受到影响。但是，在这个巨大范围内，仍然有一些需要划清的界线。有一条界线把构成世界经济中心的各个文明国家和其他部分分开。在这个界线以内的地域，经济势力是非常活跃的——这个地域内每一个部分都能很快地对其他部分发生影响。在这个区域中，价值、工资和利息强烈地趋于一致。反之，在这个界线以外，这些势力的作用，就不很强。在这个地域的内外，价值、工资和利息，有着很大的差别。

这个世界经济中心，可以作为一个单位来研究，这仍然是科学的研究方法。组成这个中心的欧美两洲以及和它们有密切关系的其他大陆和岛屿，可以看做一个完全的社会，它的周围环绕着对它有影响的世界。这个中心社会与外界通商，并且从外界输入劳动和资本。这个社会，不管它的主观愿望如何，一定会逐渐地把生产方法输给外界。由于商业的目的，这个社会逐个地把外界同化了，就是说，这个先进的经济社会逐个地把落后的、联系不严密的地区吸引过来。最后，全部落后地区将都被吸引过去。所以只要我们能够提出适用于这个中心社会的经济原则，我们的理论就可以应用于整个世界。

现在我们把研究范围限制在这个经济中心以内。在这些情形下，物品输入这个社会，就等于这个社会间接地生产了这些物品。当直接生产这些物品的成本高于输入这些物品时，这个社会当然采取后一种办法。所以，这个中心社会的人民所得到的一切消费品，都可以看做是直接或间接生产的。

工人移入了这个中心，这可以看做是一个促进人口增加的势力。无论如何，人口总是要增多的。工人从这个中心移出时，这种移动就延缓了人口的增加。资本的流入或流出，可以看做是资本自然增加速度的变化。如果从外界学会了新的生产方法，这就等于这个中心社会自己有了发明一样。

为了使这个中心社会的本身有一个静态的工资标准和利息标准，我们首先要假定劳动和资本的数量都固定不变。这就排除了移民的进出以及人口的自然增加。我们还假定生产方法也不改变。这就排除了模仿外界的技术。我们也假定其他经济因素完全不变,竞争自由地开展,以及在这个中心以内,静态工资标准和利息标准已经实现。我们除了完全抑制新的动态势力以外,还排除所有由外界传来这个中心地区的刺激因素。事实上,我们知道在全世界进行的某些统一的活动。正在使全世界趋向于一个静态的均衡状态。我们还知道,就其对一个区域的影响说来,这种运动是等于动态的变化。我们已经排除了这些运动,正如排除了新的动态变化一样。这样做法的结果,就产生了局部的静态社会,这种静态提供了局部的工资和利息实际上所趋向的标准。

从这样得出的商业世界的文明中心的工资包含着一个要素。这个要素可以称为准利润,其中有些像利润(即企业家的收入)的东西。这个东西我们在前面曾经把它看做是不久将离开企业家的手而采取增加的工资和利息的形式的收入。这个收入归到工人的手中以后,很快地就提高了这个地区的工资。但是这个地区和外界的界限,使得这个收入对于外界的工资的影响,要很久才能实现。由于完全的和普遍的竞争,中国工人终究会享受到美国工人所正在享受的制鞋机器所带来的利益。但是由于完全的和普遍的竞争并不存在,所以要流入世界工人口袋中去的收入,还是长久地留在世界的文明地区的工人手中。欧美工人工资中的这项额外报酬,和亚非工人的工资对比起来,可以说是一个准利润,它是从动态变化得来的、不是普遍分配的利益。有一种阻力使外界工人现在不能得到这些利益,但是在全世界起作用的静态势力,将来总有一天要把它分给外界的工人。

从时间上所得到的利益，引起了工资和利息方面的利益。采用良好生产方法的先进者得到了利润，而在发明很久以后才去仿效的落伍者，也许只能节省一些工资和利息而已。在发明的地区领导生产的人们，可能永远享受着发明所提供的准利润，因为每次发明的收获，都可能有一部分从较早采用这个发明的企业家手中抽出来，而变成这些人的工资，并且长久地不改变这种形式。最大的动态势力所发源的地区，就是未来的乐园，或者是有无穷的财富的地区。只要夺得了全人类共同竞赛的锦标，就决定了各国和各洲财富多少的对比。财富总是归于优胜者的。

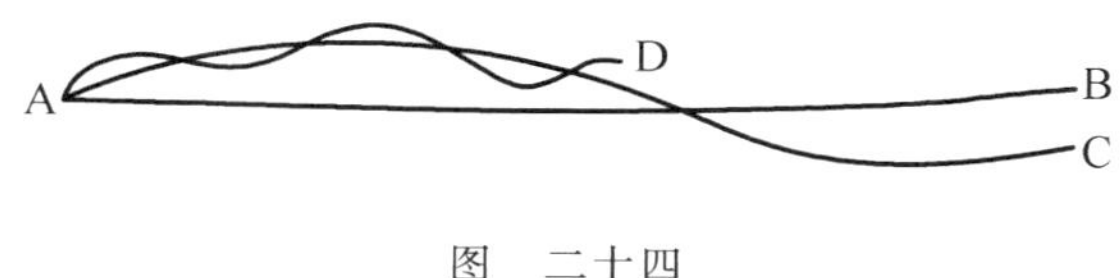

图 二十四

潮浪使一部分海面高过一般的静态水平，使其他部分低于这个水平。这样，AB 代表海面的静态水平。AC 双曲线代表潮浪所引起的凹凸不平的海面。AD 曲线代表被风刮到这里的浪潮的浪头。不论什么时候，实际的水面，和潮浪本身的正常浪头相比，总是有些地方高，有些地方低。现在把上图加上经济的意义：假定 AB 代表全世界工资的最后的静态水平。假使一切动态势力完全停止，而全世界的竞争自由地开展，那么 AB 就代表劳动报酬的一般标准。但是，生产力的增加，以及阻止把这个增加的利益平分给全人类的力量，事实上却使先进工人的工资大体上和 AC 曲线的上部所表示的标准相符，落后工人的工资和这条线的下部所表示的水平相符。而文明地域内的势力，又使工资在某些方面和 AC

上部所表示的标准不相等，所以欧美各地工人的工资，就变成等于AD线所表示的高低不一的水平。有的地方工资高于这个世界经济中心的一般标准，有的地方又低于这个标准。

因此，工资有三个标准：全世界的最后静态标准，世界先进地区的准静态标准和先进地区中各地的准静态标准。在竞争势力影响下，欧美任何地方工人的报酬，是趋向和这个地方的准静态标准相符。并且，这个标准的本身，长期中还渐渐地趋向于全世界的最后静态标准。

可是，上述标准总不能达到最后标准。在这里，水的例子不适用了。潮浪的形成，是由于把某个地方的海水抽出来，而流到其他地方去。如果没有这个吸引力，整个海面的水平就是一致的。相反，先进地区的劳动的更大的生产力，并不是由于减小其他地区的劳动生产力而得来的。它是产量增加的结果，而这个产量，是世界文明凭空创造出来的。正如我们在前一章所说的，代表先进地区的优越生产力的波浪，是在把新的水倾倒在海的某一部分上面，并且阻止它流到其他部分去的情况下所产生的。

我们想象由拉布拉多到格林兰，由格林兰到挪威，由非洲到南美洲的最近非洲的一点建筑一些水闸。这些水闸把北大西洋的巨大范围包括在内，如果把水聚在其中，水闸内的水面一定比闸外的海面高。这个例子，说明了先进国家中的工资与落后国家中的工资的关系，因为这个较高的水平可能永远不变。即使这个水闸不是完全没有空隙，闸内的水还可能慢慢地流出去，从而提高闸外水面的高度，直到和闸内的渐渐下降的水平相等，但是，可能有新的水更快地流入闸中，从而维持或增高闸内的水面。所以，增加先进国家的产品的动态势力，可能保持或增加这些国家中的工人所享有的比其他工人优越的生产力。

不断出现的动态的利益，维持了世界先进地区的准工资标准。由于实际原因，理论家所应研究的，主要就是这个优越的标准，以及组成这个标准的许多地区的标准。美洲的人民，应该懂得是什么决定美洲工人的工资，正如麦萨诸塞州的工人应该懂得什么决定那里的工资一样。主要的决定力量，就是每个地方的单独由劳动所生产出来的产量。如果那个地方的动态势力完全停止下来，只有静态势力起着作用，在这样情况下所实现的工资，就是上述的局部工资。那个地方的劳动所特有的产量和资本所特有的产量分开的方法，在上面几章已经详细说明过了。

整个世界和它的各个部分的相互关系，在分配理论中不难加以解释。工资有接近静态的标准，也有最后的标准。各个地方的工资可能很快地趋向于接近静态的标准而一直留在这个标准附近，同时这个标准本身也渐渐地趋向于最后的标准。凡是工资的情况，也就是利息和其他因素的情况。但分配理论还有一个比较复杂的难题。在许多人看来，凡是根据竞争的理论，似乎或多或少地总带有空想的性质。不久以后，竞争不会变成历史的名词吗？在商业界中，托拉斯和其他形式的资本的集中，已经到处涌起，似乎要消灭竞争，树立垄断的制度。那么，我们会不会在完成了竞争分配理论以后，发现这个理论所根据的事实，已经成为过去了呢？如果在竞争十分盛行的时候，自然价值、工资和利息的理论，便已经带有空想的性质，那么到了竞争即将消灭时，对这些理论应当怎样估计呢？

竞争是不能消灭的势力，这一点要等待动态经济学来说明。现代的集中的组织，虽然变更了竞争的方法，但没有消灭竞争，因此根据竞争的存在的理论，并不因而失效。静态势力所受的阻力，我们从来没有忽视。人们的生活，处处都有和静态理论所要求的不同的现象。如果动态理论是十分完整的，它所提供的结论，一定和实际生活完全相同，因为经济学这个分部的作用之一，就是说明每一个阻力要素，以及实际生活所表现的每一个变化。动态理论的次要任务之一，就是把支配托拉斯、工会以及其他组织的原则，变成为明确的公式。限制商品的价值的保护关税，影响工资的移民法，影响资本的移动和利息的货币法，这些都是动态理论所要讨论的问题。当动态理论来把人口和资本的增加变成规律时，它就承担了较大的工作，当动态理论要决定在什么条件下生产方法会变得更有效，以及生产方法变化速度的快慢时，它所承担的工作就更繁重了。

动态经济学的总题目是变化。变化的方向和速度，始终是动态理论所要说明的问题。在研究工资时，动态理论一定要讨论工资标准的实际的提高。在研究利息时，动态理论一定要讨论利息率的下降和利息总数的增大。在研究利润时，动态理论一定要讨论这个收入有时产生有时消失的情况。个别地方和整个世界的繁荣状况，是动态理论所研究的另一些题目，而在所讨论的繁荣的原因中包括着国内和国际的政治策略。的确，凡是世界上有关人类的重要问题，很少不包括在政治经济学理论的这个部分的范围内。

但是，发展这门科学的工作，是极其繁重的，没有经过数十年的工作是不能完成的。动态经济学的范围，像任何科学一样，是没有限制的。虽然研究的成果，起初也许不大，但其中任何一点的价值，都足以抵偿最困苦的工作。同时，摆在研究工作者面前有许多尚未研究的区域，在这里，每进一步的研究都会使人鼓起勇气，来担当起这个从困难的程度上和收获上都超过以前任何工作的任务。可是，无论经济学的动态部分所发现和解释的是什么变化，静态规律总是居于主要地位。一切关于变化规律的知识，都是以对于静态规律的知识为前提。

图书在版编目(CIP)数据

财富的分配/(美)克拉克著;陈福生,陈振骅译.—北京:商务印书馆,2017
(汉译世界学术名著丛书:120年纪念版:珍藏本)
ISBN 978-7-100-14099-7

Ⅰ.①财… Ⅱ.①克… ②陈… ③陈… Ⅲ.①边际效用学派—研究 Ⅳ.①F091.34

中国版本图书馆CIP数据核字(2017)第138578号

权利保留,侵权必究。

汉译世界学术名著丛书
(120年纪念版·珍藏本)
财富的分配
〔美〕克拉克 著
陈福生 陈振骅 译

商 务 印 书 馆 出 版
(北京王府井大街36号 邮政编码100710)
商 务 印 书 馆 发 行
南京爱德印刷有限公司印刷
ISBN 978-7-100-14099-7

2017年12月第1版 开本710×1000 1/16
2017年12月第1次印刷 印张25½
定价:123.00元